대한민국

높은 수익률
빠른 회수
낮은 투자비
쉬운 방법

마지막
투자처

도시재생

대한민국 마지막 투자처 도시재생

초판 1쇄 발행 2020년 1월 7일
초판 4쇄 발행 2020년 2월 12일

지은이 양팔석, 윤석환

발행인 백유미 조영석
발행처 (주)라온아시아
주소 서울특별시 서초구 효령로 34길 4, 프린스효령빌딩 5F

등록 2016년 7월 5일 제 2016-000141호
전화 070-7600-8230 **팩스** 070-4754-2473

값 19,800원
ISBN 979-11-90233-41-5 (13320)

이 도서의 국립중앙도서관 출판사 도서목록(CIP)은 서지정보유통지원시스템 홈페이지(http://seoi.nl.go.kr)와 국가자료공동목록시스템(http://www.nl.go.kr/kolisnet)에서 이용하실 수 있습니다.

라온북은 독자 여러분의 소중한 원고를 기다리고 있습니다. (raonbook@raonasia.co.kr)

대한민국

마지막 투자처

도시재생

높은 수익률
빠른 회수
낮은 투자비
쉬운 방법

양팔석, 윤석환 지음

부동산 시장은 빠르게 변하고 있다. 정부의 각종 부동산 정책의 영향도 크지만, 인간의 근본적인 삶의 변화가 더 큰 부분을 차지하고 있다.

인간에게는 기원전 약 7만 년 전에 출현한 새로운 사고방식과 의사소통 방식인 인지혁명이 일어났다. 이로 인해 사자를 피하고 들소를 사냥하는 등의 복잡한 행동을 계획하고 수행하는 등 더욱 강한 방어력과 공격력을 가지게 되었다. 또한 무리를 지으며 상당한 규모의 사회적 집단을 이루고, 나아가 부족정신, 국가, 민족, 인권, 원시 신앙 등 실제로 존재하지 않는 추상적인 것들에 대한 정보를 전달하는 능력까지 생겨서 대단히 많은 낯선 사람들끼리도 공감과 협력이 가능해졌다고 역사학자들은 주장한다.

인지혁명에 기인한 인류의 발전과 확장은 신인류라고 불리우는 스마트폰 인류인 포노 사피엔스로까지 진화되었다. 대중성에서 다양성으로, 그리고 개별성의 강화로 부동산 시장은 매우 세분화되었다. 특히 정보통신기술(ICT)의 융합으로 이뤄지는 4차 산업혁명의 시대에 부동산 투자자들은 부동산 시장의 급격한 변화에 더욱 빠르게 적응해야만 경제적 가치를 창출할 수 있는 시대가 되었다. 이제 부동산의 자연적 특성인 고정성은 무조건적이지 않다. 오히려 움직이는 부동산, 이동하는 부동산, 가상 공간의 부동산으로 진화하고 있다.

급변하는 부동산 시장의 중심에서 저자는 부동산대학원을 졸업한 이론적 배경과 오랜 기간 도시재생사업을 추진해온 실무적 경험을 바탕으로 부동산 투자자들에게 직접 경험해본 전문가만이 할 수 있는 현실적인 조언을 아끼지 않고 이 책에 담았다. 특히 도시의 원천적 유지 발전의 근원이 되는 도시재생사업에 대한 깊고 넓은 이론과 경험을 바탕으로 부동산 시장을 투자자의 관점에서 바라보고 분석하며, 원론적인 내용보다는 실질적인 하우투(How to)를 제시하고 있다.

부동산 시장의 투자방법론은 너무나도 많다. 그럼에도 불구하고 현명한 투자자는 실제 사례를 통해 자신만의 투자 방법을 구축해 나간다. 저자가 바로 그 투자자이다. 독자는 이 책을 통하져 투자자의 입장에서 기회를 모색하고 투자 방향을 설정하며 최종 투자 전에 심도 있는 사업성 분석으로 최종 투자를 결정할 수 있다. 아무런 투자 비용 없이 롤플레잉(Role-playing)을 해볼 수 있다는 것이 이 책의 엄청난 가치이다. 이러한 가치를 독자가 느낀다면 그것으로 충분히 만족할 수 있는 책이다.

김선철

명지대학교 부동산대학원 겸임교수,
한국개발연구원(KDI) 경제자문위원

앞으로 3년, 도시재생 투자의 대중화 시대를 준비하자

부동산 시장은 국내외 환경의 변화에 따라 급격히 변하고 있다. 정부는 과거 수년간 뜨거웠던 부동산 시장을 잠재우기 위해 계속 규제를 강화하고 있으며, 몇 달만 지나면 또 다른 변화가 감지된다. 이 책을 집필하는 동안에도 새로운 정책이 계속 발표되고, 흥미진진한 갑론을박이 벌어지고 있다. 부동산 시장이 이렇게 뜨거운 감자이자 초미의 관심사가 되는 것은 무엇보다 돈이 되기 때문이다. 그동안의 경험으로 볼 때 부동산 시장은 어떤 이슈로 인해 일시적으로 조정을 받더라도 유망한 지역은 반드시 오르거나 회복되게 마련이다. 과거의 인기 지역은 더 이상 개발 여지가 없다고 생각하겠지만, 이제는 오히려 그곳들이 오래된 만큼 개발이 필요한 지역이 되었고, 시간이 갈수록 그 비율이 높아진다는 점에 주목해야 한다.

우리는 이미 뉴타운 지역의 재개발, 재건축을 통해 그 가능성을 경험해보았다. 그러나 이 시장은 큰 수익이 가능하지만, 내용이 복잡하고 진입장벽이 높은 편이다. 복잡한 법적 용어와 절차, 오랜 시간, 상당한 투자금과 용기가 필요하다. 아는 사람들은 들어가 큰 수익을 얻지만, 일반 대중에게는 거리가 먼 이야기였다. 막연하게 시장에 접근하거나 아예 소외된 이들도 많았다. 게다가 뉴타운도 마지막 단계에 접어들었고, 대형 재개발과 재건축도 각종 규제로 인해 진행이 더뎌지고 있다. 새로운 돌파구와 흐름이 필요한 시점이다.

이제는 도시재생사업, 그중에서도 특히 소규모주택정비사업이 부상하고 있다. 이 시장은 갓 태어난 신생아와 같다. 아직 완성 사례나 정리된 자료가 크게 부족하여 필자도 기존의 경험과 사례를 기반으로 유추할 수밖에 없었다. 이 책을 쓰는 도중에도 최신 규정에 따라 업데이트된 사례가 나오고 있다. 그리고 그런 최신 사례를 직접 확인하고 기존의 노하우와 접목한 결과, 아주 매력적인 시장이 만들어지고 있다는 것을 직감하였다. 이른바 틈새시장, 곧 기회인 것이다.

소규모주택정비사업은 다음과 같은 매력이 있다.

첫째, 간편하고 수익이 좋다. 대형 재개발, 재건축에 비해 절차가 매우 간편하고 빠르다. 거래도 자유로운 편이라 오랜 시간 투자금이 묶이지 않는다. 투자기간과 안전성을 고려하면 수익도 상당히 좋다.

둘째, 시장과 정부의 부담이 덜하다. 대형 재개발과 재건축은 규모가 큰 만큼 시장에 부담을 준다. 물량이 많은 만큼 시장이 들썩이고, 오랜 기간이 걸리며 절차도 복잡하고 젠트리피케이션 등의 문제도 빚어지곤 한다. 또한 혹시라도 민원이 커지면 정부에도 큰 부담으로 작용한다. 하지만 소규모주택정비사업은 이런 면에서 부담이 적다. 일의 진행이 매우 수월한 것이다.

셋째, 자율적인 참여가 가능하다. 투자자나 조합원이 자율적으로 참여할 수 있는 범위가 넓다. 기존의 재개발, 재건축 투자는 사업이 워낙 크기 때문에 투자자가 영향을 미칠 수 있는 부분이 매우 제한적이다. 반면 소규모주택정비사업은 동네 주민이나 조합원들의 취향에 맞게 다양한 선택이 가능하다.

이러한 소규모주택정비사업은 대형 도시정비사업이 커버하지 못하는 문제를 해결하며 큰 역할을 할 것이다. 문제는 투자자들이 준비되어 있는가의 여부이다.

이 책의 독자들은 다음과 같은 다양한 궁금증을 가지고 있을 것이다.

- 가로주택정비사업은 길거리의 가로등을 교체하는 것과 무엇이 다를까?

- 소규모 재건축과 일반 재건축은 어떤 차이가 있을까?

- 3억~5억 원으로 어떻게 건물주가 되어 임대사업을 할 수 있을까?

- 외곽의 새 아파트와 도심의 낡은 주택, 신축 다세대주택 중 어디에 투자할까?

- 서울에 아직 남아 있는 대박 투자처가 어디일까?

- 기존에 살던 낡은 집을 통해 수익을 극대화할 수 있는 방법은 무엇일까?

- 동네 주민들끼리 개발을 해보고 싶은데 어떻게 하면 좋을까?

- 수년 뒤 부동산 시장은 어떻게 변화할까?

- 조합원의 자격요건은 무엇일까?

- 재개발, 재건축 투자에서 들어가고 나와야 하는 시점은 언제일까?

- 도시재생 투자와 관련한 세금은 얼마나 될까?

이런 문제들에 도움을 주고 투자의 장벽을 낮추기 위해 이 책을 쓰게 되었다. 도시재생에 대한 막연한 개념을 정리하고 사업별로 가능한 한 쉽게 이해할 수 있도록 설명하였다. 따라서 어려운 용어는 최대한 배제하고, 복잡한 자료를 단순화하기 위해 노력하였다. 비슷해 보이지만 서로 다른 사업을 혼동하지 않도록 비교분석하고, 또한 꼭 필요한 세금 이슈와 최신 규제 현황도 정리하였다.

그리고 좋은 입지를 선택하는 기준을 통합적이면서도 다양한 관점으로 나누어 보았다. 입지의 선택은 부동산 투자의 절반을 차지한다고 할 정도로 중요하기 때문이다. 또한 투자 사례와 수익의 분석 과정도 이해하기 쉽게 제시하였다. 투자를 한 뒤 실제로 수익이 발생하는 것을 확인하는 과정은 즐거운 일이며, 지엽적인 부분보다는 큰 흐름을 이해하는 것이 중요하다.

좋은 위치와 좋은 물건인지를 알아볼 수 있고, 어떻게 투자해야 할지 단순하게

라도 계산하여 판단할 수 있으면 된다. 디테일은 각 분야의 전문가에게 맡기면 되기 때문이다. 이런 기본적인 내용들이 익숙해지면 투자자로서 준비가 끝날 것이다.

우리는 사람이든 물건이든 외형에 좌우되는 경우가 많다. 하지만 부동산 투자에 있어서는 인식의 전환이 필요하다. 위치는 좋지만 건물이 낡았다고 기피하는 경우가 많은데, 이것은 실수일 가능성이 높다. 도시재생 투자는 사실상 입지와 노후도에서 결정된다. 특히 입지는 무엇보다 중요하다. 위치가 좋다면 아무리 낡고 쓰러져가는 지저분한 건물이라 해도 괜찮다. 오히려 심하게 낡았을수록 더 좋다. 어차피 새로 짓는 것이 목적이기 때문이다.

그러므로 허름하고 낡은 외형에 감추어진 본질적인 가치와 가능성을 꿰뚫어 보는 눈을 가져야 한다. 겉모습은 허름하더라도 그것이 감추어져 있던 노다지가 될 수도 있기 때문이다. 낡은 외형이 사라지고 새로운 건물이 탄생하는 과정은 과거와 미래가 뒤바뀌는 순간이다. 이런 감동의 순간에 투자하는 것이 바로 도시재생 투자라 할 수 있다. 뉴타운은 좋은 투자 대상이지만 이제는 끝나가고 있다. 부동산 시장도 이제는 일방적인 대량 공급에서 점차 개인 투자자들의 참여의 폭이 넓어지는 시대로 바뀌고 있다. 그리고 그 중심에는 바로 소규모주택정비사업이 있다. 낡고 지저분한 골목길을 쾌적하고 아름다운 새로운 공간으로 바꾸는 데 주도적으로 투자해보자. 앞으로 3년, 시장의 대전환이 다가올 때가 바로 기회이다. 모든 투자는 끝자락을 타서는 안 된다. 용기를 가지고 새로운 기회에 도전해보자.

책이 나오기까지 많은 조언을 주신 라온북 출판사의 조영석 대표님과 편집부에 감사드린다. ㈜부자아빠 부동산연구소의 윤석환 본부장과 이승석 회계사 노고 덕분에 이 책을 끝낼 수 있었다. 명지대 김선철 교수님, 조인창 교수님, 항상 수고하는 (이철웅 소장, 신진하 이사, 김원준 전무, 안충균 본부장, 김보라 대리 외) 부자아빠의 모든 식구들에게도 감사를 전한다.

1장
왜 도시재생이 새로운 투자 기회일까?

2장
앞으로 부동산 시장은 도시재생 투자가 이끈다

3장
정비구역 지정에서 시작되는 도시정비사업

4장
3억 원으로 건물주 되기, 소규모주택정비사업

5장
저평가된 황금 입지에서 노다지 찾기

6장
도시재생 연관투자 수익 분석하기

7장
나만의 투자 전략을 세워보자

1장

왜 도시재생이
새로운 투자 기회일까?

01

신고가의 행진, 우상향은 계속될까?

"부동산 시장은 앞으로 어떻게 될까요? 올라갈까요? 아니면 내려갈까요?"

정말로 많이 받는 질문이다. 국내외의 경제와 정책 환경에 밀접하게 영향을 받는 부동산 시장은 2017년 이후 냉온탕을 오가며 계속 변화하고 있다. 여건상 부동산의 넓은 범위를 모두 다루기는 어려우므로, 주거용 부동산(이하 주택)을 중심으로 살펴보겠다.

그동안 서울과 주요 지역의 주택은 기본적으로 우상향의 기조 속에서 강력한 규제가 계속되면서 잠시 방향을 잃는 모습이었다. 2018년 4분기부터 언론에는 '역전세난'이나 '거래절벽', '경기침체'와 같은 단어들이 자주 보이고 머지않아 큰 하락이 올 것 같은 분위기도 느껴졌다. 거래량이 크게 줄어들면서 약간의 하락세도 감지되었다. 하지만 2019년 7월 이후 서울의 일부 지역을 중심으로 다시 상승세가 나타나고 있다. 지금 시장에는 무슨 일이 벌어지고 있는 것일까?

주택 시장의 과거 10년을 돌아보자

현재의 부동산 시장이 어떠한 상황인지 과거 부동산 시장의 흐름부터 살펴
보자.

| 2006~2018년의 수도권 주택 가격 변동표 |

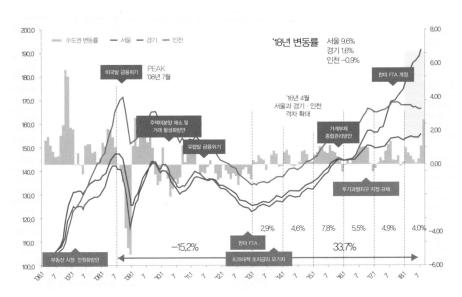

출처 : 국토교통부, 수도권 아파트 실거래가격지수, 건설산업연구원, 수정 첨부

편의상 서울 및 수도권의 주택 가격 변동을 기준으로 지난 10여 년간 부동산
시장의 흐름을 살펴보면, 위의 그래프와 같이 2008년 미국발 금융위기와 2011년
유럽발 금융위기로 부진한 흐름을 보이던 국내 주거용 부동산 시장은 2012년 하
반기에 저점을 찍었다. 2014년 말 부동산 규제 완화 이후 지속적으로 상승했다.

이 시점에 한미FTA가 체결되어 대미수출이 증가하고, 저금리 모기지가 시작되었다는 점도 주목해야 한다. 교역량 증가에 따른 소득 증대와 저금리 대출이 만든 풍부한 유동성은 주택 시장의 성장에 큰 역할을 했다.

주택 시장은 2016년 이후 높아진 전세가율 탓에 투자 열기가 매우 뜨거워져 소위 '갭투자 열풍'이라는 유행어까지 낳으며 절정기를 누렸다. 매년 평균 5%, 누적 33% 이상의 상승을 달성했고, 서울의 주요 지역 주택은 가격대와 상승률이 모두 높아서, 상승 폭이 수천만 원에서 수억 원에 이르기도 했다.

이처럼 급등하는 주택 가격을 잡기 위해 2017년 8. 2 부동산 대책이 발표되었고, 다소 움츠러드는 기미가 있었으나 서울 주요 지역을 중심으로 여전히 가격이 상승했다. 그러나 2019년 12. 16 주택시장 안정화 방안이 발표되었다. 대출 규제와 보유세인 종합부동산세, 매도했을 때의 세금인 양도소득세 제도를 크게 강화한 것이 주된 내용이다. 특히 주목되는 것은 공급 확대를 추가했다는 것인데, 그중 주목되는 것이 가로주택정비사업과 준공업지역 규제 완화 대책이다. 즉 매수 수요 억제와 공급 대책을 동시에 발표한 것이다. 앞으로 시장이 과연 어디로 움직일지 살펴보자.

서울 신축, 다시 신고가를 찍다

서울 지역의 아파트 가격은 2019년 6월까지 약한 하락 추세였으나 7월부터 상승세로 전환하여 8월에는 일부 단지를 중심으로 신고가를 경신하고 있다. 특히 분양가상한제가 강화되면서 신규 공급 위축이 예상되어 신축급 주택들의 인기가 더욱 높아졌다.

2019년 하반기 기준으로 강남 일부 지역은 전용면적과 실거래가 기준 1평(3.3

㎡)당 1억 원을 돌파하는 사례가 등장하고 있다. 아크로리버파크 78㎡(24평형)이 24억 원을 돌파하면서 평당 1억 원 시대가 열린 것이다.

그리고 송파구의 리센츠와 엘스 109㎡형도 7,000만 원대에 진입했고, 대형단지로 주목받았던 헬리오시티는 과잉 공급과 역전세난 우려를 불식하고 126㎡형이 20억 원을 돌파하여 평당 5,000만 원대에 진입했다. 서초구의 푸르지오써밋 112㎡형도 5,000만 원대를 상회하고 있다. 동대문구 전농동의 래미안크레시티는 85㎡형이 평당 5,000만 원을 돌파하여 청량리 일대의 최고가를 기록했다. 종로구 경희궁자이 111㎡형, 성동구 옥수리버젠 111㎡형 또한 평당 4,000만 원대를 넘어섰다.

현 시점에서는 이러한 신축급 대단지 아파트들이 시장을 이끌며 서울 지역의 주택 가격을 견인할 것이고, 시장에 큰 충격이 발생하거나 신규 공급이 늘지 않는 이상 당분간 이러한 기조가 계속될 것으로 예상한다.

상가와 수익형 부동산, 조정장세의 바닥권을 다지다

그동안 저금리 기조 속에서 상가나 수익형 부동산도 대출 완화, 경기 상승과 맞물려 호황을 누렸다. 주요 지역의 임대료 상승과 가격 상승도 뒤따랐다. 가로수길, 경리단길, 해방촌, 연남동 등이 대표적인 핫플레이스로 부상하며 높은 인기를 누렸다. 신규 분양 현장마다 사람들로 북새통을 이루었고, 투자자들은 눈에 불을 켜고 좋은 정보와 물건을 찾아다녔다. 은행도 대출 심사에 바빴고, 우량 물건과 투자자에게는 더 많은 대출이 이루어졌다. 저렴한 이자에 많은 비율의 대출(레버리지)를 이용하여 다양한 투자를 할 수 있었고, 부동산의 가격도 오르며 현금 순환도 활발했다. 투자자와 부동산 소유자들에게 이보다 좋은 환경이 있었을까 싶을 정도였다.

하지만 사드 문제로 인한 시장 변화가 시작되었고 이후 금리 상승, 각종 규제, 급격한 인건비 상승, 수출 및 내수경기 악화 등이 맞물리면서 시장의 활력이 점차 떨어졌다. 서울 주요 지역에서도 눈에 띄게 공실이 늘어 중대형 상가의 공실률이 평균 10%에 육박하고 있다. 강남역, 명동 등 대표 지역의 대로변에도 임대 표시가 자주 눈에 띈다. 한창 뜨겁던 가로수길이나 경리단길도 기운이 빠진 모습이다.

불 꺼진 상가들만큼 오피스텔 시장에도 그림자가 드리워졌고, 경기 지표를 살펴보아도 최근 2년여간 경기가 급격히 하락하고 있음을 확인할 수 있다. 경기종합지수인 선행지수와 동행지수 모두 2017년 하반기를 기점으로 급격히 하락하여, 2018년 9월 기준으로 100 미만의 수치인 99.5와 98.5를 기록하고 있다. 실질적인 체감경기도 좋지 않으며, 부동산 역시 2~3년 전과 비교하면 크게 달라진 모습이다. 수익형 상가나 꼬마 빌딩들은 거품이 상당히 빠져 평가된 상태라 볼 수 있다.

현재 금리는 하락 기조에 접어들었는데, 향후 대출 규제가 완화되거나 내수경기가 상승할 시기에 수익률 상승과 함께 매가가 크게 상승할 수 있으니 우량 물건을 중심으로 관심을 가져야 할 때이다.

미분양 쏠림과 양극화된 시장, 1등만이 살아남는다

부동산 시장은 거시 경제와 정책의 흐름과 연동하여 움직이지만, 지역과 물건에 따라 큰 차이가 있다. 앞서 설명했듯 신고가를 경신하는 뜨거운 지역이 있는 반면 같은 시기에 미분양이 남아돌아 찬바람이 부는 지역도 존재한다.

수도권 외곽과 지방의 아파트 미분양 상황은 심각하다. 2018년에 전국적으로

| 전국의 미분양 현황 |

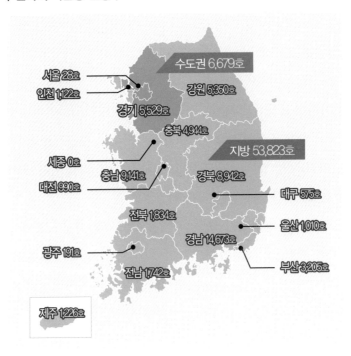

서울 28호
인천 1,122호
경기 5,529호
수도권 6,679호
강원 5,350호
충북 4,944호
지방 53,823호
세종 0호
충남 9,141호
대전 990호
경북 8,942호
대구 575호
전북 1,834호
울산 1,010호
경남 14,673호
광주 191호
부산 3,205호
전남 1,742호
제주 1,226호

출처 : 국토교통부 2018년 10월 보도자료

60,502호, 수도권은 6,679호, 지방은 53,823호로 미분양이 발생했다. 이 중 경남의 14,673호와 경북 8,942호, 충남 9,141호와 경기 5,529호의 미분양이 큰 비중을 차지하고 있다. 강원과 충북 지역도 각각 약 5,000호씩의 미분양이 발생했다. 지방은 미분양 해소에 어려움을 겪을 것이고, 수도권도 추가로 신도시가 공급된다면 미분양 해소가 쉽지 않을 것이다.

수도권 지역(경기도)은 매년 신규 주택 수요가 64,500호인데, 2018년에 16만 4,500호, 2019년 12만 2,700호, 2020년 9만 3,000호가 공급되어 미분양이 발생할 수밖에 없는 상황이므로 신중히 선택해야 한다. 그에 비해 서울 지역은 매년 신규

주택 수요가 5만 호가량인데 공급은 2018년에 3만 4,500호, 2019년 4만 1,700호, 2020년 3만 4,700호에 머물렀으며, 미분양은 28호에 불과하여 거의 없다는 점에 주목해야 한다. 즉 서울은 수요가 매우 많고 구매력도 충분한 것에 비해 공급이 크게 부족한 것이다. 시장의 규제와 경기 침체로 전반적인 상황이 좋지 않음에도 서울은 다른 지역과는 분명한 온도 차이가 있고, 이런 이유로 신고가 경신과 같은 상황이 발생하는 것이다.

거시적인 경제 상황이 어떻게 달라지든 부동산 시장 안에서는 상대적인 가치의 변화가 계속 일어나고 있다. 또한 지역별, 물건별로 양극화와 쏠림현상이 심하다. 특히 각종 규제와 분양가상한제 등으로 공급 부족이 누적되고 이미 공급이 확정된 단지들이 소진되는 2021년경부터는 서울 지역의 공급 부족에 따른 부작용은 더욱 심해질 것이다. 애매한 것들은 정리되고 확실한 것들을 중심으로 시장이 재편되는 것이다.

부동산 시장은 갭투자 이상을 원한다

거래량 가뭄의 시대, 시장의 반응은?

지금은 일부 지역을 중심으로 가격이 다시 상승하고 있으나 거래량은 아직 회복되지 못했다. 다음 페이지의 도표를 보면, 2018년 다가구주택은 전년 대비 45.9%, 아파트 11.1%, 다세대 15.8%, 연립 15.9%, 단독주택 12.2% 등 대부분의 주택 거래량이 크게 감소했다. 다가구주택의 거래가 가장 많이 감소한 것은 고가 주택으로 분류되어 대출과 종부세가 불리하게 작용한 탓으로 풀이된다.

한편 전체적인 주택 거래량이 크게 감소한 데 비해 증여는 28%로 크게 늘어났다. 서울과 대도시 인기 지역의 주택 소유자들이 부동산 규제로 인한 높은 양도세를 물며 매도하느니, 차라리 자녀와 가족에게 증여하는 것이 훨씬 낫다고 판단한 것으로 보인다. 매매로 인한 거래량은 눈에 띄게 줄었지만 시장에 공급이 부족한

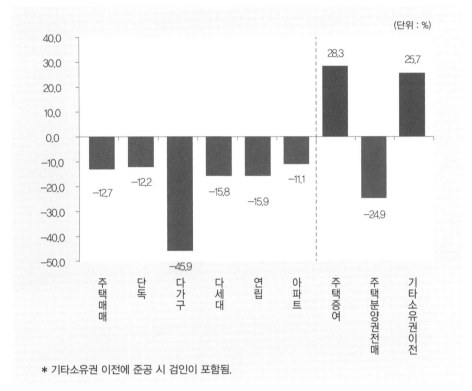

* 기타소유권 이전에 준공 시 검인이 포함됨.

출처:한국건설산업연구원

탓에 호가는 여전히 높은 상황이다. 또 부동산 매수 심리 약화와 대출 규제가 맞물리면서 전세 수요는 당분간 늘어날 전망이다. 강동 등 일부 지역의 전세가가 다소 하락하기도 했지만, 신규 공급물량이 소화된 이후에는 제자리를 찾아갈 것으로 생각된다.

하지만 이런 상황은 가격 급등이 있었던 서울과 수도권 일부 지역, 주요 대도시 지역에 한정되는 이야기이다. 이 지역들은 규제 지역으로서, 이곳에 주택을 보유한 사람들은 임대사업자 등록하여 4년 또는 8년 이상 의무 보유해야 한다. 임대사업자로 능목하시 않으면 매도 시 높은 양도세를 내야 한다.

　한국 부동산 시장의 투자자들은 다른 투자에 비해 부동산 투자가 성공 확률이 높으며 중장기적인 안정성도 높다는 것을 알고 있다. 과거의 사례를 되돌아보면 수년이 지난 후에 어떤 상황이 벌어질 것인지 짐작이 가능하다. 부동산 규제를 크게 강화했던 김대중, 노무현 정부의 하반기에 부동산 가격은 오히려 가장 큰 폭으로 상승했다. 김대중 정부 시기에는 전국적으로 12.6%, 수도권은 14.3% 상승했고 노무현 정부에서는 전국 24.8%, 수도권은 32.4% 상승했다. 상대적으로 부동산 규제를 완화했던 이명박 정부 때 전국 2% 상승과 수도권 1.6% 하락, 박근혜 정부에서 전국 5.89% 상승, 수도권 4.71%의 상승과 비교하면 확연히 높은 수치이다.

| 역대 정부의 하반기 부동산 상승률 집계 |

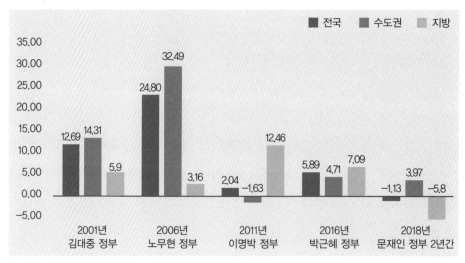

출처 : 한국감정원(자료 편집)

　시장이 강한 규제를 받으면 부작용으로 인해 용수철처럼 크게 반응할 수 있다.

같은 맥락에서 김대중, 노무현 정부와 비슷한 정책 방향이되 더욱 강한 규제를 하고 있는 문재인 정부의 경우에도 정권 후반기에 부동산 가격이 보다 상승하지 않을까 하는 조심스러운 예측을 하게 된다.

갭투자 전성시대는 끝나는가?

갭투자는 부동산 투자의 가장 쉬운 형태이다. 전세보증금을 끼고 주택을 구입하므로 실투자금액이 적어 이자 부담 없이 시세 차익을 누리는 것으로, 가장 강력하고 쉬운 부동산 투자 방법이다. 과거 몇 년간 상승세의 시장에서 많은 투자자들이 이 방법으로 투자해 수익을 거두었다. 전세 가격이 떨어지지 않고 부동산 가격이 오른다면 손쉽게 이익을 낼 수 있어 대중적으로 인기가 높다.

다만 시장이 과열되면서 다주택 투자자가 늘어났고, 젊은이들과 노인까지 무분별하게 뛰어드는 양상을 보이자 정부도 규제에 나섰다. 우량 지역의 갭투자는 대출이 어렵고 매매가 상승에 따른 전세가율이 낮아져 실투자금이 많이 들어간다. 또한 다주택 중과세, 장기간 보유 및 실거주 요건이 강화되면서 예전보다 매력이 줄어들었다. 2017~2018년의 강력한 부동산 규제 정책들로 2019년 현재 부동산 시장은 안정되었다가 다시 고개를 드는 모습을 보이고 있다.

정부 정책이 의도하는 집값 안정과 주거복지는 물론 중요하다. 하지만 투자 수요는 여전히 살아 있다. 투자자들은 평균 수명 100세 시대의 긴 노후를 위해 끊임없이 새로운 기회를 찾고 있기 때문이다. 자본주의 시장경제에서 보다 좋은 환경과 노후를 위해 개인이 효과적인 투자 수단을 찾는 것은 당연하다. 오래 다닐 수 있는 높은 연봉의 좋은 직장은 턱없이 부족하고, 연금은 충분하지 못하며, 고갈마저 걱정해야 한다. 생계의 보루인 창업과 자영업 시장은 극심한 경쟁과 경기 침체에 시달리고 있다. 주식과 가상화폐, 금융시정도 불안정하여 마땅한 투자처를 찾기 어렵다. 이런 현실에서 시장의 참여자들은 부동산 투자, 그중에서도 갭투자는 성공 확률이 높고 효율적이라는 사실을 잘 알고 있기에, 환경이 변화한다면 언제 그랬냐는 듯 다시 시장이 뜨거워질 것이다.

비인기 지역을 어떻게 해야 할까?

갭투자 대상이 줄어들었다고 해서 외곽의 비인기 지역으로 투자자들의 관심이 옮겨갈 가능성은 낮다. 다주택을 규제하다 보니 시장 참여자들은 결국 규제지역에 똘똘한 한 채를 찾아 보유하고자 한다. 이에 반해 비규제지역은 일부 지역을 제외하면 수요가 급감하며 미분양과 가격 하락이 심화되고 있다. 이들 지역은 규제도 없고, 오히려 각종 혜택을 주려 하는데도 왜 이런 일이 벌어지는 것일까?

비규제지역의 대부분은 수요가 부족한 외곽이다. 부족한 인구가 늘어날 가능성도 낮다. 게다가 인근에는 빈 땅이 많아 얼마든지 신규 공급이 가능하다. 즉 공급이 수요를 초과하는 것이다. 이와 반대로 규제지역들은 수요가 충분하고, 신규 공급도 어렵다. 이들 지역은 언제든 다시 상승할 가능성이 매우 높다.

부동산의 수요는 단순히 가격이 싸거나 세금이 무서워서 움직이는 것이 아니다. 꼭 필요하거나 장점이 충분하기에 수요가 몰리는 것이다. 따라서 이미 수요가 몰리는 지역을 억지로 규제하기보다는 선호도가 낮은 비규제지역의 장점을 키워 수요가 분산될 방법을 찾는 것이 바람직하다. 부동산의 수요와 공급은 오랜 시간에 걸쳐 만들어지므로 쉽게 바뀔 수 있는 성질의 것이 아니다. 따라서 중장기적인 안목으로 지역의 근본적인 생태계를 발전시키고 투자를 유도해야 할 것이다.

인기 지역에서 새로운 시장이 열린다

투자는 수요가 많으면서 공급이 부족한 곳에 해야 한다. 이런 곳들은 대부분 서울과 광역시의 핵심지역으로 대부분 규제지역이다. 따라서 투자자들은 규제를 명확히 이해하되 규제 이외의 지역, 그리고 규제 이후의 상황을 함께 고려해야 한다. 수요가 많고 공급이 부족한 지역들은 현재 규제로 묶여 있으나, 오랜 시간 그 가치가 꾸준하다. 사람과 마찬가지로 부동산도 나이가 들면서 각종 노화 현상이 온다. 오래되어 낡은 것은 결국 새로운 것으로 대체해야 하는 시점이 오기에, 이런 지역은 머지않아 더 큰 기회의 땅이 될 것이다.

서울 도심에는 노후한 곳들이 많다. 이들 지역이 예전에는 대단지 아파트를 꿈꿨을지 모르지만, 뉴타운 재개발과 재건축의 문턱이 높아지면서 이제는 오히려 다양하고 새로운 비전을 그려볼 수 있게 되었다. 가로주택정비, 자율주택정비, 소규모재건축 등 소규모주택정비사업과 리모델링 등 개발과 투자의 문턱이 훨씬 낮고 거래도 자유로우며 다양한 투자 방식을 사용하면 새로운 전기를 맞을 수 있다. 단위별로 모여 동네의 아파트와 빌라를 개발하거나 직접 건물주가 되거나, 중간 단계별로 다양한 투자 가능성이 있는 것이다.

신도시의 기회와 한계는 무엇일까?

신도시의 원조, 강남 스타일을 만들다

과거부터 부족한 주택 공급을 가장 손쉽게 해결할 수 있는 방법은 신도시 개발이었다. 그 원조는 바로 서울의 강남으로, 1960년대 말부터 경제가 급성장하는 과정에서 도심의 기능을 분산하기 위해 개발되었다. 구도심인 서울 4대문 지역과 영등포와 같은 오랜 역세권과 달리 강남은 논밭이 무성한 지역에 새롭게 도로를 연결해 만들어낸 깔끔한 계획도시이다. 강남의 개발은 1970년대 중반부터 빛을 보았으며, 1980년대에는 서울시 전체 인구의 40.5%가 거주하는 신흥주거지로 명성을 떨쳤다. 강남의 성공 요인을 분석해보면 다음과 같다.

첫째, 반듯한 도로로 종횡을 연결하고 깔끔한 주거지역과 상업지역, 업무지역, 교통, 문화시설을 계획적으로 배치하였다.

서울시정사진총서 Ⅶ

1974-1978 **1**

가자! 강남으로

서울역사박물관
SEOUL MUSEUM OF HISTORY

출처 : 《가자! 강남으로 : 1974-1978 (1)》, 서울시정사진기록총서 7, 서울역사박물관, 2016

둘째, 강북의 명문 학교와 유수 기업, 법원 인프라를 대거 이전하였다.

셋째, 압구정동, 청담동을 시작으로 사회지도층 인사를 입주시켜 지역의 이미지를 상승시켰다.

이렇게 만들어진 신도시는 강북의 좁은 길과 열악한 인프라, 문화 환경과 대비되어 높은 인기를 누렸고 '강남 스타일'이라는 말이 나올 정도로 한국을 대표하는 지역 브랜드로 성장했다. 이런 신도시의 성공공식은 다른 지역에도 적용된다.

1974~1978년에는 강남 개발에 뒤이어 여의도, 영등포-관악, 송파-강동, 강서-구로 지역도 새롭게 도시화가 진행되었다. 대단위 주거지역과 함께 지하철,

순환도로, 국회의사당, 남산 터널, 한강 디리를 설치하며 한강 남부지역을 전체적으로 도시화하였다. 서울 남부지역의 주거공간이 확장되었음에도 급성장하는 경제규모와 늘어나는 인구를 감당하기 어려워 집값 폭등이 이어졌고, 이에 신도시는 경기도로 확장되었다.

1기 신도시, 빅뱅의 시대

1980~1990년대 노태우 정부는 주택난을 해소하고 폭등하는 집값을 안정시키기 위해 분당, 일산, 중동, 평촌, 산본 등 5곳에 1기 신도시를 건설하였다. 분당은 1기 신도시 중 규모가 가장 크며, 현재도 세종특별자치시 다음으로 큰 신도시이다. 분당은 19.6㎢에 39만 명을 수용하며 68개의 교육시설, 백화점, 병원 등 우수한 생활 환경을 갖추었다. 분당선, 신분당선 지하철의 연결과 분당-수서 고속도로로 강남으로의 접근성이 우수하여 강남의 대체주거지로 인기가 높았다. 현재는 노후화가 진행되며 2기 신도시인 판교, 위례에 다소 밀리는 모습이다. 분당 지역의 노후 아파트 단지는 재건축이 진행되기에는 다소 한계가 있어, 리모델링이나 소규모주택정비로 진행할 가능성이 있다. 1기 신도시 대부분이 비슷하게 흘러갈 것이다.

일산신도시는 서울의 서북지역 15.7㎢의 부지에 건설되었고, 1기 신도시들 중 녹지 비중이 가장 높고 인구밀도가 낮아 상대적으로 쾌적한 환경을 자랑한다. 하지만 강남으로의 접근성이 매우 떨어지고 인근 지역의 화정, 식사 지구에 이미 공급이 많으며 향후 GTX가 연결되더라도 파주 운정, 대곡, 고양 창릉과 수요가 분산될 가능성이 높다. 투자가치가 높지 않다는 것이다.

중동, 평촌, 산본 신도시는 부지를 모두 합쳐도 14.7㎢로 일산신도시보다 규모가 작지만 수용 인구는 50만 명으로 분당 39만 명, 일산 28만 명보다 높다. 이들 지역도 인구 분산에 나름의 역할을 하였다고 평가되지만 당시 폭발하는 수요를 감당하기에는 역부족이었다.

아직도 흥행 중인 2기 신도시

2003년 노무현 정부는 서울의 집값 폭등을 막기 위해 2기 신도시인 판교, 동탄, 김포한강, 광교, 위례, 양주, 검단, 고덕, 아산 신도시 등을 계획하였다. 이들 중 판교, 광교, 위례가 단연 높은 인기를 누리고 있다.

판교신도시는 8.9㎢의 부지에 8만여 명을 수용하는 규모로 분당보다 뛰어난 강남 접근성이 장점이다. 신분당선, 경부고속도로, 제2경인고속도로, 외곽순환도로, 용인서울고속도로, 분당수서고속도로, 분당내곡고속도로 등이 교차하며 강남까지 10~20분대에 진·출입이 가능하다. 판교테크노밸리를 성공적으로 구축하여 NC소프트, 넥슨, NHN 등 첨단기업들이 입주하였으며, 북쪽에 판교 제2테크노밸리도 추진 중이다.

광교신도시는 11.3㎢의 부지에 7만여 명을 수용하는 규모로 수원 지역의 대장 지역으로 부상하였다. 낡은 수원의 구시가지와 차별화를 이루며 신분당선, 용인서울고속도로와 연결되어 수지–분당–강남의 생활권과 가까워졌다. 이의동 일대에 광교테크노밸리를 구축하여 경기도 경제과학진흥원과 중소기업센터, 나노기술원, 서울대 융합과학기술대학원, 바이오 관련 업종이 입주 중이다. 경기도의 기술 관련 기관들과 대학연구소의 비중이 높은 것이 특징이다. 공원 저수지가 가까운 쾌적한 환경과 선진국형의 세련된 상권을 조성하여 수원 삼성과 흥덕IT밸리의 고연봉 직장인의 수요가 몰리며 주택 가격도 탈 수원급으로 급등하고 있다. 한 가

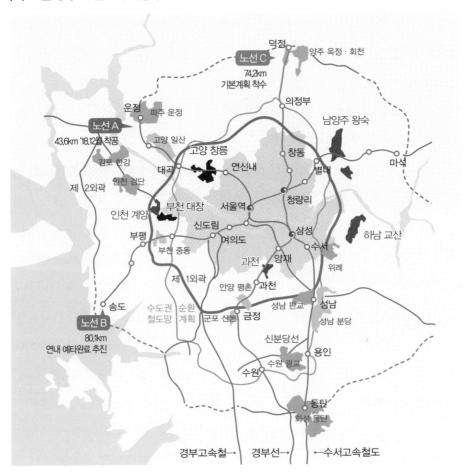

출처 : 국토교통부

지 아쉬운 점은 용인서울고속도로와 영동고속도로가 광교신도시를 관통하며 광교중앙역, 광교경기대, 호수마을법원, 상현역세권, 웰빙타운의 5곳으로 나누어졌다는 점이다.

위례신도시는 6.8㎢의 부지에 11만 명의 인구를 수용하며 서울시에 걸쳐 있는 유일한 신도시이다. 과거 그린벨트와 군부대 지역으로 서울 송파구와 하남시, 성남시에 걸쳐 조성되어 있어 서울 송파와 강남으로의 물리적인 접근성이 가장 우수하다. 장지천을 중심으로 남쪽이 1기, 북쪽이 2기로 조성되며 1기는 입주가 대부분 완료되었다. 이미 위례신도시의 아파트들은 전용 123㎡형이 12억 원을 돌파하며 크게 올랐다. 각종 학교들과 상업시설, 최근에는 스타필드시티까지 완성되며 편의성이 증대되었으나, 판교나 광교에 있는 테크노밸리 업무시설의 미비와 지하철 개통 지연이 한계로 작용하고 있다. 2021년 착공을 앞두고 있는 내부 트램이 완성되면 현재 주춤한 트랜짓몰의 독창적인 상권이 다시금 주목받을 것이다. 업무단지와 지하철 교통이 완성되면 위례신도시의 가치는 크게 상승할 것으로 예상된다. 2018년 말부터 시작된 장지천 북쪽 지역의 분양은 매우 높은 경쟁률을 기록하고 있다. 현재 북위례의 공사가 진행 중이며 2021년경 입주를 앞두고 있는데 지하철과 트램, 장지동 진입램프 등도 완성되어 한 차례 도약이 예상된다.

2기 신도시 중 가장 큰 규모와 물량을 자랑하는 곳은 단연 동탄신도시이다. 동탄은 9㎢ 부지에 12만여 명을 수용하는 1기와 24㎢ 부지에 28만여 명을 수용하는 2기로 구성된다. 위례나 판교, 광교에 비하면 서울과 거리가 먼 단점이 있으나 편리한 고속도로와 고속철도가 이미 개통되어 커버하고 있다. 또한 주거 품질 대비 저렴한 가격대로 대체 주거지로서의 역할을 잘 해내고 있다.

동탄신도시의 가장 큰 장점은 탄탄한 산업인프라이다. 동탄의 북서쪽에는 삼성전자 나노시티 기흥과 화성이 가깝고, 반도체 관련 업체와 교육기관이 모여 있다. 남쪽에는 제조업체들이 모여 있으며 북쪽에는 동탄테크노밸리가 위치한다. 동탄테크노밸리에는 대규모의 지식산업센터단지가 조성되어 첨단 IT기업과 제약기업들의 입주가 진행 중이며, 동탄 2기의 신규 아파트 단지의 수요층이 되고 있다. 동탄은 향후 신도시가 살아남을 수 있는 거리의 마지노선인 40㎞ 부근에 위치해 있다. 이보다 거리가 먼 지역의 투자에는 신중해야 할 것이며 동탄도 저평가된 일부 단지만을 대상으로 하는 것이 바람직할 것이다.

2기 신도시에는 속하지 않지만 보금자리주택지구인 미사강변도시도 주목해볼 만하다. 미사강변도시는 5.4㎢ 부지에 9만 5,000여 명을 수용하는데, 우수한 서울 접근성과 한강변에 위치한 장점으로 위례신도시 못지않은 인기를 누리고 있다. 한강변 공원, 미사리 조정경기장과 수변시설이 특징이며 자족시설용지의 비중이 높아 지식산업센터단지 입주가 활발하다. 일자리와 서울로의 접근성, 한강변이라는 3박자를 갖추었고, 향후 지하철 5호선과 9호선의 연장개통이 예상된다.

2기 신도시인 김포한강과 운정, 양주, 검단은 서울에서 약 30㎞ 거리에 위치해 있는데 산업기반이 허약하고 강남 접근성도 떨어져 투자 대상으로 보기에는 신중해야 한다.

신도시의 인기는 계속될까?

지금까지 신도시의 개발과정을 살펴보면 유사한 패턴을 발견할 수 있다. 서울 주택의 부족으로 집값이 폭등하면서 시작되었다는 점이다. 신도시 개발이 오랜 기간 양질의 주거를 제공했고, 많은 거주자와 투자자들이 혜택을 누렸다는 점은 부정할 수 없다. 하지만 앞으로도 이러한 성공 패턴이 계속될 것이라고 전망하기는 어렵다. 한 가지 이유는 서울의 우수한 입지를 대체할 만한 좋은 자리가 거의 없다는 점이다.

2018년 문재인 정부는 서울의 집값 폭등을 막기 위해 강력한 규제와 함께 왕숙, 교산, 계양, 창릉, 대장을 3기 신도시 후보지역으로 선정했다. 3기 신도시 후보지역의 대부분이 서울과 멀고 교통망이 취약하다. 광역교통의 큰 역할을 담당할 GTX와 연결되는 곳은 남양주 왕숙과 고양 창릉인데, 창릉은 일산보다 가까워 인기가 예상된다. 대장과 계양은 애매한 교통 여건에 위로는 검단과 김포, 풍무지구, 아래로는 부천 지역의 도시재생과 맞물려 주택 가격의 안정에는 도움이 되겠지만 개발이나 투자의 타당성 측면에서는 의문이 든다.

3기 신도시의 교통망을 보완하는 데에는 많은 시간과 자원이 투입되어야 한다. 현재 진행 중인 2기 신도시들 중에서도 지하철, 고속철도망 등의 건설이 지연되어 심각한 불편함을 겪는 곳이 많다. 송파에서 가까운 위례신도시의 경우 지하철 역사만 설치하는 데도 수년이 지연되면서 지역 주민의 불편이 크고, 미사신도시도 상당한 시간이 필요하다. 이렇게 교통 여건이 받쳐주지 못하는 신도시는 입주 수요가 제한되고, 시세에 영향을 받게 된다.

신도시 아파트를 분양받기 위해서는 청약통장이 필요한데 인기 지역은 경쟁이 너무 치열하여 당첨이 어렵고, 경쟁이 덜한 지역은 분양을 받아도 투자가치가 낮다. 이러한 딜레마 속에 신도시 수요자와 투자자들은 방황하고 있다.

10년 이상 길게 본다면 서울 및 구도심의 도시재생이 진행되고 인구가 고점을 찍은 후 감소하면 거리가 먼 신도시들부터 붕괴될 위험이 높다. 일본의 다마 신도시의 경우 도쿄 외곽에 위치하여 초기에는 높은 인기를 누렸지만 도쿄 중심부에서 노후한 도시를 살리는 도시재생사업이 진행되면서 입주자가 대거 도심으로 이전하여 위기에 봉착했다. 실수요자들은 새롭게 조성되어 깨끗한 신도시에 유혹을 받지만 막상 거주해보면 오래된 도심보다 불편한 점이 많고, 출퇴근 시간에 많은 시간과 비용이 드는 것에 지치는 것이다.

신도시에 투자하려면 서울(가급적이면 강남)과 가깝거나 신도시 내외에 좋은 일자리가 많은 지역을 선택하자. 서울 도심이 새롭게 재생되어 쾌적한 환경으로 거듭날수록 먼 지역의 신도시부터 타격을 입을 가능성이 높다는 것을 기억해야 한다.

오래된 좋은 입지는 도시재생을 피할 수 없다

전국적으로 얼마나 노후했을까?

서울을 비롯한 주요 대도시들은 오랜 역사를 거치며 쉽게 대체하기 어려운 인프라가 구축되었고, 고유의 가치를 가지고 있다. 하지만 도시화가 진행된 후 수십년의 시간이 지나면서 건물들은 낡았고 환경이 열악한 곳이 많다. 다음 페이지 그림에서 진한 색으로 표시된 곳이 노후건축물의 비율이 높은 곳인데 서울의 중구, 대구 서구, 부산 동구, 전남 진도가 30% 이상으로 심하게 노후된 것으로 나타났다. 이 외의 서울 지역이나 경북, 중남부 지역, 전남 지역도 노후도가 20% 이상으로 심한 편이다. 경기도 지역이나 부산 외곽 지역 등 신도시가 밀집한 지역은 노후도가 10% 미만인 것으로 파악된다.

노후도가 심한 지역 중 수요가 많은 지역일수록 도시재생(urban regeneration) 대

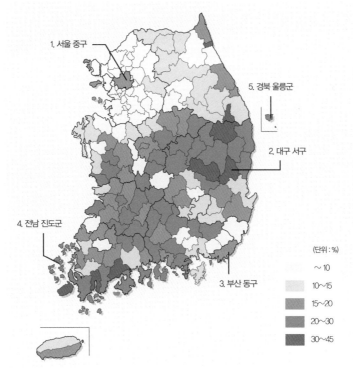

| 2018년 시 · 군 · 구별 건축물 노후도 |

1. 서울 중구

5. 경북 울릉군

2. 대구 서구

4. 전남 진도군

3. 부산 동구

(단위 : %)

~ 10

10~15

15~20

20~30

30~45

출처 : 국토교통부

상이 될 것이다. 도시재생은 노후한 도시를 되살리는 것인데, 낡은 구도심을 물리적으로 정비하는 것뿐만 아니라 낙후된 환경을 포괄적으로 개선하는 것이다. 건축물의 리모델링, 도로와 공원의 정비, 역사적 문화유산의 환경보전과 복권, 첨단업무단지의 조성, 복합개발 등이 모두 도시재생에 포함된다.

　도시재생의 목적은 크게 세 가지로 나눌 수 있다. 첫째, 토지이용의 효율을 높이고, 건축물이나 기반시설을 새롭게 하며 쾌적한 환경을 조성한다. 둘째, 지역경제와 상권을 되살리고 신산업 및 일자리의 창출을 도모한다. 셋째, 환경을 개선하여 주민의 만족도와 참여를 높이고 지속 가능한 커뮤니티를 조성한다.

구도심 지역이 낙후되면서 도시재생의 필요성이 점차 높아졌다. 낙후된 지역은 주거환경이 좋은 곳으로 인구를 빼앗기고, 제조업이나 전통시장도 쇠퇴하게 되고, 공공기관이 이전하는 등 경제적인 기반이 취약해진다. 또한 오래전에 만들어져 기반시설이 열악하고, 문화복지시설 등이 부족하여 거주민의 만족도도 낮다. 이러한 문제를 해결하기 위해 도시재생은 반드시 필요하다(2장에서 보다 자세한 내용을 다루겠다).

도시재생에는 각종 직간접적인 비용이 발생하므로 해당 지역 부동산의 공급가격은 그만큼 올라간다. 물론 가격 차이를 흡수할 수 있을 만큼 충분한 수요가 뒷받침되어야만 사업의 타당성이 확보될 것이다. 건축물의 노후도가 심하고 수요가 풍부한 서울, 대전, 광주, 대구 부산 지역은 도시재생이 활발하게 이루어질 것이다.

서울의 위험한 노후건축물

노후건축물은 준공 후 50년 이상 된 벽돌조나 30년이 넘은 블록조 건축물 중 인근에 신축공사가 활발한 지역의 건물을 말한다. 이들 건물은 2018년 용산 한강로의 상가 건물이 붕괴된 것처럼 위험에 노출될 우려가 있어 재생이 시급하다. 서울의 노후건축물 현황을 보다 자세히 살펴보자.

서울의 위험한 노후건축물은 약 8,000여 채로 중구가 932채, 성북구 940채, 동대문구 811채, 영등포구 761채, 종로구 579채 순으로 나타난다. 동별로는 미아동이 291채, 이문동이 255채, 수유동 196채, 상도동 173채로 집계된다. 이들 지역과 함께 마포구 382채, 용산구 429채, 성동구 305채로 이른바 마·용·성 지역에도 도시재생이 시급한 노후건축물이 많다. 서대문구와 은평구 지역도 뉴타운 지역을 중심으로 노후건축물이 많으며 종합적으로 보면 서북부와 도심의 대부분 지역이 해당하는 것을 알 수 있다. 이들 지역은 각종 도시 기능의 중심 지역으로 수요 역시 풍부한 곳들이다.

최근의 사례를 보면 서울에 87년으로 최고령인 충정아파트가 있다. 충정로 도심권에 위치해 있지만, 건물이 너무 노화되어 거주에도 불편하고 위험해 보인다. 개발 논리로만 본다면 당장 철거하고 새로운 시설이 들어와야겠지만, 서울시는 국내 현존 최고령 아파트인 점을 살리기 위해 문화시설로 변경하는 방안을 내놓았다. 충정아파트는 독창적인 가치를 인정받은 특별한 경우지만 나머지의 대다수

| 서울시 노후건축물 현황 |

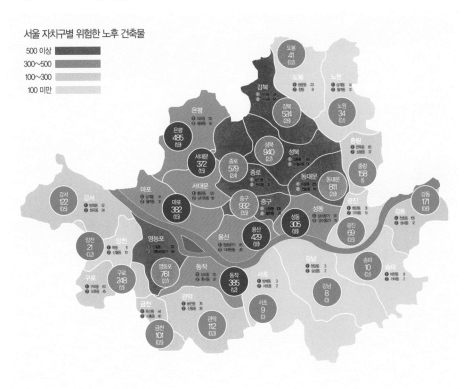

출처 : 랜드북 세이프티(https://safety.landbook.net/)
참조 : mk.co.kr/news/economy/view/2018/07/442012

고령 주택과 건물들은 어떻게든 해결이 되어야 할 것이다.

30년 이상 된 오래된 건물들은 녹물, 균열, 부패, 주차상 부족 문제와 함께 지진에 취약한 안전문제도 가지고 있다. 따라서 이러한 도심의 노후건축물을 중심으로 활발한 도시재생이 필요하다. 특히 동대문과 종로, 남대문에는 낡은 상업지역이 많은데, 용산의 붕괴사고와 같은 사례가 언제든 발생할 수 있다.

정부는 부동산 가격을 자극하지 않기 위해 도심권 노후 건물의 재개발, 재건축을 까다롭게 규제하거나, 도시재생사업에서 제외하고 있다. 현재 서울 지역에는 3만 7,500여 채의 노후건축물이 있고, 8,000여 채가 붕괴 위험 건축물로 분류된다. 이들에 대해 시급한 조치가 이루어져야 할 것이다.

강북 도심과 강남은 서로 다른 시간표를 향해 간다

종로나 동대문·남대문 인근 지역은 주택뿐 아니라 낡은 상업시설과 업무용 건물도 새로운 변화를 기다리고 있다. 이들은 새롭게 철거 후 개발되거나, 리모델링을 통해 가치의 상승이 이루어질 것이다.

도심 지역은 토지가격이 매우 높고, 공간적인 여유가 거의 없다. 기존 건축물을 모두 철거하고 새로 지을 때 새로운 건축법을 적용하게 되면 용적률이나 주차장, 면적 등에서 불리한 경우가 많다. 그러므로 기존의 골조를 유지하며 보강 설비나 내외장을 새롭게 하여 효과를 극대화하는 방법이 더 나을 수도 있다. 비용은 절반 수준으로 줄이면서 임대수익률과 매매가격은 신축에 준하는 정도로 높일 수 있으므로, 리모델링도 도시재생의 한 축으로 큰 역할을 할 것이다.

강남구와 서초구, 송파구와 노원구, 양천구 지역은 노후건축물의 비율이 낮아 재개발이나 안전문제를 고려한 도시재생이 시급해 보이지는 않는다. 이들 지역은 주로 노후 대단지 아파트의 비중이 높아 재건축을 목표로 한다. 강남의 압구정 현대와 대치 은마, 송파의 잠실 주공, 신천 장미 등이 대형 단지로 기대가 높다. 이지역들은 재건축 초과이익환수제와 분양가상한제 등 각종 규제로 인해 지금은 추진 동력이 많이 떨어진 상황이며, 시간이 보다 많이 소요될 것으로 보인다. 그러나 뛰어난 입지와 풍부한 수요를 갖추었으므로 향후 어떤 식으로든 개발이 이루어질 것이다. 또한 재건축이 여의치 않은 단지를 중심으로 리모델링이나 가로주택정비사업, 소규모재건축 등으로 전환하는 곳이 나올 수 있다.

입지는 거짓말을 하지 않으며, 시간은 계속 흘러가며 건물은 노후화된다. 도시재생의 운명을 맞이할 시간이 점차 다가오는 것이다. 이는 마치 와인을 빚을 포도가 포도밭에서 무럭무럭 자라고 있는 것과 같다. 상황을 즐겁게 지켜보며 기회를 기다리는 것도 좋을 것이다.

해외 각국에서도 도시재생이 대세다

해외 각국의 오래된 도시들은 이미 많은 도시재생 사례들을 경험하였고, 현재도 활발히 진행 중이다. 많은 시행착오와 성공·실패 사례들이 있는 만큼 우리가 참조할 부분이 있을 것이다. 대표적으로 일본과 미국, 유럽의 사례들을 정리해보자.

일본

도심의 고밀도 근접 개발 – 콤팩트 도시

일본은 우리보다 앞서 저출산·고령화와 구도심의 낙후, 지방도시의 쇠퇴를 경험했다. 1994년에는 65세 이상 인구가 전체 인구의 14%를 초과하며 고령화사회에 진입하였고, 2002년에 '도시재생특별조치법'이 제정되며 시가지 정비를 시작했다. 콤팩트 도시(compact city)를 추구하여 분산된 도시의 기능을 집약시키고 고밀도의 근접 개발을 했다. 목표는 대중교통망으로 촘촘하게 연결하며 공공서비스와 일자리를 밀착시키는 것이었다. 그 결과 도쿄 구도심지는 롯폰기힐스와 같은 대규모 도시재생을 통해 세련된 신흥 부촌으로 탈바꿈했다. 롯폰기힐스는 8개의 주상복합단지에 첨단기술시설, 문화예술시설, 쇼핑시설, 대중교통망이 결합되며 하나의 도시를 이루었다. 이 지역이 개발되기 전에는 소방차의 출입이 어려울 정도로 낡은 건물과 좁은 골목길이 밀집한 지역이었다는 점을 감안하면 격세지감이며, 부동산의 가치 역시 크게 상승하였다.

일본 지방의 다핵 네트워크형 도시재생

일본은 2014년 '도시재생특별조치법'으로 민관협력을 통한 도시재생을 보다 적극적으로 추진하였다. 지방의 도시재생은 '단핵 콤팩트형'과 '다핵 네트워크형'의 두 가지 방식으로 진행되었다.

단핵 콤팩트형은 공동화된 중심 시가지에 상업시설과 업무시설 등을 집중시켜 인구를 한곳으로 모으는 것이 특징이다. 최초로 도입된 아오모리시는 중심지의 거주 인구와 보행자의 통행량은 증가했으나, 상권 형성이 기대에 미치지 못했다. 결국 백화점의 입점이 취소되고 막대한 개발비용을 감당하지 못해 개발사와 지자체가 경영난에 빠지는 문제가 발생했다. 다핵 네트워크형은 중심지에 핵심 기능을 두되 기존 철도와 도로 교통망을 활용해 각각의 지역에도 거점을 조성하는 것이다. 이 방법을 도입한 하마마쓰시는 철도역이나 버스터미널 인근에 거주·상업·업무·문화시설을 개발 육성하고, 민간과 시민단체의 참여를 유도했다. 공공교통의 역할을 되살리면서 중심 지역과 지역거점, 지역거점 간의 네트워크를 적극적으로 연결했다. 그 결과 토야마시는 중심지역과 지역거점을 함께 활성화하

| 하마마쓰시(浜松市)의 압축도시 개념도 |

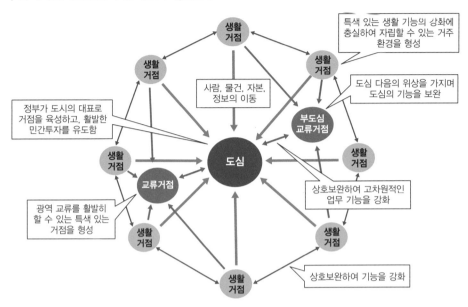

출처 : 〈일본의 compact city 정책 동향보고〉, 주일한국대사관, 2015

는 데 성공했으며, 비용적으로도 단핵 모델을 도입한 것보다 효율적이었다.

　일본의 사례를 정리해보면 인구가 많은 대도시 중심부는 고밀도 주거 및 상업시설을 개발하는 것이 적합하지만, 인구가 부족한 지방도시는 기존 교통망을 최대한 활용하여 효율적인 개발로 자발적인 재생을 유도하는 것이 바람직해보인다.

　미국

　민간-연방 분권형 도시재생

　미국은 도시재생에 적극적인 편이고, 다인종국가로서 인구도 증가하고 있어 대규모로 사업이 진행되는 경우가 많았다. 미국의 도심 공동주택은 주로 저소득

46

노동계층을 위해 공급되었는데, 슬럼화가 심해지면서 사회적인 문제가 되었다. 이에 1950년경부터 주택법에 의해 연방정부가 주도해 대규모 전면철거 형태의 도시재건축이 시작되었다. 주로 고급 주거단지 개발로 이어졌는데, 이후 계층 간, 지역 간, 인종 간의 차별과 이에 따른 환경의 양극화로 인해 갈등이 점차 커졌다. 이를 보완하기 위해 1974년 기존의 전면 철거식 개발을 폐지하고 기존 시가지를 재생하면서 지역사회를 보존하고, 선순환을 유도하고자 하였다. 거주자가 참여하고 커뮤니티별 개성을 살릴 수 있는 방향으로 전환된 것이다. 상업지구에는 경제적인 인센티브를 제공하며 민간의 투자 참여를 유도했다.

결과는 성공적이었다. 연방정부가 주도한 지역은 여전히 낙후되어 있지만 민간이 주도한 지역은 크게 발전하여 관공서의 역할과 한계를 극명히 보여주기도 했다. 이처럼 도시재생에서도 민간에게 인센티브를 부여하고 적극적인 참여를 유도하면 보다 창의적이고 차별화된 결과를 얻을 수 있다. 한편 미국은 도심 재활성화(Urban revitalizatin) 프로그램을 통해 중앙집권적인 연방정부가 지방정부에 권력을 이양함으로써 탄력적인 정책을 집행하고 세밀한 지역별 콘텐츠를 구축할 수 있도록 장려하고 있다. 현재 미국의 연방정부는 재정과 세제 지원의 역할에 머물고, 지방정부와 민간이 중심이 되어 도시재생을 진행하고 있다.

기술산업 집약형 도시재생

시애틀 지역의 아마존 캠퍼스는 낙후된 창고시설이 첨단기업도시로 변화한 성공적인 사례이다. 2012년에 재생사업이 시작되어 대규모 고밀도 오피스 시설을 개발하고, 인근의 주거·상업시설과 연계하면서 기존의 인프라를 보완하였다. IT 혁신 환경을 조성하기 위해 과감히 투자하였고 MS, 아마존과 같은 대기업을 유치하면서 관련된 중소 IT 기업들도 입점하였다. 현재는 구글, 페이스북, 애플, 트위터,

드롭박스와 같은 세계 유수 기업들의 기술본부가 이곳에 위치하고 있다. 결과적으로 지역 인구도 급격히 늘어 70만 명을 돌파했고, 평균연령도 낮아졌다. 시역 내에 380억 달러가 투자되었고 5만여 개의 신규 일자리가 창출되어 주민의 소득도 높아졌는데, 평균소득이 미국 전체 평균보다 30% 정도 높은 8만 달러를 넘어섰다.

시애틀이 고소득자의 도시로 탈바꿈하며 부동산 가격도 2017년 1년간 13.5% 상승했는데, 이는 미국 전체 평균인 5.9%보다 월등히 높다. 또 구매력이 높아지면서 인근 지역의 숙박과 상업시설들도 함께 활성화되어 경제적인 선순환이 이루어졌다. 초우량기업을 많이 유치하는 방향의 도시재생이 필요하다는 점에서 우리에게도 많은 시사점을 준다.

유럽

영국의 어반르네상스 도시재생

영국은 현대 도시화를 가장 앞서 경험한 나라이다. 1930년대에 슬럼가 철거, 스모그와 악취 해결을 위해 대규모 개발형태인 도시계획법이 도입되었는데, 기존 거주층인 빈민과 소수인종들은 게토를 형성하거나 외곽으로 밀려나며 문제를 야기했다. 이 문제를 해결하기 위해 낡은 물리적 환경을 복원하되 기존 커뮤니티 사회에 주는 영향을 최소화하는 방향으로 진행되었으며, 1960년대 도시재건설을 거쳐 1970년대 도시재정비로 발전했다. 이후 도시개발공사 중심의 대규모 개발을 진행했고, 1990년대 후반부터 사회적 차원의 도시재생을 도입했다.

사회적 차원의 도시재생은 지역 간의 빈부격차와 시민 참여의 부족을 해소하는 것을 목표로 삼았다. 2000년대에 들어서는 문화융성을 중심으로 하는 어반르네상스(Urban renaissance) 개념을 도입했는데, 이는 구미 선진국의 문화수도 운동,

역사적 환경을 보존하는 도시재생, 스토리텔링을 통한 개발이라고 할 수 있다.

런던올림픽이 열렸던 해크니위크 지역은 지역 예술가들과 공공기관이 협력하여 메인 스타디움과 퀸 엘리자베스 올림픽 공원을 조성하는 동시에 지역의 도시재생을 진행했다. 대규모 예산을 투입하여 새롭게 개발하는 게 아니라, 쓰레기 매립장을 공원 부지로 사용하면서 경기장 공사에도 친환경 자재나 폐건축물을 재활용했다. 이처럼 영국은 예술가들의 역량을 끌어내고 혜택을 제공하여 지역의 독창성을 확보함으로서, 정부가 일방적으로 후원하는 형태에서 벗어나 도시재생사업의 일부분으로 받아들여 공동의 이익을 추구하는 협력 모델이 되고 있다.

독일의 리질리언트 시티

독일의 경우는 다양한 변화와 위험에 스스로 적응하고 개선할 수 있는 리질리언트 시티(resilient city, 탄력도시) 모델을 도입하고 있다.

함부르크 엔펠더 아우(Jenfelder Au) 지역은 낙후된 도시문제와 함께 이상기후와 에너지 고갈 문제가 발생하였다. 이를 해결하기 위해 건축단체와 자원관리 전문기관, 교육연구부, EU, 경제기술부 등 여러 유관기관 전문가들이 협업하여 도시 노후 문제를 해결하면서 고령인구화, 에너지 고갈, 자연재해, 테러, 이상기후, 환경오염, 탄소 제로화 등 다양한 문제와 이슈들에 능동적으로 빠르게 대처하는 체계를 구축하고 있다. 낙후된 도시의 재생에서 한걸음 더 나아가 복잡한 문제들을 동시에 해결하려는 노력을 참조할 만하다.

스페인의 22@바르셀로나 프로젝트

스페인의 바르셀로나 도심부 인근의 포블레노우 지역은 방직산업이 크게 부흥했으나 1960년 이후 지속적으로 공장이 빠져나가면서 쇠퇴했다. 스페인 정부는 2002년 '22@비르셀로나 프로젝트'를 통해 주거, 문화 등 도시환경을 개선함과 동시에 미디어, ICT, 에너지 등 혁신 창출이 가능한 지식집약형 클러스터를 육성하기로 계획하였다. 이후 구도심 산업 지역에 스마트 기술과 지식기반산업을 접목시켜 거점으로 삼고, 주변의 균형적인 콤팩트 시티를 구축하였다. 결과적으로 이곳에는 925개의 기업이 입주하면서 3만 2,000여 명의 고용이 창출되었다.

프랑스의 예술의 고가다리

프랑스의 '예술의 고가다리(viaduc des art)'도 1969년 철도 운행이 종료된 후 우범지역이 된 곳에 새로운 활력을 불어넣은 좋은 사례이다. 고가철교를 철거하지 않고 보존하여 개선하자는 목표 아래 1988년 재건축이 시작되었고 상부는 '프롬나드 플랑테(Promenade plantée)' 공중정원, 하부는 지역 예술가들의 공방과 갤러리, 아트숍, 카페 등의 상업문화시설로 꾸몄다. 이곳은 바스티유역까지 연결되는데, 오랜 역사를 갖춘 예술상권과 매우 아름다운 꽃길의 정원으로 파리의 대표적인 명소가 되었다.

이처럼 전 세계적으로 다양한 형태의 도시재생이 진행 중이며, 성공적인 결과를 만들어내고 있다. 각기 다른 형태로 진행되었지만 결과적으로 낙후된 지역이 활력을 되찾고 새로운 가치를 창출하였다. 쾌적하고 개성 있는 환경으로 바뀌면서 죽은 상권이 새롭게 살아나고, 일자리가 생겨난다. 당연히 부동산의 가치도 크게 상승하여 투자 결과도 매력적이라 할 수 있다. 우리도 이와 같은 성공적인 사례를 참고하여 도시재생에 접목해야 할 것이다.

떠나는 사람과 들어오는 사람, 어느 줄에 설 것인가?

다산 정약용의 유언

"무슨 일이 있어도 사대문 밖으로 이사 가지 말고 버텨라. 멀리 서울을 벗어나는 순간 기회는 사라지며 사회적으로 재기하기 어렵다."

조선의 실학자였던 다산 정약용이 자녀들에게 남긴 유언이다. 그런데 이 말은 오늘날에도 통용되는 것 아닐까?

낡은 도시의 성공적인 발전 뒤에는 그림자가 뒤따른다. 바로 젠트리피케이션 (gentrification)으로, '둥지 내몰림 현상'이라고도 한다. 낙후된 구도심 지역이 개발되면서 기존의 저소득층 원주민이 밀려나며 중산층 이상의 새로운 계층이 유입되어 대체하는 현상으로 볼 수 있다. 주거, 상권, 관광, 교육 등 환경이 급변할 때는 자본의 쏠림 현상이 발생하는데, 이때 비자발적으로 떠밀려나는 이주 현상은 큰 문제이다. 주거지역이 개발되면서 원주민의 거주비용이 급등하게 되고, 이때 변화하는 환경에 적응하지 못하면 결국 그곳을 떠나게 된다. 팽이가 빨리 돌면 밖으로 밀려나는 원심력이 점점 커지는 것처럼, 도시가 발전할수록 도심권에서 한번 밀려나면 집값의 차이가 커지면서 다시 중심부로 들어오기가 점점 더 어려워지는 것이다.

우리는 왕십리, 청량리, 용산 등 과거의 낡은 동네들이 점차 부촌으로 탈바꿈되는 것을 보고 있다. 왕십리가 고향인 A씨는 어릴 적부터 낡은 주택에서 살다가 재개발의 흐름을 타고 조합원 분양을 받았다. 현재는 아파트의 순수 차익만 5억 원이 넘고, 20년 전 주택 가격의 10배가 넘는다. 반면 과거에 같은 동네에 살던 B씨는 취직으로 인해 지방으로 이사했다. 당시 취득한 신축주택은 왕십리 가격의 절반 수준이라 만족스러웠다. 하지만 20년이 지난 현재, 그가 구입한 지방주택의 가격은 2배가량 올랐지만 왕십리 아파트는 10배도 넘게 상승하여 전 재산과 퇴직금을 합쳐도 다시 옛 고향에 돌아오기 힘들다. 안타깝지만 자주 접하는 현실이다.

등잔 밑은 밝아야 한다

젠트리피케이션의 가장 큰 원인 중 하나는 원주민의 경제적인 여유 부족일 것이다. 하지만 원주민의 무지와 무관심도 큰 비중을 차지한다. 자신의 동네가 앞으로 어떻게 바뀌며 좋아지는지 잘 모르는 이들이 생각보다 많다. 조금만 더 미리알고 변화를 준비했다면 기회를 잡을 가능성이 훨씬 높다. 심지어는 해당 지역 부동산의 중개사도 미래가치가 높은 자기 지역의 변화상에 둔감한 경우가 있다. 과거의 생각과 낡은 관성에 빠져 앞날을 보지 못하면 큰 기회를 눈앞에서 그냥 흘려

보낼 수밖에 없다. 아무런 준비 없이 지내다 변화가 닥쳤을 때 휩쓸려가기보다는 나에게 실질적인 도움이 될 기회를 미리 적극적으로 찾아봐야 한다.

젠트리피케이션에 여러 부작용들이 있지만 객관적으로 보았을 때 그 지역이 발전한다는 것을 인정해야 한다. 낡은 골목들이 보다 깨끗해지고 이미지가 좋아지며 트렌드에 맞게 선진화된다. 일단 자신의 지역에 관심을 가져보고 가능성이 전혀 없다면 다른 선택지를 찾아보자.

팽이 게임의 승자가 되자

젠트리피케이션 현상은 팽이 돌리기와 유사하다. 팽이는 돌아가지 않으면 넘어지게 되고, 더 빨리 돌수록 원심력이 커지면서 안정된다. 낡은 도시도 변화하지 않으면 쇠락하게 되는데, 더욱 빨리 변화할수록 크게 성장하며 밖으로 떠밀리는 원심력은 커진다. 도시의 이런 생리를 이해하고 젠트리피케이션을 하나의 자연스러운 현상으로 바라보아야 한다. 변화의 흐름을 언제까지나 막을 수는 없다. 가만히 앉아 밀려나는 것보다는 적극적으로 기회를 모색하고, 가능하면 올라타는 것이 좋다. 지금도 거대한 팽이는 돌아가고 있다. 투자의 기회는 어디에 있을까?

내몰릴 지역에서 기회를 찾자

개발 예정 지역 또는 활성화될 가능성이 있는 주거지나 상권에 직접 투자하거나, 조합원이 되는 방법이 있다. 대규모 자본의 흐름이 변화하는 것에 관심을 가지고, 그 안에서 예산에 맞는 기회를 찾는다. 투자금에 대한 걱정이 있겠지만, 도시재생 예정지 안에는 생각보다 적은 금액으로 투자할 수 있는 기회가 많다. 또한 최근에는 원주민들끼리 직접 개발할 수 있는 경로도 많이 생기고 있다. 쫓겨날 걱정을 하기보나 직접 대안을 찾아 노력해보자. 정부나 전문가들에게 도움을 요청해보는 것도 좋다.

내몰리는 사람들에게서 기회를 찾자

재개발이 진행되면 결국은 많은 사람들이 나가게 되고, 그에 따르는 대체 주거지와 대체 상권이 뜨게 마련이다. 재개발 예정지의 인근 빌라나 재건축 예정지의 인근 아파트는 투자가치가 높다. 개발이 본격화되면 이주 수요가 높아지며 인근 지역의 시세가 들썩이기 때문에 한 발 먼저 예상하고 들어갈 필요가 있다.

중심축을 이해하자

팽이의 중심축은 상대적으로 조용하지만 약간의 변화만으로도 외곽에는 큰 영향을 미친다. 그러므로 도시재생의 중심이 되는 법규와 정책의 변화에 관심을 가져야 한다. 지금 만들어지는 법들이 향후 수년에서 수십 년간의 큰 변화를 만들어낸다. 법과 관련된 부분은 다소 어렵고 이해가 힘들 수 있지만 관심을 가지고 꾸준한 노력을 기울이며 전문가의 도움을 받으면 얼마든지 극복할 수 있다.

어떤 생각으로 어떻게 준비하는가에 따라 누구나 변화의 수혜자가 될 수도 있고 피해자가 될 수도 있다. 바로 지금, 열린 마인드로 변화의 흐름에 즐겁게 도전해보자. 기회는 누구에게나 열려 있다.

상생하면 기회가 찾아온다

도시재생에도 수정자본주의가 적용되다

투자와 경제성장의 원동력은 인간의 욕심에서 시작한다. 싸게 사려는 수요와 비싸게 팔려는 공급의 균형으로 가격이 형성되며, 양측 간의 끊임없는 힘겨루기에 의해 가격 변동이 발생한다. 투자는 싸게 사서 비싸게 파는 것이고, 이익이 없다면 투자와 성장도 원활하게 이루어지지 않는다. 하지만 시장의 참여자 모두가 과도한 욕심을 부린다면 시장이 붕괴될 수도 있다.

도시재생과 관련하여 과도한 욕심으로 부작용이 발생한 사례는 꽤 많다. 앞서 설명한 젠트리피케이션이 대표적인데, 원주민들은 여러 가지 갈등 끝에 정든 고향을 등질 수밖에 없다. 지역의 상인들은 높아지는 임대료를 감당하지 못해 폐업하거나 다른 지역으로 이동하고, 결국 상권은 본래의 특성을 잃어 붕괴된다. 지역이기주의의 심화와 커지는 빈부격차는 극심한 사회적 갈등을 유발한다. 지역별로 격차가 커지면서 집단이기주의로 변질하는 사례도 사주 발생한다. 이러한 문제들의 해결책은 무엇일까?

현시점에서는 시장 참여자들이 생태계 전체의 유지를 위해 욕심을 제어하는 것이 필요하다. 우리는 도시재생의 역사가 길지 않아, 많은 시행착오 과정을 겪고 있다. 미국이나 영국 등 선진국의 사례를 보아도 처음에는 대규모로 공격적인 재개발을 추진하지만 이후 각자에게 맞는 방법으로 수정하면서 발전을 도모하였다. 우리도 유사한 과정을 겪고 있으며, 답을 찾아가는 과정이라고 보아야 할 것이다.

공공임대주택을 받아들이자

공공임대주택의 현황은 마이홈 포털(https://www.myhome.go.kr)에서 확인이 가능한데, 들어가보면 주택의 유형과 조건이 복잡하여 선택이 쉽지 않다. 복잡한 공공임대주택 유형을 통합하려는 움직임도 있다. 노태우 정부의 영구임대주택을 시작으로 공공임대(김영삼 정부), 국민임대(김대중 정부), 매입임대, 전세임대(노무현 정부) 등 지난 30여 년 동안 임대주택의 유형이 계속 추가됐고, 지금도 새로운 하위 유형이 늘어나고 있다. 복잡한 입주 유형과 임대료 부과 체계가 대상자들에게 혼란을 주고 있는데, 이에 대한 변화가 예상된다. 또한 노후된 장기공공임대주택 시설을 개선하여 수명을 연장하고 거주 만족도를 높이는 사업도 추진 중이다. 이러한 정책들은 복지의 사각지대를 줄이고 취약계층 보호에 큰 역할을 할 것이다.

임대차 관련 정책을 이해하자

임대인이 과도하게 임대료를 올리거나 임대인이 임차인을 일방적으로 쫓아내는 경우도 있고, 상가의 경우 적지 않은 권리금을 전혀 보호받지 못하는 경우도 빈

| 주택임대차보호법과 상가임대차보호법 |

2019년 기준	주택임대차보호법			상가임대차보호법		
대상	주택(일부사용, 미등기 전세, 무허가건물 가능)			상가(사업자등록)		
		소액 보증금	최우선 변제액		우선변제 적용범위	소액 보증금	최우선 변제액
지역별 적용범위와 보증금 최우선 변제금	서울특별시	1억 1,000만 원	3,700만 원	서울특별시	6억 1,000만 원	6,500만 원	2,200만 원
	과밀억제권역 세종자치시 용인시, 화성시	1억 원	3,400만 원	과밀억제권역 부산광역시	5억 원	5,500만 원	1,900만 원
	광역시, 안산시 김포시, 광주시 파주시	6,000만 원	2,000만 원	광역시, 세종시 파주시, 화성시 안산시, 용인시 김포시, 광주시	3억 9,000만 원	3,800만 원	1,300만 원
	그 밖의 지역	5,000만 원	1,700만 원	그 밖의 지역	2억 7,000만 원	3,000만 원	1,000만 원
대항력	주택의 인도와 주민등록			건물의 인도와 사업자등록		
임대차기간	2년 미만의 임대차는 2년			1년 미만의 임대차는 1년		
계약 갱신	임대인은 6개월에서 1개월 사이에 갱신 거절 가능 임대인 묵시적 갱신 후 2년 연장			임대인은 6개월에서 1개월 사이에 갱신 거절 가능 임대인 묵시적 갱신 후 1년 연장		
갱신 요구	갱신요구 불가			10년간 갱신 가능		
갱신 배제	2기 차임의 미지급			3기 차임의 미지급		
월세 전환 시 산정률	연 10%와 기준금리의 4배 중 낮은 비율			연 12%와 기준금리의 4.5배 중 낮은 비율		
차임보증금 증액한도	5%			5%		
심의 조정	주택임대차 분쟁조정위원회			상가건물임대차 분쟁조정위원회		

우선변제 적용범위 = 보증금 + 월차임 x 100

과밀억제권역 지역 :

1) 서울특별시

2) 인천광역시(남동 국가산단 제외)

3) 경기도 의정부시, 구리시, 남양주시, 하남시, 고양시, 수원시, 성남시, 안양시, 부천시, 광명시, 과천시, 의왕시, 군포시, 시흥시

번했다. 임대인외 문제로 부동산이 경매로 넘어갔을 경우 임차인이 보증금을 보호받는 데에도 한계가 있었다. 이러한 문제들을 해결하기 위해 임대차 관련 정책이 크게 변화하고 있는데, 주로 임차인의 권리를 높이는 방향으로 진행 중이다.

주택임대차보호법은 임차인의 보증금 보호 요건을 강화하고 계약갱신청구권을 현행 2년에서 4~10년까지 늘리는 방안이 검토 중이다. 주택임대사업자로 등록하면 연간 인상률을 5%로 제한한다. 상가임대차보호법은 이미 계약갱신청구권이 10년까지 연장되었고, 인상률 5% 제한도 적용된다. 임차인의 권리금 회수 기회 보호는 임대차 기간이 끝난 이후까지도 보호해줘야 한다는 최근 판례가 나온 만큼 크게 강화되는 추세이다. 이러한 흐름은 부동산 투자자들에게는 수요를 위축시킬 만한 내용이다. 하지만 역시 길게 보면 시장을 보호하는 차원에서 받아들여야 할 것이다. 주택임대사업자로 등록하면 인상률과 보유기간에 대한 규제를 받지만 취득세, 재산세, 양도세 등의 혜택이 있다. 임차인도 과도한 임대료 상승의 걱정 없이 안정적인 생활이 가능하고, 분쟁이 발생하면 '주택임대차분쟁조정위원회'의 도움을 받을 수 있다.

19층에서 35층으로, 상생의 길을 모색해보자

임대차보호법이 강화되면 투자자의 입장에서는 반갑지 않을 수 있고, 사유재산 권리침해라는 일부 의견도 있다. 하지만 부동산 투자는 긴 호흡으로 바라보는 것이 바람직하며, 생각의 전환도 필요하다. 지나친 욕심으로 과식하면 배탈이 나는 것처럼, 성공적인 투자를 위해서는 절제하는 태도가 필요하다. 특히나 오래된 지역의 도시재생에는 더욱 많은 이해관계자들이 있고, 다양한 갈등이 발생할 수 있다. 사람들 사이에 의견 합의가 이루어지지 않으면 사업의 진행에 큰 어려움이 생긴다. 조그만 지분을 가지고 알박기를 하거나 지나친 욕심으로 사업구조에 큰 부담을 지우는 경우에는 눈살을 찌푸릴 수밖에 없다. 투자자와 임차인, 원주민은 각각 상대의 입장을 이해하여 조금씩 양보할 필요가 있다.

일부 상권의 오래된 건물에서는 임대료 상승을 최소화하여 수십 년간 임차인과 함께한 좋은 건물주들이 많다. 당장은 높은 수익률이 아니었더라도 길게 보아 건물의 가치가 충분히 올랐고, 임대 수익도 꾸준히 올렸기에 성공한 투자라 볼 수 있다. 임차인들도 오랜 기간 안정적으로 영업하여 생활의 기반을 마련했고 다른 곳으로 옮길 생각 없이 열심히 일에 집중하여 경쟁력을 높이고, 건물주는 지역사회에서 존경을 받는다. 이러한 사례는 최근 일부 지역의 투자자나 임차인의 지나친 욕심이 화를 불러오는 것과 대조되는 모습이다.

마포 용강동 우석연립의 소규모재건축은 역세권공공임대주택을 공급하여 종상향을 추진하고 있다. 임대주택을 공급하지 않는 경우에는 19층 개발이 유력하다. 하지만 현재 서울시가 추진 중인 역세권공공임대주택을 공급하면 인센티브를 받아 최고 35층까지 개발이 가능하다. 기존 조합원들의 입주나 일반분양은 동일하게 가능하고, 사업의 수익성도 개선된다. 또한 공공임대주택이 50세대 이상 공급되며 서민층이 저렴한 임대료로 입주할 수 있다. 조합원과 입주자, 그리고 개발사까지 모두가 만족할 수 있는 좋은 사례가 될 것이다.

2장

앞으로 부동산 시장은
도시재생 투자가 이끈다

01

도시재생사업 어디까지 진척되었나?

도시재생 투자 대상

도시재생사업은 물리적인 정비를 중심으로 한 기존 정비사업의 한계를 보완하여 노후 기반시설의 정비와 지역적 특성을 고려한 사회, 경제, 문화적 정비를 포괄한다. 재개발, 재건축 등 물리적인 정비사업은 사업성이 좋고 다양한 지역 역량을 포괄한다. 사업성이 좋으므로 투자자와 개발자들이 선호하고, 추진 동력도 강하다. 이에 반해 낙후지역의 지원사업은 지역 역량과 사업성이 모두 좋지 않다. 사업성이 떨어지므로 투자자와 개발자 모두에게 외면받고, 추진이 쉽지 않다.

도시재생사업은 이 양쪽 사업들과 함께 도심을 개발하는 도시 경제기반 재생사업과 동네를 개발하는 근린재생사업까지 포괄한다. 이는 각각의 사업들을 보완하며, 때로는 사업성이 다소 부족하더라도 공공의 목적을 위해 지역 특색을 개발

주거환경개선사업
재건축/재개발사업
도시 및 주거환경정비법

소규모 주택 재정비
빈집 및 소규모주택정비법

뉴타운사업
도시재정비촉진을
위한 특별법

도시재생사업
사회 문화적 기능회복
도시경제 회복
삶의 질 향상
기존 주거지 지속적 생활여건 확보

하고 주민에게 도움이 되는 사업들도 진행한다.

사업 자체의 범위로는 도시재생사업이 가장 광범위하다. 도시재생사업은 '도시재정비촉진을 위한 특별법', '도시 및 주거환경정비법', 그리고 2018년에 새로 시행된 '빈집 및 소규모주택정비법'에 의하여 뉴타운사업과 주거환경개선사업, 재건축·재개발사업과 소규모주택재정비사업을 모두 포괄한다. 초보 투자자는 용어와 사업에 대한 개념들이 생소할 수 있으니, 각각의 특성과 사업 간의 관계를 이해해야 한다.

우리가 투자해야 할 대상은 도시재생사업 안에서 사업성이 양호하거나, 사업성이 다소 부족하더라도 정책적인 보완이 이루어지는 영역이다. 따라서 도시재생사업 중에서 수익성이 있는 (뉴타운) 재개발, 재건축사업과 소규모주택재정비사업을 눈여겨보자.

도시재생뉴딜사업

참고로 정부가 진행하는 도시재생뉴딜사업도 알아두자. 도시재생뉴딜사업은 전면 철거 형태의 재개발, 재건축이 아니라 기존의 모습을 최대한 유지하면서 환경을 개선하는 사업으로 국책사업이다. 사업 대상지의 과반이 1,000가구 이하의 소규모 지역으로 추진되며, 기존 동네의 모습을 유지하면서 커뮤니티 센터나 공동이용시설을 짓고 도시 경관을 개선하는 소단위 정비사업과 공공임대주택 공급을 통한 주거개선이 주로 추진된다.

사업 유형은 우리동네살리기, 주거지지원형, 일반근린형, 중심시가지형, 경제기반형의 5가지로 나뉘며 매년 대상 사업지를 선정하여 각 지역의 현황과 목적에 맞게 진행된다. 2019년에는 12개 시·도의 22곳이 도시재생 뉴딜 대상 지역으로 선정되었고, 63개의 생활 SOC가 공급될 계획이다. 서울의 금천구, 부산진구와 수영구, 대구 달서구, 광주 남구, 경기 평택, 안산, 의정부, 고양시 등이 선정되었는데, 정부가 부동산 시장의 과열이 우려되는 지역을 제외하고 있어 시장에 미치는 영향은 제한적일 것으로 보인다.

| 도시재생뉴딜사업 형태별 구분표 |

추진 과제	주거환경 정비		혁신거점 조성		
5개 유형	우리동네살리기	주거지지원형	일반근린형	중심시가지형	경제기반형
대상지역	소규모 저층 주거밀집지	저층 주거밀집지	준주거, 골목상권	상업, 역사, 문화예술 등	역세권, 산단, 항만 등
권장면적	5만㎡ 내외	5~10만㎡	10~15만㎡	20만㎡ 내외	50만㎡ 내외
국비/기간	50억 원/3년	100억 원/4년		150억 원/5년	250억 원/6년
선정주체	광역지자체			중앙정부(국토부)	
선정물량	전체 물량의 70% 수준			전체 물량의 30% 수준	

출처 : 국토교통부, 2019

| 2019년 상반기 도시재생 뉴딜사업 현황 |

구분	선정	신청·제안	사업지역	사업유형	사업명
서울 (1)	중앙	SH	금천구	중심시가지형	산업·우시장·문화 지역자산 기반의 독산동 재생프로젝트 "독산 3樂"
부산 (2)	시·도	부산진구	부산진구	우리동네살리기	바위동산이 숨트는 신선마을
		수영구	수영구	일반근린형	도시거주민과 방문객을 위한 도시 수영 "도도한 수영"
대구 (1)	시·도	달서구	달서구	주거지지원형	송현동 든·들 행복빌리지 조성사업
광주 (1)	중앙	광주도시公	남구	중심시가지형	부도심 상권활성화路 사람중심 행복도시路
경기 (4)	중앙	평택시	평택시	중심시가지형	새로운 도약, 평택의 중심 신평지구
		LH	안산시	우리동네살리기	구전(口傳)마을 상동(上洞), 사라져가는 이야기를 찾아서
	시·도	의정부시	의정부시	우리동네살리기	주민이 지켜낸 배려와 나눔의 삶터 흥선 행복마을
		고양시	고양시	일반근린형	토당토당 살기좋은 능곡마을 재생이야기
강원 (1)	시·도	춘천시	춘천시	주거지지원형	봉의산 비탈마을의 행복한 반란!
충북 (1)	시·도	음성군	음성군	일반근린형	새로운 시작! 함께 채워가는 음성 중심도시!
충남 (2)	중앙	공주시	공주시	중심시가지형	제민천과 함께하는 역사문화 골목공동체 뉴딜사업
	시·도	예산군	예산군	우리동네살리기	함께 이어가는, H_2O 공동체 "배다리 마을"
전북 (1)	시·도	정읍시	정읍시	주거지지원형	일과 육아를 함께, 행복한 삶터 "연지뜰"
전남 (3)	중앙	순천시	순천시	중심시가지형	생태(ECO) 비즈니스 플랫폼, 순천역전(展)
	시·도	여수시	여수시	일반근린형	여성·청소년과 함께하는 百年再生
		구례군	구례군	일반근린형	뉴카터로 살릴레오
경북 (3)	중앙	문경시	문경시	중심시가지형	점촌C!! RE:Mind 1975
	시·도	상주시	상주시	주거지지원형	가치 더한 도시재생, 같이 누릴 행복 계림
		고령군	고령군	일반근린형	삶을 잇다, 역사를 잇다 "新 대가야 승람"
경남 (2)	중앙	밀양시	밀양시	중심시가지형	밀양의 문(門), 상상을 펼치다
	시·도	양산시	양산시	우리동네살리기	최초에서 최고로, 신기한 마을 고고씽

출처 : 국토교통부, 2019

마지막 신규 대단지의 기회, 뉴타운사업

뉴타운 광풍을 기억하는가?

뉴타운은 2002년 당시 이명박 서울시장이 낙후된 지역들을 대단위로 새롭게 개발하겠다며 내놓은 핵심공약이었다. 이후 오세훈 서울시장 시절에는 황금알을 낳는 사업으로 각광받으며 여야를 불문하고 뉴타운 공약을 내세웠다. 당시에는 지정되기만 하면 집값이 상승한다는 기대심리로 지역 주민이나 투자자의 관심이 매우 뜨거웠다. 뉴타운 시범지역이었던 은평, 왕십리, 길음 지역은 부동산 가격이 치솟았고 다른 지역에도 지정 요청이 쇄도했다. 이후 이런 흐름이 전국으로 퍼지면서 뉴타운 시작 4년 만에 26개 지구, 226개 구역이 뉴타운 예정지로 지정되었다.

이렇게 뉴타운사업은 2007년까지 부동산 가격의 상승을 주도하며 대박의 꿈을 키웠다. 하지만 2008년 세계적인 금융위기가 닥치면서 빨간불이 켜졌다. 사업지구를 남발하면서 가치가 희석되었고, 일부 지역은 사업성에 문제가 발생하기도 했다. 2014년 박원순 서울시장은 '뉴타운 정비사업 신정책 구상'을 발표하며 원점에서 재검토하였다. 10여 년에 걸친 큰 흐름 속에서 이제는 한때의 광풍으로 여겨지기도 하지만 뉴타운사업이 남긴 흔적은 여전히 크며 남아 있는 뉴타운들에는 앞으로 대규모 신규단지가 공급되는 만큼 관심을 가질 만하다.

서울시 뉴타운사업과 균형발전촉진지구사업

서울시는 지역의 균형 발전을 위해 뉴타운사업과 균형발전촉진지구사업을 추진했다. 두 사업은 유사해 보이지만 뉴타운사업이 '도시재정비 촉진을 위한 특별조치법'에 근거하여 주거환경의 개선에 주력하는 데 비해, 균형발전촉진지구사업은 '서울시 지역균형발전 지원에 관한 조례'에 근거하여 상업 및 업무지역의 육성에 주력한다는 차이가 있다.

뉴타운사업은 2002년 서울시가 적정 규모의 생활권역을 대상으로 도시기반시설을 확충하는 종합적인 도시계획사업으로서, 주택 재개발 비중이 높았다. 민간이 주도하는 기존의 재개발은 도로, 학교 등 기반시설이 부족한 한계가 있었지만 뉴타운사업에서는 도시기반시설의 확보를 우선하고, 강남-강북 간 균형을 고려하며 직주근접을 실현하고자 하였다.

뉴타운의 형태는 신시가지형, 도심형, 주거중심형으로 구성되었으며 시범, 2차, 3차의 순서로 진행되었다. 서울시에는 1차(시범)부터 3차 뉴타운까지 26개 지역이 지정되었는데, 2019년 현재 3곳 정도가 마무리되었고, 21곳이 진행 중이며, 2곳이 해제되었다.

은평, 길음, 왕십리는 시간적으로도 여유가 있었고 사업성도 양호하여 성공적으로 진행되었다. 은평뉴타운은 11개 아파트 단지와 한옥마을이 현재 안정적으로 자리 잡았다. 길음뉴타운은 2021년 롯데캐슬클라시아의 입주를 마지막으로 종료된다. 기대만큼 교육과 교통 인프라를 구축하지는 못했지만 분양 당시 5억 2,000만 원대였던 래미안 길음센터피스 84㎡의 입주권은 2019년 1월 10억 원을 돌파했다. 왕십리뉴타운도 텐즈힐과 센트라스가 성공적으로 입주하여 도심 속의 신도시 이미지를 구축하고 있다.

돈의문뉴타운은 경희궁 자이로 완성되어 인기를 높이고 있으며, 한남뉴타운은 1구역 해제 후 나머지 구역이 현재 활발히 진행 중이다. 전농답십리뉴타운의 래미안크레시티와 답십리 위브, 미아뉴타운의 SK북한산시티 등은 지역의 대표 단지가 되었다. 아현뉴타운의 마포래미안푸르지오과 북아현뉴타운의 e편한세상신촌, 신길뉴타운의 래미안에스티움도 인기가 높다.

이처럼 구역별로 다소 편차가 있으나 완성된 단지는 대부분 성공적이라 볼 수 있다. 반면에 창신-숭인, 시흥뉴타운은 전면 구역해제되었고 35개 구역이 해제되었다. 해제된 곳들은 사업성이 부족하거나 이해갈등이 해결되지 않은 경우가 많았다. 창신-숭인 지역은 전통상권을 보존하면서 주거환경을 개선할 수 있도록 도시재생선도지역으로 바뀌었다.

균형발전촉진지구사업은 성장의 잠재력이 큰 거점지역에 대해 토지이용 규제를 완화하고 도시기반시설을 확충하여 상업, 업무, 유통 등의 기능을 집중적으로 육성한다.

1차 균형발전촉진지구로 청량리, 미아, 홍제, 합정, 가리봉이 지정되었고 2차로 구의-자양, 상봉, 천호-성내가 지정되었다. 이 중 가리봉 지구는 사업 부진으로 해제되었고, 나머지는 2015년 '재정비촉진지구'로 명칭이 변경되어 개발이 추진 중이다.

| 뉴타운과 균형발전촉진지구 지정 현황 |

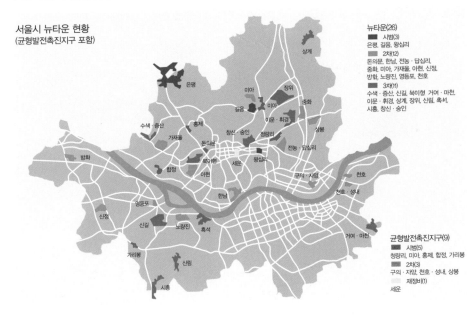

서울시 뉴타운 현황
(균형발전촉진지구 포함)

뉴타운(26)
■ 시범(3)
은평, 길음, 왕십리
■ 2차(12)
돈의문, 한남, 전농·답십리,
중화, 미아, 가재울, 아현, 신정,
방화, 노량진, 영등포, 천호
■ 3차(11)
수색·증산, 신길, 북아현 거여·마천,
이문·휘경, 상계, 장위, 신림, 흑석,
시흥, 창신·숭인

균형발전촉진지구(9)
■ 시범(5)
청량리, 미아, 홍제, 합정, 가리봉
■ 2차(3)
구의·자양, 천호·성내, 상봉
■ 재정비(1)
세운

사실상의 마지막 대규모 단지의 기회는 어디일까?

서울 지역은 각종 규제로 인해 신규 단지의 공급이 원활하지 않은 편이다. 현재의 서울시 정책도 전면 철거를 통한 대규모의 신규 단지 공급보다는 부분적이고 보수적인 도시재생을 추구하고 있다. 그렇기에 신축 아파트 단지의 가치는 더욱 높아졌으며, 현재 진행 중인 사업에 관심이 모일 수밖에 없다. 뉴타운이 진행 중인 구역에 아직 기회가 남아 있다.

뉴타운 내 재개발 구역뿐 아니라 재건축 구역 역시 느린 속도로 진행 중이지만 투자가치는 매우 높을 것이다. 다만 분양가상한제 등으로 사업의 진행 속도가 더욱 느려질 수 있고, 이미 오랜 기간 유명세가 높은 준강남권의 경우 호가가 높아 주의가 필요하다. 상대적으로 저평가된 유망지역을 선택하는 것이 중요하다.

03

달동네를 새롭게 변화시키는 주거환경개선사업

주거환경개선사업은 가장 노후된 빈민주거지역인 달동네의 개선사업이다. 도시 및 주거환경정비법상 기존의 주거환경개선사업과 주거환경관리사업이 하나로 통합된 것이한. 저소득 주거지역은 정비기반시설이 매우 열악하여 도로가 제대로 연결되어 있지 않고 전기, 수도, 가스 등의 시설도 제대로 갖추어지지 않은 경우가 많다. 또한 판잣집이나 가설물 등 노후한 건축물들이 밀집해 있다.

달동네, 어떻게 개발할까?

이런 지역의 주민들은 경제적인 기반이 취약하여 조합을 결성하여 자금을 분담할 여건이 되지 못하므로 시, 군, 구, LH공사가 공공사업으로 시행한다. 사업 방식은 스스로 개량, 수용, 환지, 관리처분 등으로 매우 다양하다.

스스로 개량방식은 공공사업으로 구역 안에 부족한 기반시설의 부지를 수용하여 신규 공급하고 주택부지의 소유자, 원주민이 스스로 주택을 개량하는 방식이다. 수용방식은 해당 구역의 소유자, 원주민이 공공으로부터 보상금을 받고 외부로 이주하는 방식이다. 환지방식은 살던 집과 부지를 공공에 제공하고 정리된 구역 내의 새로운 부지를 받아 집을 짓는 방식이다. 관리처분방식은 살던 집과 부지를 공공에 제공하고 새롭게 만들어진 주택으로 받는 방식이다. 따라서 만약 투자를 검토하는 부동산이 주거환경개선사업구역 내에 있다면 사업의 형태를 확인해야 한다. 각각의 형태에 따라 판단의 기준이 달라지기 때문이다.

사업시행의 진행을 위한 동의 요건은 시, 군, 구 등 공공의 경우 동의요건 없이 진행이 가능하고, 민간 건설사의 경우는 소유자의 2/3 이상, 세입자의 1/2 이상의 동의가 필요하다. 조합이 구성되지 않으므로 조합원 권리 양도는 불가하다.

주거환경개선사업 지역은 극빈층이 거주하는 만큼 환경이 극히 열악하여 전면적인 시설 개선이 반드시 필요한 곳이다. 골목을 따라 좁은 집들이 빼곡히 밀집해 있어 조합을 구성한다면 사업성도 열악할 것이고 기존의 용적률과 건폐율 기준으로는 건축에 어려움이 많다. 이런 지역은 일반적인 사업으로는 진행이 어렵지만, 공익을 위해 공공에서 기반시설을 공급하고 용적률과 건폐율, 높이 제한, 부대시설 기준 등을 완화하여 건축 여건을 조성한다. 또한 기존의 1종 전용, 1종 일반, 2종 전용 주거지역도 2종 일반 주거지역으로 토지용도가 상향된다(도시 및 주거환경정비법 제69조).

원주민이라면 주거환경개선사업을 기회로 삼자

서울시의 주거환경개선사업으로 선정된 곳은 현재 43개 구역이다. 강북과 서남부 지역에 주로 분포하며 종로구와 구로구에 가장 많은 사업이 진행 중이다. 주거환경개선사업은 열악한 환경에서 시작한 만큼 큰 폭으로 변화할 가능성이 높은데, 달동네가 깔끔한 주거촌으로 변신할 수 있다. 외부의 투자자보다는 실거주 원주민들이 가난을 벗어나는 기회로 활용하는 것이 바람직할 것이다.

| 서울시 주거환경개선사업 현황 |

자치구	위치(마을명)
구로구	온수동 67(온수골), 개봉동 270(이심전심마을), 구로동 111, 가리봉동 2(한뜻모아마을), 오류2동 147(버들마을)
금천구	시흥동 957(박미사랑마을), 시흥동 950(박미사랑마을), 독산동 1100(금하마을)
관악구	삼성동 306(돌샘행복마을), 난곡동 711(굴참마을)
강북구	미아동 776-68(양지마을), 수유동 516-21(인수봉숲길마을), 미아동 791(소나무협동마을)
도봉구	방학동 396-1(방아골), 방학동 605(방학숲속마을), 신사동 237(산새마을), 도봉동 280(새동네)
동대문구	휘경동 286(휘경마을), 정릉동 372(정든마을), 길음동 1170(소리마을)
동작구	흑석동 186-19(흑석숲마을), 상도동 259-40(성대골)
마포구	연남동 239-1
서대문구	북가좌동 330-6
성북구	정릉동 716-8(삼덕마을), 상월곡동 24(삼태기마을), 석관동 73-1(한천마을), 삼선동 1가 300(장수마을), 삼산동 1가 11-53(369마을)
양천구	신월1동 232(곰달래꿈마을), 신월5동 77(해오름마을)
영등포구	대림2동 1027(한민족공동체가꽃피는), 대림동 877-22(조롱박마을), 도림동 152-76(장미마을)
은평구	응암 31·녹번 71(산곡마을), 불광동 23(수리마을)
종로구	신영동 214(너랑나우리), 행촌동 210-35(행촌마을), 충신동 6(충신아랫마을), 부암동 265-21(창의문인왕), 부암동 48-4(창의문백왕), 명륜3가 1-1061(명륜마을), 혜화동 9-7(혜화마을)

04

도시재생의 대표 사업, 재개발사업

재개발은 주거환경이 낙후된 지역의 모든 건축물을 철거하고 새롭게 기반시설을 갖추어 건축하는 사업으로 도시재생에서 가장 많이 볼 수 있는 사업의 형태이다.

'도시 및 주거환경정비법'이 개정되면서 기존의 주택재개발사업과 도시환경정비사업이 통합되었다. 기존의 주택재개발사업은 주거지역의 도로, 상하수도, 공원, 공동구 등 정비기반시설이 열악하고 노후불량건축물이 밀집한 지역의 주거환경을 개선하기 위해 시행하였다. 도시환경정비사업은 상업 및 공업지역을 활성화하고 기능을 개선하기 위한 사업이다. 각각 주거지역과 상업 및 공업지역의 개발에 주력한다는 차이가 있었다. 이 두 사업이 통합되면서 주거, 상업, 공업지역을 아울러 다양한 형태의 결과를 제공할 수 있게 되었다.

어떻게 재개발을 진행할까?

| 재개발사업 절차 |

정비구역 지정 》 추진위 》 조합설립 인가 》 사업시행 인가 》 분양 신청 》 관리처분 인가 》 이주 철거 》 일반 분양 》 준공 입주 》 청산

정비구역 지정과 추진위 구성

재개발사업은 정비구역 지정에서부터 시작된다. 중장기적인 기본계획에 의해 정비계획과 구역이 지정되면, 추진위원회를 구성한다. 추진위원회는 조합 설립을 위한 행정 절차를 추진하고, 사업 전반을 관리한다. 추진위원회 과정을 생략하고 바로 조합을 설립할 수도 있다.

조합설립

조합은 사업에 관련한 행정업무를 수행하고 비용을 관리하며 건축을 계획하고, 시공 업체를 선정하거나 이해관계를 조율하기도 한다. 조합의 설립을 위해서는 토지, 건축물 소유자(지상권자 포함)의 3/4 이상 및 토지면적 1/2 이상의 동의가 필요하다. 일단 조합설립이 인가되면 사업에 동의하지 않는 구성원들도 모두 의무적으로 가입해야 한다. 조합은 복잡한 이해관계의 중심에 있으므로 다양한 문제가 발생하기도 하고, 사업의 진행 성과와 속도에 많은 영향을 주게 된다.

해당 구역의 소유자가 20인 미만인 경우에는 조합을 설립하지 않고 직접 시행할 수도 있다. 사업시행인가 동의요건이 소유자 총수의 3/4 이상, 면적의 1/2 이상이 동의해야 한다. 조합이나 소유자가 시행하지 않고 과반의 동의를 얻어 공공이나 민간사업자를 지정하여 시행할 수도 있다. 이때는 사업시행인가를 위해 소유자 총수의 1/2 이상, 면적의 1/2 이상의 동의요건을 충족해야 한다.

사업시행인가

사업시행인가는 조합이 총회의 의결을 거쳐 재개발의 구체적인 계획을 지자체에 제시하고 승인을 받는 단계이다. 기반시설, 건물의 규모, 높이, 배치의 계획, 주민이주대책, 세입자대책, 임대주택 공급방안 등이 포함된다. 시행방식은 개발지의 토지를 받는 '환지'와 주택을 받는 '관리처분'만 가능하며 매도청구는 불가하다.

지자체는 전문가로 구성된 심의위원회를 열어 사업시행계획을 검토하고 조율하게 되는데, 개발 이익의 극대화를 원하는 조합과 공공성을 고려하는 지자체 사이에 갈등이 발생하기도 한다. 사업시행인가를 받게 되면 개발 대상의 권리 파악을 위한 기초조사와 함께 가치 산정을 위한 감정평가를 하게 된다. 감정평가 결과 보상가격과 추가분담금의 기준이 마련된다. 조합원들은 자신이 소유한 부동산의 가치에 따라 각기 다른 재무적 성과를 얻게 된다.

분양신청

분양신청은 비례율과 추가분담금, 조합원 분양가격 등의 조건이 정해지면 하게 된다. 신청기간이 30일에서 최장 80일까지이므로 신중한 결정이 필요하다. 이때 분양신청을 하지 않거나, 자격이 미달되거나, 분양 대상에서 제외되면 현금청산의 대상이 되며 보상 협의에 들어간다. 분양신청이 마무리되면 관리처분계획에 들어간다.

관리처분계획과 인가

관리처분계획 시기에는 전체 사업의 현황과 살림을 정리하여 철거, 이주, 공사, 일반분양 계획, 비용 및 추가분담금 등을 보다 구체적으로 정하게 된다. 추가분담 금액에 따라 이해관계가 달라지므로 갈등이 발생하기도 한다. 추가분담금이나 조합원 분양가격에 불만을 가진 이들은 비대위 등을 만들어 반발하거나 건설업체와 협상을 시도하는 경우가 있으므로, 재개발사업의 큰 고비라 볼 수 있다. 정산이 마무리되면 지자체에서 관리처분계획인가를 받고, 이 시점부터 재산권이 동결된다.

이주철거, 분양 및 입주, 정산

이주철거 단계부터 토지의 사용과 수익이 정지되고 임차권의 권리 조정과 함께 건설업체가 개발을 시작하게 된다. 개발구역 내의 임차인은 임대차보호법과 무관하게 권리조정에 응하여 보증금 등을 반환받고 나가야 한다. 이주 및 철거 단계에서 임차인들의 보상 문제로 갈등이 빚어지기도 한다. 이주 및 철거 후에 공사가 시작되고, 공사가 완료되면 소유권을 이전하고 정산하면서 사업이 종료된다.

재개발사업은 어디에서 활발할까?

다음의 표는 현재 서울시에서 진행 중인 재개발사업의 지역별 분포를 정리한 것이다. 2019년 6월 현재 전체 229개의 사업장이 있고, 과거 도시환경정비사업은 78개의 사업장이 있다. 사업의 수는 영등포구가 가장 많으며 성북구, 동대문구, 은평구, 서대문구, 성동구, 용산구, 마포구, 동작구의 순이다. 이 지역들의 노후도가 심해 재개발이 활발하다는 의미이며, 향후 큰 변화를 보일 것으로 기대된다. 반대로 강남구, 서초구, 강서구, 도봉구, 강동구, 구로구, 금천구 지역에는 재개발사업이 거의 없다. 이들 지역은 환경이 양호하거나 사업의 타당성이 부족한 곳이라 볼 수 있다.

| 서울시 구별 재개발/도시환경정비사업 현황표 |

지역구분	재개발				도시환경정비				총합
	추진주체 구성 전	추진위	조합	합	추진주체 구성 전	추진위	조합	합	
강동구	1			1			2	2	3
송파구		2	3	5				0	5
강남구				0				0	0
서초구				0				0	0
관악구		3	6	9				0	9
동작구		1	14	15		1		1	16
금천구			2	2				0	2
구로구			2	2				0	2
영등포구	1	1	10	12	23	5	6	34	46
양천구		1	7	8		2		2	10
강서구				0				0	0
마포구		2	12	14			3	3	17
서대문구	1	1	17	19		3	2	5	24
은평구		1	23	24	1		1	2	26
용산구		2	7	9		2	8	10	19
중구			5	5		1		1	6
종로구		2	2	4	1	2	3	6	10
성동구		2	20	22	1			1	23
광진구				0			1	1	1
동대문구		5	20	25		2	1	3	28
중랑구	1		1	2		1	1	2	4
성북구		7	31	38			2	2	40
노원구			5	5				0	5
강북구		2	4	6		2	1	3	9
도봉구			2	2				0	2
합	4	32	193	229	25	22	31	78	307

출처 : 서울시 클린업시스템 참조, 2018

영등포구는 전체 46개의 사업 중 도시환경정비 추진 주체 구성 이전의 사업이 23개나 되어 다른 지역에 비해 압도적으로 높다. 이는 영등포 지역의 오래된 시장들이 포함된 결과로, 이들 모두가 진행되기에는 많은 어려움이 있을 것으로 예상한다. 영등포의 오래된 상인들과 상가 임대료를 바라는 부동산 소유자들은 재개발에 동의할 가능성이 낮다. 영등포 다음으로 도시환경정비사업이 많은 용산은 과거 입주 상인들과의 마찰로 용산 참사가 발생했던 지역이라는 점을 참조해야 할 것이다. 과거 용산 참사가 발생했던 지역은 현재 센트럴파크 해링턴 스퀘어로 재개발이 진행 중이다. 성북구는 조합이 구성된 재개발사업이 31개로 가장 많으며 노후도와 사업 타당성 등 여건이 충분한 것으로 파악된다. 다음으로 동대문구, 성동구, 은평구, 서대문구도 움직임이 활발한 편이다.

TIP   **재개발사업의 투자 포인트**

- 현재의 재개발은 주거, 상업, 공업 지역을 함께 개발할 수 있다.
- 복잡한 사업의 절차를 이해하자.
- 재개발사업이 활발한 지역 : 마용성(마포, 용산, 성동), 영등포, 서대문, 은평, 동대문, 성북

05

대단지를 중심으로
헌 집 주고 새집 받는 재건축사업

재건축사업은 기반시설이 양호하지만 노후·불량 건축물이 밀집한 지역의 환경을 개선하기 위해 시행하는 사업이다. 비교적 깔끔한 아파트나 주택단지에서 진행되며 '도시 및 주거환경정비법'에 기반한다. 정비구역 또는 정비구역이 아닌 곳에서도 재건축사업이 가능하며 도로, 상하수도, 공원, 공동구 등 정비 기반시설이 이미 갖추어져 있으므로 기존 주택의 안전진단 결과에 따라 진행 여부가 결정된다.

재건축사업은 정비구역 내의 공동주택에서 가장 많이 진행하며 단독주택도 20세대 이상을 신축하는 등 일정 요건을 갖추면 진행이 가능했다. 하지만 2014년 8월 '도시 및 주거환경정비법'의 개정으로 단독주택 제건축은 삭제되었다.

재건축, 어떻게 진행할까?

| 재건축사업 절차 |

정비구역 지정 〉 추진위 〉 안전 진단 〉 사업시행 인가 〉 분양 신청 〉 관리처분 인가 〉 이주 철거 〉 일반 분양 〉 준공 입주 〉 청산

구역 지정, 추진위 설립 및 안전진단

재건축사업은 건축 후 30년 이상의 주택단지를 대상으로 시장이 기본계획을 수립하고, 구역을 지정하면서 시작된다. 전체적인 흐름은 재개발사업과 유사하지만 추진위원회 설립 후 안전진단을 거쳐야만 한다.

안전진단은 재건축사업의 가능 여부를 결정하는 매우 중요한 과정이다. 안전진단은 예비진단과 정밀진단으로 구분되는데, 예비안전진단에서는 지반 상태, 건물 마감 및 균열, 노후화 정도, 주차여건, 일조권, 소음, 미관 등을 종합적으로 평가한다.

예비안전진단의 기준을 충족하면 정밀안전진단을 실시하고 구조안전, 설비성능, 주거환경 및 경제성을 평가하여 A~E등급까지 분류한다. A등급(우수)−B등급(양호)−C등급(보통)−D등급(미흡)−E등급(불량)으로 나뉘는데, 낮은 등급일수록 재건축에 유리하다. A, B등급은 일상적인 유지 관리, C등급은 경미한 결함의 보강, D등급은 리모델링 또는 조건부 재건축, E등급은 즉시 재건축 승인 대상이다.

조합이나 투자자 입장에서는 D등급 이하의 판정이 재건축의 가능성을 높여주므로 선호한다. 안전진단을 통과하면 조합을 설립해야 한다.

조합설립 및 인가

조합원은 해당 건축물과 그 부속토지의 소유자만이 가능하다. 재개발 조합원의 자격은 토지와 건축물 각각의 소유자를 인정하고, 지상권자까지 포함하지만 재건축 조합원의 자격은 건축물과 부속토지의 구분소유자만으로 한정한다.

조합설립을 위해서는 전체 구분소유자의 4분의 3 이상(동별로는 과반수 이상) 및 토지면적 기준 4분의 3 이상의 동의가 필요하다. 재건축사업은 조합설립 이후 모든 소유자가 의무적으로 조합에 가입해야 하는 재개발과 달리 조합 가입이 의무가 아니다.

시행 및 분양, 정산

조합설립인가를 받은 후에는 시행자 선정, 사업시행인가, 분양신청, 관리처분인가, 공사 후 소유권 이전으로 이어지며 재개발의 과정과 유사하다. 재건축은 수용이나 환지가 불가능하고 관리처분만 가능하다. 조합에 가입하지 않았거나 관리처분을 원하지 않는 경우, 구분소유권이 아닌 건축물이나 토지만을 소유한 경우에는 매도청구를 통해 빠져나갈 수 있다. 매도청구 가격은 재건축으로 예상되는 개발의 이익을 포함하여 산정한다.

잘나가는 재건축, 규제가 발목을 잡다

재건축의 인기는 매우 뜨겁다. 하지만 안전진단 강화, 초과이익환수제, 분양가상한제라는 3대 규제가 진행을 어렵게 하는 요인이다.

안전진단은 기존의 재건축 가능 연한인 30년 기준에 추가하여 구조안전의 비중을 50%로 높이고, 관련 공공기관에서 반드시 적정성 검토를 받아야 하도록 강화되었다. 재건축 연한도 30년에서 40년으로 높이는 방안이 검토 중이다.

아파트 가격의 안정을 위해 도입된 재건축 초과이익환수제와 분양가상한제도 큰 영향을 주고 있다. 초과이익환수제는 재건축을 통한 가치 상승의 이익을 불로소득으로 간주하여 과세하는데, 재건축을 억제하는 효과가 크다. 2005년 아파트 가격의 상승을 억제하기 위해 도입된 후 재건축이 거의 중단됐다. 2012년에 종료되면서 2013년부터 재건축이 다시 시작되었다가, 2017년 8.2 대책을 통해 부활했다.

초과이익은 재건축 추진위원회 시점부터 입주 시점까지의 집값 상승분에서 정상주택 가격의 상승분, 공사비, 조합운영비를 제외한 금액이다. 조합원 1인당 평균이익이 3,000만 원을 초과할 때 금액 구간에 따라 누진적으로 부과되는데, 이익이 상당히 줄어들게 된다.

분양가상한제는 주택의 분양가격을 자율적으로 정하지 않고 토지비와 건축비에 적정이윤을 더한 가격으로 공급해야 하는 제도이다. 기존에 적용되던 공공택

| 재건축 초과이익환수 부과금액 기준 |

종료시점 가격 - (개시 시점 가격 + 정상주택 가격 상승 + 개발비용)	초과이익환수 금액
조합원 1인당 평균이익 3,000만 원 이하	면제
조합원 1인당 평균이익 3,000만 원 초과 5,000만 원 이하	3,000만 원 초과 금액의 100분의 10 × 조합원 수
조합원 1인당 평균이익 5,000만 원 초과 7,000만 원 이하	200만 원 × 조합원 수 + 5,000만 원 초과 금액의 100분의 20 × 조합원 수
조합원 1인당 평균이익 7,000만 원 초과 9,000만 원 이하	600만 원 × 조합원 수 + 7,000만 원 초과 금액의 100분의 30 × 조합원 수
조합원 1인당 평균이익 9,000만 원 초과 1억 1,000만 원 이하	1200만 원 × 조합원 수 + 9,000만 원 초과 금액의 100분의 40 × 조합원 수
조합원 1인당 평균이익 1억 1,000만 원 초과	2,000만 원 × 조합원 수 + 1억 1,000만 원 초과 금액의 100분의 50 × 조합원 수

지뿐만 아니라 일정 요건을 갖춘 민간택지까지 적용될 예정이어서 시장에 큰 충격을 주고 있다. 2019년 8월의 개선안에 따르면 주택 가격상승률이 현저히 높아 투기과열지구로 지정된 곳에서 일정 기준을 충족한 단지에 적용될 예정이다. 재건축뿐 아니라 재개발사업도 최초 입주자모집공고 신청분부터 적용되며 인근 시세보다 저렴하게 공급되는 만큼 전매제한기간이 최대 10년으로 확대된다.

이러한 규제들로 인해 신규 재건축의 진행이 상당히 느려지거나 수익성 보전을 위한 각종 변화가 예상된다. 따라서 2017년 12월 31일까지 관리처분인가 신청이 완료된 단지들이나, 안전진단을 통과했지만 아직 조합을 설립하지 않은 단지가 당분간 높은 가치를 유지하게 될 것이다.

| 수도권 분양가상한제 적용주택 전매제한기간 |

구분			전매제한기간	
			투기과열	그 외
기존	공공택지	분양가격 인근 시세의 100% 이상	3년	3년
		85~100%	4년	4년
		70~85%	6년	6년
		70% 미만	8년	8년
	민간택지	분양가격 인근 시세의 100% 이상	3년	1년 6개월
		85~100%	3년	2년
		70~85%	3년	3년
		70% 미만	4년	4년
개정	공공택지	분양가격 인근 시세의 100% 이상	5년	3년
		80~100%	8년	6년
		80% 미만	10년	8년
	민간택지	분양가격 인근 시세의 100% 이상	5년	–
		80~100%	8년	–
		80% 미만	10년	–

출처 : 국토교통부

재건축사업이 가장 활발한 곳은 어디일까?

현재 진행 중인 서울시 재건축사업의 지역별 분포를 살펴보자. 2019년 현재 총 336개의 재건축사업이 있으며 서초구, 강남구, 강동구, 영등포구, 송파구, 강서구의 순서로 재건축사업의 숫자가 많다. 특히 서초구는 무려 46개의 조합이 결성되어 있어 압도적으로 많은데 반포, 방배 지역에 대규모의 재건축 단지들이 진행 중이기 때문이다. 비교적 새로 조성된 지역의 비중이 높고, 특히 강남 3구가 재건축 지역으로서 가장 적합한 여건인 것을 다시 한번 확인할 수 있다. 이곳은 상대적으로 기반시설이 우수하고 대단위 단지들이 밀집한 탓이다. 추진 주체 구성 전과 추진위 단계는 영등포구가 가장 많다.

TIP

재건축사업의 투자 포인트

- 안전진단 통과 여부가 매우 중요하다.
- 초과이익환수제, 분양가상한제를 피해 가는 단지에 기회가 있다.
- 재건축이 활발한 지역 : 강남 3구(강남, 서초, 송파), 강동, 목동

| 서울시 재건축사업 현황(2018년) |

구역	재건축			
	추진주체 구성 전	추진위	조합	합
강동구	3		20	23
송파구		9	11	20
강남구	1	9	31	41
서초구	1	9	46	56
관악구	1	3	3	7
동작구			6	6
금천구	1	3	5	9
구로구		3	8	11
영등포구	6	6	11	23
양천구		2	6	8
강서구		3	17	20
마포구		1	8	9
서대문구		4	11	15
은평구		3	8	11
용산구		6	6	12
중구				0
종로구			1	1
성동구		3	3	6
광진구		3	8	11
동대문구		3	6	9
중랑구		3	8	11
성북구		3	5	8
노원구			8	8
강북구		5	3	8
도봉구		1	2	3
합	13	82	241	336

출처: 서울시 클린업시스템 자료

06

새집처럼 고쳐 쓰는 리모델링

리모델링은 15년 이상 경과한 건물의 노후화를 억제하고 기능을 개선하기 위해 대수선하거나 증축하는 것이다. 증축면적은 각 세대 주거전용면적의 30% 이내, 주거전용면적 85㎡ 이하는 40% 이내에서 가능하다. 시·도·단지별로 리모델링의 유형과 범위, 수요, 단계별 시행방안을 담은 기본계획을 수립하여 시행하게 되며 건물을 전면 철거하는 재건축이나 새롭게 짓는 신축과 달리 기존 건물의 골조를 활용하므로 공사기간이 짧고 비용이 절감된다.

리모델링은 대수선, 세대수 증가형, 수직증축형의 3가지 형태로 진행이 가능하다.

대수선은 건축물의 기둥, 보, 내력벽, 주계단 등의 구조나 외부 형태를 수선변경하거나 증설(건축법 시행령)하는 것이며, 세대수 증가형은 각 세대의 증축 가능 면적을 합산한 범위에서 기존 세대수의 15% 이내에서 증가(주택법)하는 방법이고, 수직증축형은 증축 가능 면적 이내에서 최대 3개 층 이하로 증축(기존 건축물이 15층 이상인 경우 3개 층, 14층 이하인 경우 2개 층의 증축이 가능하다)하는 방법이다.

리모델링 사업은 어떻게 진행할까?

| 리모델링 사업 절차 |

추진위 〉 조합설립 인가 〉 1차 안전진단 〉 건축 심의 〉 인가 고시 〉 총회 〉 2차 안전진단 〉 공사 완료 〉 준공 입주 〉 정산

조합설립과 안전진단

리모델링을 수행하기 위해서는 조합을 설립해야 하는데 전체 구분소유자의 3분의 2 이상의 동의와 각 동 구분소유자 과반수의 동의가 필요하다. 1개 동만을 리모델링하는 경우 그 동의 구분소유자 3분의 2 이상의 동의가 필요하다. 리모델링 조합은 별도의 법인격을 부여받지 못해 제한된 범위의 법률행위만을 할 수 있어 시공사를 선정하여 공동으로 진행하는 경우가 많다.

안전진단은 1차와 2차, 두 번에 걸쳐 수행한다. 1차 안전진단은 입주 상태에서

구조안전성과 수직증축 가능 여부를 판단한다. 1차 안전진단의 결과 B등급 이상이면 증축 가능 면적 내에서 2~3개 층을 올리는 수직증축, C등급 이상은 수평·별동 증축이 가능하다. D등급 이하이면 재건축을 해야 하므로 리모델링이 불가하다. 리모델링 대상일 경우 세대수에 따라 절차가 다소 달라진다.

| 증축 세대수별 사업허가절차 |

증축 세대수	건축심의	안전진단	사업계획승인	도시계획심의	행위허가
30세대 미만	필요	필요			필요
30세대 이상 50세대 미만	필요	필요	필요		필요
50세대 이상	필요	필요	필요	필요	필요

건축심의와 2차 안전진단, 공사 및 입주, 정산

건축심의에서 증축 세대수가 30세대 미만이면 건축심의, 안전진단, 행위허가가 필요하고, 30세대 이상은 사업계획승인, 50세대 이상은 도시계획심의 절차가 추가된다. 심의 후 세대수가 증가하는 경우 기존 주택의 권리변동과 비용분담에 대한 계획을 수립하여 사업계획승인이나 허가를 받아야 한다. 분담금의 내용은 총회의 의결로 반드시 결정해야 주민의 이주 및 2차 안전진단이 가능하다.

2차 안전진단은 구조안전에 대해 보다 정밀한 확인으로 1차 안전진단의 적합 여부를 검토한다. 2차 안전진단까지 적합판정을 받으면 리모델링 공사를 시작하고 입주 및 정산을 완료한다.

재건축과 리모델링의 비교

재건축은 안전진단 강화, 초과이익환수제, 분양가상한제로 사업의 문턱이 점차 높아지고 있다. 이 모든 요인들은 재건축사업의 동력을 떨어뜨리는 요인이 되므로 재건축을 검토 중인 단지들은 차선책으로 1대 1 재건축이나 가로주택정비, 소규모재건축, 리모델링 등을 선택할 가능성이 높다. 리모델링은 재건축과 달리 초과이익환수제가 적용되지는 않는다. 하지만 2019년 하반기 이후 도입이 예상되는 분양가상한제는 리모델링의 경우에도 일반분양 물량이 30가구 이상일 때 적용될 예정이어서 논란이 있다.

리모델링의 장점은 허용 연한 15년, 안전등급 B 이상으로 재건축 연한 30년, D등급에 비해 쉽고, 사업기간도 2~3년으로 짧다. 건축심의로 법적 용적률의 초과 허용도 가능하며, 건폐율, 높이 제한, 일조권의 완화도 가능하다. 서울시의 재건축은 임대주택을 의무적으로 공급해야 하지만 리모델링에는 의무규정이 없고, 기부채납도 자유로운 편이다.

반면 재건축이 전면 철거를 통해 수요에 최적화된 새로운 설계와 이익을 높일 수 있는 다양한 방법이 가능한 데 비해, 리모델링은 내력벽을 철거하지 않는 한 한계가 있다는 것이 단점이다. 또 증축범위에도 한계가 있어 수익성에 제한을 받는다. 수익성과 설계 개선에 큰 영향을 줄 수 있는 내력벽 철거허용 개정안이 현재 검토 중이다.

이런 이유들로 리모델링 대상 아파트를 선택할 때에는 조금 다른 기준이 필요하다. 우수한 입지를 보다 까다롭게 선별해야 하고, 세대별 면적의 변화폭이 작으므로 선호도가 높고 공용면적이 많은 평형을 선택해야만 한다. 또한 기존 단지의 구조가 반듯하고 넓어 리모델링 후에도 부자연스럽지 않은 곳이 좋다. 무엇보다 노후도가 심하지 않기에 주민의 동의가 쉽지 않아 사업이 무산될 수도 있다는 것을 유의해야 한다. 사업이 무산될 경우 되팔거나 재건축을 기다리거나 내력벽 철거가 허용될 때까지 기다리는 상황도 예상해야 한다.

리모델링 시범단지에 주목하자

서울시는 재개발, 재건축의 대안으로 '서울형 리모델링' 사업을 진행 중이며 22곳의 신청 단지 중 시범단지로 7곳을 지정하였다. 시범단지는 중구의 남산타운, 구로구 신도림 우성 1, 2, 3차, 송파구 문정 시영과 건영, 강동구 길동 우성 2차인데, 2019년 7월 현재 커뮤니티 시설과 주차장의 공공기여분에 대한 협의 중이다.

시범단지의 결과와 향후 내력벽 철거 허용 여부에 따라 리모델링 사업의 활성화 정도가 결정될 것이다. 재건축이 어려운 단지들은 점점 리모델링이나 가로주택정비사업으로 전환할 것이며, 경기도의 1기 신도시들도 리모델링이 현실적인 대안으로 탄력을 받을 수 있다. 2020년에는 서울시 아파트의 77%인 약 3,000단지 114만여 가구가 리모델링 연한인 15년을 넘어 시장이 확대될 전망이다.

> **TIP**
>
> ### 리모델링 시 유의점
>
> • 리모델링은 15년 이상의 아파트를 대상으로 하며 두 번의 안전진단을 해야 한다.
> • 대수선, 세대수 증가, 수직증축의 방법이 가능하다.
> • 리모델링 시 내력벽 철거 허용을 검토 중인데 사업의 장점이 크게 높아질 수 있다.
> • 투자 시에는 재건축보다 입지, 면적, 단지구조 등을 보다 까다롭게 따져야 한다.

| 서울형 리모델링 시범단지 신청 현황 |

연번	구분	단지명	자치구	준공 연도	용적률 (%)	층수 (층)	동수 (동)	세대수 (세대)	동의율 (%)
1	조합 결성	응봉 대림 1차아파트	성동구	1986. 10	215%	15	10	855	71.6%
2		등촌 부영아파트	강서구	1994. 12	219%	15	7	712	75.3%
3	추진 (준비) 위원회	목화아파트	영등포구	1977. 10	218%	12	2	312	32.7%
4		문정 시영아파트	송파구	1989. 03	232%	14	10	1,316	12.1%
5		남산타운아파트	중구	2002. 05	203%	18	35	3,116	12.0%
6		강촌아파트	용산구	1998. 01	423%	22	9	1,001	4.2%
7	신규	회현별장아파트	중구	1980. 11	307%	5	1	24	26.1%
8		효성아파트	노원구	1995. 06	119%	5	13	340	20.2%
9		밤섬현대힐스테이트	마포구	1999. 07	284%	25	2	219	11.4%
10		센츄리아파트	구로구	1994. 03	274%	15	5	391	11.3%
11		신도림 우성 1차	구로구	1992. 12	250%	15	2	169	26.0%
12		신도림 우성 2차	구로구	1996. 11	271%	15	3	239	28.8%
13		신도림 우성 3차	구로구	1993. 12	253%	15	3	284	20.4%
14		대림 코오롱아파트	영등포구	1998. 10	352%	25	5	481	23.0%
15		대림 현대 3차	영등포구	1997. 10	325%	30	7	1,162	13.3%
16		롯데캐슬 갤럭시 1차	서초구	2002. 08	312%	25	5	256	22.6%
17		강변 삼부아파트	강남구	2000. 09	336%	14	1	48	44.0%
18		문정 건영아파트	송파구	1993. 01	255%	15	5	545	27.2%
19		문정 GS프라자	송파구	1992. 07	296%	9	1	18	61.1%
20		마천 아남아파트	송파구	1992. 12	293%	16	1	122	25.4%
21		길동 삼익세라믹	강동구	1992. 06	255%	11	1	83	29.0%
22		길동 우성 2차	강동구	1994. 10	308%	18	6	811	28.8%

출처 : 서울시

07

길이 있는 곳에 돈이 있다, 가로주택정비사업

미니재개발과 미니재건축의 전성시대를 예감하다

가로주택정비사업은 노후·불량건축물이 밀집한 가로구역에서 종전의 가로를 유지하면서 소규모로 주거환경을 개선하는 사업이다. 재개발, 재건축과 같은 기존의 대규모 정비사업이 지니고 있는 문제를 해결하고자 도입되었으며, 현재 가장 현실적인 정비사업으로 부상하고 있다. 기존의 정비사업은 규모가 커지면서 난개발, 젠트리피케이션, 복잡한 이해 갈등에 따른 사업의 장기적인 지연, 과도한 비용문제가 발생했다.

2012년 '도시 및 주거환경정비법'에서 개정 도입되었을 당시에는 소규모주택정비사업이 생소하였으나 2018년 '빈집 및 소규모주택 정비에 관한 특례법'으로 분리 이전되며 새롭게 주목받고 있는데, 이번 12.16 주택시장 안정화 방안에서 가로주택정비사업의 규제를 완화해 정비사업의 활성화를 통해 공급을 높이려 한다. 새로운 블루오션이 될 가능성이 높은 가로주택정비사업을 살펴보자.

가로주택정비사업이 가능한 요건은?

가로주택정비사업은 단독 및 공동주택으로써 가로구역과 규모, 노후도, 주민 동의 요건을 충족해야 한다.

가로(street, 街路)는 시가지의 도시계획도로를 말하며 일부가 광장, 공원, 녹지, 하천, 공공공지, 공용주차장과 접한 것도 도로로 인정한다. 대상 구역에 도시계획

| 가로구역 예시 |

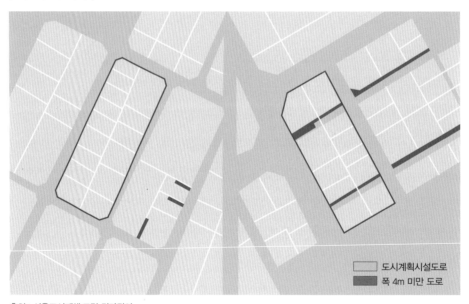

출처 : 서울도시재생 포털 길라잡이

도로가 통과하면 안 되고, 4면 모두가 가로에 접하거나, 한 개의 가로에만 접하고 폭 6m 이상의 도로에 둘러싸인 경우도 가능하다. 이러한 기준에도 불구하고 정비를 필요로 하는 노후주거지의 도로 폭이 좁아 적용하지 못하는 경우가 많았다. 이를 개선하기 위해 현재는 도로 폭 6m의 조건을 충족하지 못해도 향후 설치 예정인 경우까지 가로구역으로 인정하도록 개정되었다. 향후 가로를 만들 예정이면 되므로 파격적인 조건이다.

노후도 요건은 가로구역 내 약 23년 이상의 노후 건축물이 3분의 2 이상 밀집해 있어야 하고, 토지 등 소유자의 10분의 8 이상이 개발에 동의해야 한다. 가로구역의 면적은 1만㎡ 미만이어야 하는데, 이 기준 역시 활성화를 위해 조례를 통해 30% 범위에서 완화시킬 수 있도록 추진 중이며, 지방은 지방도시계획위원회의 심의를 거쳐 최대 2만㎡까지 허용할 계획이다.

단독주택은 10호 이상, 공동주택 20세대 이상, 단독 호수와 다세대가 결합된 경우 합산 20가구 이상이어야 한다.

가로주택정비사업은 어떻게 진행할까?

| 가로주택정비사업의 절차 |

가로주택정비사업은 재개발사업과 유사하게 진행되지만 몇 가지 절차가 생략되어 훨씬 간소하다. 우선 정비계획수립과 정비구역지정이 필요하지 않고, 추진위원회도 없다. 건축심의와 사업시행인가로 관리처분인가를 대체한다.

조합설립 및 인가

소유자 수가 20인 미만인 경우 직접 시행하거나 주민합의체로 가능하고, 20인 이상인 경우 주민합의체로 시행할 수 있다. 주민합의체는 조합과 달리 신고만으로 가능하다. 조합설립을 위해서 단독주택 구역은 토지 등 소유자 수의 10분의 8, 면적 기준 3분의 2 이상의 동의가 필요하다. 공동주택 구역은 동별 구분소유자의 2분의 1 이상의 동의를 확보한 후 인가를 받아야 한다. 주민합의체나 조합은 시, 군, 주택공사 등 공공사업자나 민간사업자 등과 공동으로 시행할 수 있다.

사업시행인가

사업시행인가를 위해 시행구역, 면적, 토지 및 건축물의 배치 계획, 기반시설과 공동시설, 임대주택 및 건축 계획의 내용을 준비해야 한다. 사업시행인가에 관리처분인가가 통합되므로 분양설계와 비용, 추가분담금 산정, 주민이주대책까지 함께 준비해야 한다. 또한 민간에서 사업을 시행할 경우 인가를 얻으려면 건축심의를 받아야 한다. 건축심의에는 건축물의 주용도, 건폐율, 용적률 및 높이, 건축선의 계획이 포함된다. 가로주택정비사업은 소유자들이 새로운 집으로 받는 관리처분만이 가능하다.

분양 및 준공 입주, 정산

사업시행인가를 마치면 분양을 신청한다. 이때 분양에 동의하지 않는 소유자는 손실보상 또는 매도청구를 할 수 있다. 분양 신청과 공사가 완료되면 입주, 정산하며 사업이 종료된다.

가로주택정비사업은 절차가 간소화되어 평균 8~10년 걸리는 재개발사업이 2~3년 이내로 단축되는 장점이 있다. 여기에 한발 더 나아가 가로주택정비사업이

'도시정비법'에서 '빈집 및 소규모주택 정비 특례법'으로 이전 개정되며 절차가 더욱 간단해져, 1년 이내에도 완성이 가능해졌다. 사업의 속도가 비교할 수 없을 만큼 빨라진 것이다.

차세대 소규모정비의 유망주, 가로주택정비사업의 현황

2018년 현재 서울시 내 가로주택정비사업의 대상 지역은 44곳으로, 약 2,000여 가구이다. 이 중 입주가 완료된 곳은 강동의 다성 이즈빌(구 동도연립)이 있으며 사업시행인가가 진행된 곳은 8곳으로 파악된다.

시범단지로는 중랑 면목, 인천 석정, 부천 중동, 수원 파장동이 진행 중이다. 서울에서는 시범단지인 중랑 면목 이외에도 강남구 4곳, 서초구 4곳, 송파구 1곳 강동구 4곳, 중랑구 3곳, 구로구 1곳, 강서구 2곳 등이 진행 중이다. 강남에서는 대치동의 현대타운이 최초로 시작하여 사업시행인가 단계이며 2020년에 2개 동 42가구를 공급할 예정이다. 목화연립은 SH공사와 협약을 체결하여 추진 중이고 37가구가 공급 예정이다. 서초동의 낙원청광연립과 방배동의 남양연립, 한국상록 연립의 가로주택정비사업도 주목해볼 만하다.

서울시의 층수 제한이 7층에서 15층으로 완화되고, 재건축 초과이익환수를 피하면서 보다 많은 단지들이 가로주택정비사업으로 진행될 것이다. 전국적으로는 서울이 압도적으로 많고 경기, 인천도 활발하다. 성공한 단지들이 나올수록 보다 많은 참여가 예상된다. 광역시인 대구, 부산, 경북, 광주도 진행 중이지만 아직 미미한 수준이며, 다른 지역들은 아예 없다. 지방도 도시재생의 효과적인 수단으로 가로주택정비사업에 관심을 가져야 할 시점이다.

| 가로주택정비사업 지역별 인허가 현황(2018년 12월) |

지역	조합	기존주택	공급주택			
			계	조합원	일반분양	임대주택
계	61	3,187	1,991	1,049	812	130
서울	31	1,241	1,003	559	434	10
부산	1	150	–	–	–	–
대구	2	272	390	267	3	120
인천	8	413	130	60	70	–
광주	1	106	–	–	–	–
대전	–	–	–	–	–	–
울산	–	–	–	–	–	–
세종	–	–	–	–	–	–
경기	14	828	–	–	–	–
강원	–	–	–	–	–	–
충북	1	–	–	–	–	–
충남	–	–	–	–	–	–
전북	–	–	–	–	–	–
전남	–	–	–	–	–	–
경북	3	177	468	163	305	–
경남	–	–	–	–	–	–
제주	–	–	–	–	–	–

출처 : 국토교통부

TIP　　　　　　　　　　　**가로주택정비사업의 핵심 포인트**

• 사업가능 범위와 수익성이 대폭 개선되었다(예정도로 포함, 부지면적 확대, 서울 15층 가능 등).
• 투자 기간이 1/3 이상 짧다.
• 조합원 권리의 거래에 제한이 없어 자유롭게 투자할 수 있다.

08

지정에서 제외된 지역을 직접 개발하는 자율주택정비사업

낡은 주택을 활용한 소형 단위 개발

자율주택정비사업은 도시재생 지역 또는 뉴타운 재개발이 해제된 지역 중 약 23년 이상 노후 불량 건축물의 수가 3분의 2 이상인 곳의 단독주택 및 다세대주택을 대상으로 한다. 뉴타운 재개발 지역의 일부가 과도한 비용 부담과 사업 지연으로 결국 해제된 상황에서 낡은 주택의 효과적인 정비가 필요하다. 가로기준도 없고, 면적 제한도 없이 나 홀로, 혹은 소수의 소유자가 모여 스스로 결정하고 개발하는 것이다. 인근의 소유자들과 긴밀히 협력하고 공공지원을 활용하면 사업의 위험을 크게 낮출 수 있다. 현재 뉴타운 재개발의 해제 지역은 365개 구역, 도시활력증진사업으로 전국에 183개 구역이 있으며 도시재생활성화지역으로 서울 27개소, 수도권과 광역시에 68개소가 있어 이 지역들을 중심으로 활발히 진행될 것이다.

가로주택정비사업과의 차이점을 살펴보면 면적의 제한이 없고, 단독주택 10호 미만, 다세대 20세대 미만, 단독-다세대 결합 시 합산 20세대 미만으로, 보다 작은 규모를 대상으로 한다. 도시재생이 필요하지만 대규모 개발이 어려운 곳, 소형 단위의 개발에 적합하다.

자율주택정비사업은 어떻게 진행할까?

| 자율주택정비사업 절차 |

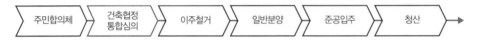

자율주택정비사업은 정비계획수립, 조합설립인가, 관리처분계획인가의 절차가 생략되고 공사 규모도 작아 평균 1년 이내에 완성된다. 도시재생활성화지역, 도시활력증진지역, 정비 해제된 구역, 지구단위계획구역 및 주거환경관리사업구역 등에서 가능하다. 해당 구역에서 요건을 갖추면 사업시행자가 정해지며 사업이 시작된다.

주민합의체 구성

1인 소유자도 임대주택을 공급하는 조건이면 단독 개발이 가능하고, 2인 이상의 경우 전원합의로 주민합의체를 구성하면 된다. 주민합의체는 신고만 하면 되므로 절차가 간소하다. 주민합의체가 구성되면 직접 시행할 수 있고, 공공기관이나 민간업자와 함께 시행할 수도 있다.

시행방식 선정

자율주택정비사업의 시행 방식은 관리처분이 불가하여 스스로 개량해야 하는데 건축협정, 합필형, 자율형 사업방식 중에서 선택할 수 있다.

건축협정은 필지별로 소유자가 다를 때 합필하지 않고 소유권을 각자 유지하면서 하나의 대지로 간주하여 건축하는 것이다. 건축협정 방식을 활용할 경우 도로, 일조권, 주차, 조경, 상하수도 시설의 규정에서 각각의 필지일 때보다 유리하다. 또한 건축물의 경계벽을 공유하는 합벽 건축은 건폐율과 용적률, 계단을 통합해서 적용할 수 있다(계단이 필지 간의 경계선에 걸려야 한다는 조건을 충족하는 경우). 이러한 혜택들과 함께 기존 소유권에 대한 변경이 최소화되므로 건축협정형 사업방식이 가장 선호된다. 건축협정안이 정해지면 건축법과 국토계획법에 대한 통합심의를 거쳐야 시행할 수 있다. 합필 방식은 여러 필지를 하나로 정리하여 진행하는 것으로 공동지주의 형태로 지분을 보유하게 된다. 반면 자율형 방식은 각 필지별로 구획선만 깨끗하게 정리하고 각자 자신의 필지에 자율적으로 주택을 신축하는 것이다. 소유자 간 의견의 일치가 어려울 때 주로 사용한다.

사업시행인가 및 준공

사업시행계획은 관리처분계획을 제외한 대부분의 내용이 가로주택정비와 유사하며, 인가를 받은 후 공사를 시작한다. 준공이 완료되면 입주 또는 임대하며 정산한다.

자율주택정비사업, 이제 시작이다!

자율주택정비사업은 2012년 관련법이 제정된 후 2017년까지 사업 실적이 미미했다. 하지만 소규모 개발에 대한 필요성이 높아지면서 2018년부터 관련 규제가 완화되고 인센티브가 늘어났다. 특히 서울시는 '서울형 자율주택정비사업'을 제시하며 4필지 이상, 10필지 내외의 토지를 개발하는데, SH공사가 적극 지원하여 업무와 잔여분 매입 등을 수행하며 사업의 부담을 덜고 있다. 2018년 현재 9개 이상의 서울형 자율주택정비사업이 진행 중이다.

일반적인 건축협정형 자율주택사업도 2018년 전국적으로 20개의 사업이 시작되었고, 2019년 4월 서울 당산에 자율주택정비사업 1호 주택이 준공하며 본격적인 시작을 알렸다. 일반적인 도시형생활주택과 유사하지만, 맞벽건축 등이 차별화된 모습이다.

다음 표는 향후 자율주택정비사업이 활성화될 것으로 예상되는 서울 시내 주거환경관리사업의 지정구역과 재건축, 재개발 해제구역을 정리한 것이다. 전체 365개 구역 중 주거환경관리사업 지정 45개, 재건축 해제 193개, 재개발 해제 127개 구역이 파악된다. 구별로 보면 성북구가 38개 구역으로 가장 많고 영등포구, 동대문구, 서대문구, 강북구, 종로구, 은평구, 중랑구 등이 많았다. 이들 지역은 자율주택정비 등 소규모 주택정비사업의 후보지로서 투자와 개발 모두 활발해질 것으로 예상된다.

TIP　　　　　　　　　　　　**자율주택정비사업의 투자 포인트**

- 5~6층의 저층 개발에 적합하다.
- 최소 인원 1~2인, 최소 비용 3억 원으로 건물주가 되어보자.
- 사업 기간이 1년 이내로 짧고, 위험이 낮다.
- 해제구역에 많은 기회가 있다.

| 서울시 자율주택정비 예상구역 현황(2018년) |

구역	주거환경관리사업 지정구역	재건축 해제구역	재개발 해제구역	합
강동구		7	3	10
송파구		1	2	3
강남구		1		1
서초구		1		1
관악구	2	16	3	21
동작구	2	7	6	15
금천구	3	13	2	18
구로구	5	13	1	19
영등포구	3		23	26
양천구	2	5	1	8
강서구		5		5
마포구	1	7	2	10
서대문구	1	16	7	24
은평구	3	12	7	22
용산구			4	4
중구			3	3
종로구	8	1	13	22
성동구		1	5	6
광진구		7	3	10
동대문구	1	17	7	25
중랑구		14	8	22
성북구	7	16	15	38
노원구			7	7
강북구	3	17	3	23
도봉구	4	16	2	22
합	45	193	127	365

09

작고 낡은 단지를 새로 짓는 소규모재건축사업

나홀로 단지도 고층 아파트에 도전해보자

소규모재건축사업은 재건축사업의 축소판이라 할 수 있다. 재건축사업은 정비구역 지정과 안전진단으로 10년 내외의 기간이 걸리지만 소규모재건축은 보다 작은 규모이면서 절차가 간소화되어 3년여의 기간으로 사업 완료가 가능하다. 이외의 과정은 재건축사업과 유사하다.

소규모재건축사업은 정비기반시설이 비교적 양호한 지역으로 1만㎡ 미만의 사업 면적, 노후·불량건축물의 수가 3분의 2 이상, 기존 주택의 세대수가 200세대 미만인 곳에서 진행이 가능하다. 노후·불량건축물은 건축물이 훼손되거나 일부 멸실되어 붕괴나 안전사고가 발생할 우려가 있는데 내진설계가 안 되어 있거나 중대한 기능적 구조적 결함이 있는 건축물을 말한다. 지역별, 준공연도별로 20

년에서 30년 이하의 범위로 정하고 있다.

소규모재건축사업의 장점은 사업의 규모가 작아 위험이 낮고, 정비구역 지정 및 안전진단이 생략되어 간편하다는 점이다. 소유자가 20인 미만일 때에는 주민 합의체나 직접 개발도 가능하다. 건축심의를 거치면서 사업시행인가와 관리처분 인가를 동시에 통합하여 진행하므로 사업 기간도 크게 단축된다. 마지막으로 지자체가 일정 요건을 갖추면 사업비의 일부를 지원하고 건축 규제를 완화해주는 점도 매력적이다. 안전진단 통과에 자신이 없고, 가로주택정비의 15층 제한보다 높은 층을 건축하고자 할 때 주로 선택한다.

소규모재건축사업 어떻게 진행할까?

| 소규모재건축 절차 |

합의체 구성 및 조합설립

소규모재건축사업 요건을 갖춘 지역에서 주민 합의가 이루어지면 추진위를 구성할 수 있다. 소유자의 인원수를 기준으로 20명 미만의 소유자인 경우 직접 시행할 수 있다. 또한 주민합의체가 공공 또는 민간사업자들과 함께 시행할 수도 있다. 20인 이상인 경우에는 조합을 구성해야 하는데, 공동주택단지 전체 소유자 수의 4분의 3 이상, 토지면적의 4분의 3 이상의 동의를 받아 설립할 수 있다. 공동주택의 각 동별 소유자 수가 5명 이상이면 동별 과반 동의가 필요하다. 주택단지가 아닌 사업구역은 소유자의 4분의 3 이상 및 토지 면적의 3분의 2 이상의 동의를 받아야 조합설립이 가능하다. 재건축사업과 동일하게 조합 가입의 의무가 없으므로 참여를 원하지 않는 소유자는 매도청구를 통해 현금으로 정산받을 수 있다.

사업시행인가 후 공사 진행

조합이 설립된 후에는 사업시행인가를 준비하며 사업에 유리한 건축협정을 체결할 수 있고, 건축심의 내지는 통합심의를 받게 된다. 사업시행인가 후 분양신청, 관리처분인가, 공사 후 소유권 이전 과정은 재건축사업과 큰 차이가 없다.

소규모재건축도 이제 시작이다

분양가상한제와 초과이익환수제, 규제지역 내 조합원 거래금지가 재건축과 동일하게 적용되는 점은 아쉽다. 또한 최고용적률 혜택을 받으려면 공공임대주택을 의무적으로 공급해야 한다. 하지만 가로주택정비 15층보다 높은 층을 배정받으려면 이 정도의 수고는 감수해야 할 것이다.

초과이익환수제는 소규모재건축 단지의 추진위원회 시점부터 입주 시점까지 집값 상승분에서 정상주택 가격의 상승분, 공사비, 조합운영비를 제외한 초과이익에 누진적으로 세금을 부과하는 것이다. 금액 구간대별 환수금액은 다음 표와 같다.

소규모재건축사업도 다른 소규모주택정비사업과 마찬가지로 제도화된 기간이 짧아 아직은 생소한 측면이 있다. 하지만 규제로 인해 재건축의 진행이 불투명해지면서 틈새시장으로 주목받고 있다. 규제가 덜하고 지원책도 있으므로 중견건설사나 대기업들도 소규모재건축사업의 수주에 뛰어들고 있다.

서울에도 다수의 사업장이 진행 중이며, 강동구의 상일벽산빌라, 동대문구 제

| 재건축 초과이익환수 부과금액 기준 |

종료시점 가격 − (개시시점 가격 + 정상주택 가격 상승 + 개발비용)	초과이익환수 금액
조합원 1인당 평균이익 3,000만 원 이하	면제
조합원 1인당 평균이익 3,000만 원 초과 5,000만 원 이하	3,000만 원 초과 금액의 100분의 10 X 조합 원 수
조합원 1인당 평균이익 5,000만 원 초과 7,000만 원 이하	200만 원 X 조합원 수 + 5,000만 원 초과 금액의 100분의 20 X 조합원 수
조합원 1인당 평균이익 7,000만 원 초과 9,000만 원 이하	600만 원 X 조합원 수 + 7,000만 원 초과 금액의 100분의 30 X 조합원 수
조합원 1인당 평균이익 9,000만 원 초과 1억 1,000만 원 이하	1200만 원 X 조합원 수 + 9,000만 원 초과 금액의 100분의 40 X 조합원 수
조합원 1인당 평균이익 1억 1,000만 원 초과	2,000만 원 X 조합원 수 + 1억 1,000만 원 초과 금액 의 100분의 50 X 조합원 수

기동의 공성아파트, 마포구 용강동의 우석연립도 움직임이 활발하다. 규모가 크지 않은 공동주택단지를 중심으로 더욱 활성화될 전망이다.

TIP   **소규모재건축의 투자 포인트**

- 15층 이상 30층 대의 고층 개발이 가능하다.
- 안전진단이 생략되고 기간이 3분의 1로 단축되어 빠르다.
- 규제지역 조합원 거래금지 규정이 있어 초기에 진입해야 한다.

10

조합 없이 쉽고 빠른
지주공동사업

지주공동사업은 조합을 만들지 않고 지주(원주민 소유자)들이 땅의 지분을 내놓고, 전문 시행사가 시행, 시공, 분양업무를 맡아 진행하는 개발방식이다. 지주들이 직접 개발하기에는 경험과 자본이 부족한 경우가 많으므로 경험 많은 개발사를 활용하여 책임과 수익을 분담하는 개념이다. 한마디로 지주와 개발사가 파트너가 되어 동업하는 것이다.

지주공동사업은 어떻게 진행할까?
계획 수립과 공동협약 체결
지주공동사업은 공동협약을 체결해야 한다. 일반적인 건축과 절차는 거의 유

| 지주공동사업 절차 |

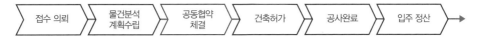

접수 의뢰 > 물건분석 계획수립 > 공동협약 체결 > 건축허가 > 공사완료 > 입주 정산

사하지만, 사업계획을 수립한 후 지주와 개발사 간에 협약을 체결하는 것이 다르다. 공동협약은 동업계약과 유사한데, 추후 분쟁이 발생하지 않으려면 꼼꼼한 물건분석과 사업계획을 바탕으로 서로가 만족할 만한 조건을 찾아야 한다. 이를 위해 물건의 대지 모양 및 면적, 신축 동 간 간격, 이격거리, 높이제한, 용적률, 행위제한 등을 고려한다. 그리고 사업성 분석 시 토지비용을 산정하고 개발과 운영사업의 수익지분을 정해야 한다. 분양입주권 이외의 매도를 원하는 소유자는 조건을 협의하고 거래 시기를 조율한다.

시공사 선정 및 공사 진행

시행사가 시공사를 선정하고 착공에 들어간다. 소형 주택의 경우 6개월에서 1년 정도의 기간이 소요되며 일반분양일 경우 공사 중 분양이 가능하다. 분양 및 입주 기간은 평균적으로 6개월 정도이므로 총 6개월~1년 6개월 정도의 시간이 소요된다. 공사가 완료되면 협약 내용에 따라 소유권을 이전하거나 대금을 정산하고 사업이 종료된다.

지주공동사업의 장단점

소규모주택정비를 위한 조합은 설계와 시공, 분양의 노하우를 가지고 있지 못한 경우가 많으므로 경험이 부족한 조합원들이 모여 우왕좌왕하거나 잘못된 결정을 할 수도 있다. 사업이 잘되면 다행이지만 혹시라도 잘못되었을 경우에는 책임이 커지고, 사업의 추진을 위한 자금이 부족하여 동력을 얻지 못할 수도 있다. 지주공동사업은 이런 문제를 전문업자와의 협력으로 일정 부분 해소하고 위험을 분담할 수 있는 방법이다.

사업의 기간도 소규모주택정비사업의 경우 3년 전후의 시간이 걸리는 데 반해 지주공동사업은 1년 정도면 마칠 수 있어 크게 단축된다. 지주공동사업의 인허가 과정이 보다 단순하고, 의사결정도 총회가 아닌 내부 협의에 따르므로 신속하다. 개발기간의 단축은 곧 수익성과 직결된다. 만약 조합이 직접 소규모주택정비사업을 시행한다면 사업의 수익과 함께 모든 위험을 감수해야 한다. 사업이 잘 완료되어 좋은 수익이 발생할 수도 있지만, 설계−시공−분양 중 어느 단계에서라도 문제가 발생하면 수익이 대폭 감소하거나 손실이 발생할 수 있다.

소유자들이 개발사에 모두 선매도하는 일반개발 방식과 비교해보자. 소유자들은 조합도 만들지 않고 사업에 참여하지도 않지만 매도 금액이 만족스럽지 못할 수 있다. 개발사 입장에서는 저렴하게 토지를 매입해야만 모든 개발의 위험을 감수한 것에 따르는 합당한 이익을 확보할 수 있다. 지주공동사업을 하면 이런 문제를 절충하고 해소할 수 있다. 지주 입장에서는 선매도보다 좋은 조건의 금액, 또는 그에 합당한 새로운 집을 받을 수 있다. 시행사 입장에서는 토지를 선매입하지 않아도 되므로 자금 부담이 줄고 그 이익을 지주와 공유할 수 있다. 지주가 개발사업에 참여하면 사업 비용으로 양도세나 사업소득에 대한 세금절감 효과도 기대할 수 있다.

다음 표에서 알 수 있듯이, 지주공동사업은 소규모재건축과 일반개발의 중간적인 형태이다. 지주는 토지를 제공하고 시행사는 노하우, 업무, 건설자금, 대출 등을 부담한다. 사업기간도 1년 전후로 신속한 편이며 이익과 손실의 책임은 상호 약정에 따라 분담할 수 있다. 계약방식은 보통 일괄수주, 분양도급, 단순도급,

| 소규모재건축, 지주공동사업, 일반개발사업의 비교 |

	소규모재건축	지주공동사업	일반개발
사업 주체	주민합의체/조합	공동사업자(지주/시행사)	시행사(지주분 매입)
적정 규모	200세대 미만	저층, 수십 세대의 빌라	무관
이익손실책임	자부담	약정에 따라 조정 가능	시행사
사업기간	3년 전후	6개월~1년 6개월	6개월~1년 6개월
의결방식	총회	약정에 따른 의사결정	내부결정
사업전문성	낮음	높음	높음

교환의 방식으로 이루어진다. 지주공동사업은 사업의 종류나 범위에 제약이 없어 다양하게 활용될 수 있다.

지주공동사업에서 유의할 점은 개발에 관한 역량과 경험으로 사업을 잘 이끌고 약속을 지킬 수 있는 좋은 시행사를 만나야 한다는 것이다. 아무리 좋은 조건으로 계약을 했더라도 시행사의 경험과 역량이 부족하거나 신뢰하기 어렵다면 문제가 발생할 수 있다. 권리관계나 배분 등에 대하여 명확하게 정리하고 계약서에 명시하도록 하자. 현재 ㈜부자아빠부동산연구소는 지주공동사업 방식으로 서울 강남구 논현동에 신규주택을 건설하고 있다.

TIP

지주공동사업의 투자 포인트

• 중저층 개발에 적합하며 위험을 분담할 수 있다.
• 사업기간이 1년 전후로 짧으며, 규제를 받지 않는다.
• 선매도 후 개발보다 좋은 조건의 보상이 가능하다.
• 좋은 개발사를 만나야 한다.

3장

정비구역 지정에서 시작되는
도시정비사업

정비구역 현황을 파악하자

도시재생의 족보를 따져보자

우리가 배우자를 선택할 때 집안 내력을 보듯이, 도시재생 연관 투자를 할 때에도 해당 물건의 족보를 확인해야 한다. 해당 지역이 언제 어떤 법으로 어디까지 개발되었고, 현재 어떤 상태인지를 확인할 수 있다. 도시재생사업은 정비기본계획에서 시작한다.

정비기본계획은 도시 정비를 위한 재개발·재건축의 중장기적인 계획으로 특별시장, 광역시장, 시장 등이 지정한다. 인구 50만 명 이상의 대도시는 10년마다 의무적으로 정비기본계획을 수립하며 5년마다 타당성을 검토하고 반영해야 한다. 이 지역들은 정비기본계획에 의해 정비구역을 지정하거나 추진하고 해제한다. 정비예정구역은 지정되는 시점부터 3년간 개발행위가 제한되며 1년의 연장기간 동안 정비구역으로 고시되지 않으면 해제된다.

　서울시는 2010년 7월 15일 서울시 도시정비법 조례를 일부 개정해 도시정비 기본계획 지정을 생략한 대신 다음과 같은 방법으로 재개발·재건축을 추진할 수 있도록 하고 있다. 첫째, 각 지자체가 고시·공람을 통해 정비계획 수립. 둘째, 타당성 검토를 통한 방법(이때 50% 이상 찬성과 25% 미만 반대를 동시 충족해야 한다). 셋째, 재정비촉진지구 해제 지역에 변경공고를 통한 방법. 넷째, 지구단위계획 수립을 통한 방법. 다섯째, 재건축의 경우 안전진단을 통한 방법이다.

| 정비구역의 지정과 관련한 도시재생사업의 흐름 |

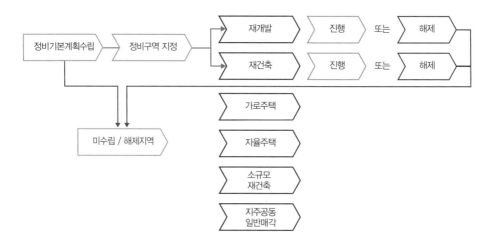

　현재 정비기본계획이 수립된 곳은 서울특별시, 6개 광역시(부산, 대구, 인천, 광주, 대전, 울산), 경기도 16개 시(과천, 고양, 남양주, 부천, 수원, 성남, 시흥, 안양, 안산, 용인, 의왕, 의정부, 양주, 파주, 하남, 화성), 지방 9개 지역(김해, 진주, 창원, 원주, 포항, 전주, 청주, 천안, 아산시)이다. 서울시는 2025 정비기본계획부터 정비예정구역을 생략하였다.

정비구역은 사업단계를 확인하자

정비기본계획이 수립되고 정비구역이 지정되면, 재개발이나 재건축사업이 본격적으로 시작되는데, 구역 지정이 확정되는 타이밍과 여부가 매우 중요하다. 정비구역이 지정되는 시점부터 지자체장은 권리산정기준일은 정하게 되고 각종 개발행위가 제한되며 토지소유자의 증가가 어려워진다(지분 쪼개기 금지).

정비구역으로 지정이 되면 재개발이나 재건축사업이 시작된다. 이미 지정이 완료된 곳이라면 사업이 어느 단계에 와 있는지를 확인해야 한다. 서울시의 경우 클린업시스템(http://cleanup.seoul.go.kr)에 세부적인 현황이 업데이트되고 있으니 참조하자.

만약 사업이 순조롭게 진행된다면 수년이 지난 후 새로운 단지들이 만들어지고 사업이 종료될 것이다. 하지만 현실에서는 이와 다르다. 재개발과 재건축사업은 진행 기간이 길고 과정이 복잡한 만큼 각종 변수가 존재한다. 조합의 설립이 어려울 수 있고, 이해관계자 간에 다툼이 발생하기도 한다. 사업이 오랜 기간 지연되어 금융이자가 불어나거나 사업성이 나빠 과도한 부담이 발생하기도 한다. 중간에 경기가 급변하여 예상하지 못한 변수가 발생할 수도 있다.

이렇게 험난한 과정을 극복하고 사업이 완료된다면 다행이지만 결국 사업을 마무리하지 못하고 정비구역에서 해제되기도 한다. 서울시는 2018년 2월 기준 총 683개의 정비구역 중 262개 구역이 정상적으로 추진 중이고, 393개 구역이 해제되었으며 28개 구역은 미확정 상태이다. 정상적으로 사업이 추진 중인 곳은 향후 신규아파트가 들어설 가능성이 높다.

정비구역 해제 지역에도 기회가 있다

정비구역은 다음과 같은 경우에 해제된다.

• 정비구역 지정 후 2년이 지나도록 추진위원회를 설립하지 않은 경우

• 추진위원회 없이 조합설립에 3년을 넘긴 경우

• 추진위원회 설립 후 조합설립에 2년을 넘긴 경우

• 조합을 설립한 이후 사업시행인가 신청까지 3년을 넘긴 경우

• 사업성이 나빠 비용부담이 크거나 사업의 완료가 불가능하여 구역 내 30% 이상의 소유자가 해제를 요청하는 경우

참고로 사업성은 있으나 다른 요인으로 구역이 해제될 가능성이 높을 때 소유자나 조합원의 30% 이상이 동의하면 2년 이내로 연장할 수 있다(존치구역). 하지만 다시 기간을 초과하면 해제된다.

| 뉴타운 재개발 정비구역과 해제지역의 저층주거지 관리현황 |

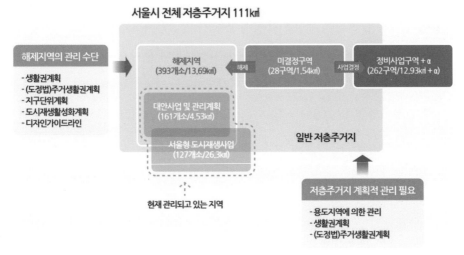

출처 : 서울연구원, 2018

여러 이유로 정비구역이 해제된다면 재개발이나 재건축을 목표로 투자한 이들에게는 나쁜 소식일 것이다. 하지만 사업성이 불투명한 상황에서 무리하게 진행하지 않고 개발행위의 제한이 풀리면 오히려 선택의 폭이 넓어진다. 이때부터는 거래도 자유롭고, 독자적인 개발이 가능하다.

2018년을 기준으로 보면 정비사업이 추진 중인 구역보다 해제된 구역이 더 많다. 그러나 이런 곳들도 노후화에 따른 도시재생은 반드시 필요하다. 정비구역이 해제되면 재개발과 재건축사업은 중단되겠지만, 서울형 도시재생사업이나 가로주택정비사업, 자율주택정비사업, 소규모재건축과 같은 소규모주택정비사업을 통해 정비할 수 있다. 해제된 지역에서 옥석을 가려보자. 의외로 꺼진 불 속에 황금 노다지가 숨어 있을 수 있다.

TIP   **정비구역 현황 파악하기**

- 투자 대상 도시재생 관련 족보를 확인하여 사업의 단계를 파악하자.
- 만약 구역이 해제되었거나 해제 가능성이 높다면 그에 따른 대안이 가능한지 확인하자.
- 숨겨진 기회를 찾아야 한다.

재개발과 재건축, 언제 들어가고 나와야 할까?

재개발과 재건축의 진행 과정을 다시 한번 살펴보자.

정비기본계획이 수립된 후 정비구역 지정이 되면 재개발, 재건축 사업이 시작된다. 추진위원회를 거쳐 조합을 설립하면 시행자를 정한다. 재건축은 안전진단을 통과해야 조합설립이 가능하다. 조합은 직접 시행하거나 과반의 동의를 얻어 공공이나 민간 사업자에게 맡길 수 있다.

사업시행인가를 받으면 감정평가 후 분양신청에 들어간다. 분양신청이 끝나면 공사, 일반분양과 예산계획, 추가분담금 등을 산정하여 관리처분인가를 받는다. 이 시점부터 거주자나 임차인의 이주가 시작되며 공사에 들어간다. 적절한 시기에 일반분양을 하고 공사가 마무리되면 소유권 이전과 입주가 시작된다. 사업의 각 진행 단계에 따라 투자하거나 매도할 수 있다.

| 재개발사업의 절차 |

정비구역 지정 〉〉 추진위 〉〉 조합설립 인가 〉〉 사업시행 인가 〉〉 감정 평가 〉〉 분양 신청 〉〉 관리처분 인가 〉〉 이주 철거 〉〉 일반 분양 〉〉 일반 분양 〉〉 준공 입주 〉〉 청산

| 재건축사업의 절차 |

정비구역 지정 〉〉 추진위 〉〉 안전 진단 〉〉 조합설립 인가 〉〉 사업시행 인가 〉〉 분양 신청 〉〉 관리처분 인가 〉〉 이주 철거 〉〉 일반 분양 〉〉 일반 분양 〉〉 준공 입주 〉〉 청산

정비구역의 지정 이전은 위험한 만큼 수익도 높다

정비구역이 지정되기 이전은 하이 리스크 하이 리턴, 즉 위험이 높은 만큼 수익도 클 수 있다. 진정 대박을 노린다면 정비구역 지정의 이전에 투자해야 한다. 아직 아무것도 정해지지 않았기에 저평가되어 있고, 눈여겨보는 경쟁자도 많지 않다. 행위 제한도 없으므로 세대수를 늘릴 수 있으며, 될 만한 지역을 잘 선정하여 들어간다면 사업이 구체화될수록 차익을 기대할 수 있다.

하지만 사업이 언제 진행된다는 기약이 없고 변수가 많다. 실제로 모든 단계 중 정비기본계획 수립 후 구역 지정까지의 기간이 가장 많이 소요된다. 이 단계의 투자는 구체적인 분석이 쉽지 않으므로 중장기적인 개발계획과 입지적인 가치를 보고 들어가야 하는데, 여유자금과 시간이 많지 않다면 쉽지 않은 선택이다.

정비구역 지정 이후에는 사업의 추진 가능성을 보자

정비구역으로 지정되면 위험이 줄어드는 만큼 시세에도 반영된다. 행위 제한으로 개발이나 지분 늘리기에 제약이 따르므로 주의해야 한다. 수익성 분석에 앞

서 사업의 진행이 원활할지에 대한 포괄적인 판단이 필요하며, 상가의 비중이 높다면 사업이 원활하지 않을 수도 있다.

추진위원회 위원장과 위원들의 성향과 추진력, 도덕성도 함께 고려해보자. 사업이 진행되면서 여러 가지 상황이 발생하면 자주 봐야 할 사람들이다. 계획대로 무난히 진행된다면 정말 좋겠지만 시간이 지나면서 여러 가지 이유로 사업이 표류할 수 있고, 구역이 해제된 사례도 많았다. 재건축은 노후도와 함께 안전진단 통과 여부를 확인해야 한다. 최소 D등급과 E등급이어야 재건축이 가능한데, 구조 안전성 평가가 강화되어 통과가 어려운 경우가 많으니 주의하자.

재개발·재건축을 위해 투자했는데 구역이 해제된다면 투자가치가 떨어지는 것은 당연하다. 최악의 경우 정비구역이 해제되었을 때를 대비해 개별적인 개발이나 소규모정비, 매도 계획도 함께 고려해야 한다. 예상보다 시간이 길어진다면 임대하여 이자를 충당하고 버틸 수 있는 여력도 필요하다. 또는 매도를 원할 때 어렵지 않게 빠져나올 수 있는 우수한 입지와 주변 여건이 갖추어진 곳이 좋다. 최대 10년이 넘는 시간을 기다릴 수 있는 여유와 인내심이 필요할 수 있으니, 자신의 역량을 넘어 무리한 투자를 하지는 않도록 하자.

조합설립인가 이후에는 총회자료를 확인한다

사업의 주체인 조합이 설립되면 사업에 대한 개략적인 자료가 만들어지고, 건축심의가 진행된다. 이때 만들어지는 안내 책자에는 사업에 대한 개요, 수익성, 분담금 등을 예측한 내용이 담겨 있다. 이 내용대로 이루어진다는 보장은 없지만 처음 만들어진 공식자료이므로 참조할 만한 가치가 있다.

전체적인 사업 규모와 수익구조를 검토해보고 다른 사업장과 비교하여 적정한지를 파악해야 한다. 조합이 만든 자료는 유리하게 부풀려진 부분이 있을 수 있으므로 냉정하게 바라볼 필요가 있다. 아직 감정평가 이전이므로 적정가격을 추산하여 프리미엄을 예상해보자. 사업 가능성이 있고 가격이 적정하다면 투자를 결정할 수 있을 것이다. 단기 투자를 원한다면 이 시기에 들어가도 좋지만, 초기 단계이므로 조금 더 지켜보는 것도 바람직하다. 조합설립 후 사업시행인가까지는 약 1년 6개월이 소요되지만 보통 2~3년을 예상해야 한다.

사업시행인가 이후와 감정평가

사업시행인가를 마치면 내용이 더욱 구체화된다. 감정평가가 진행되고, 사업비, 일반분양과 조합원분양 물량, 예상 분담금이 제시되므로 사업에 대한 더욱 현실적인 분석이 가능해진다. 물론 이 단계의 수치들도 추후 변경될 수 있다는 것을 감안해야 한다.

조합의 움직임이 원활하고, 사업에 타당성이 충분하다면 투자를 결정하자. 가

| 사업시행인가 직전에 진입한 A 뉴타운의 간편수익분석 예시 |

실투자금 3,800만 원		실현수익 2억 2,500만 원(1세대 2주택 1억 3,600만 원)		실현 수익률 597%
매입가격	1억 5,300만 원	매도가격	3억 8,000만 원	
추가비용	취득세 170만 원	누적현금수익		
기타비용	수리비 200만 원 수수료 100만 원	양도세	비과세(1세대 2주택 8,900만 원)	1세대 2주택 수익률 361%
회수금액	대출금 9,000만 원	투자기간	3년	

(100만 원 단위 반올림 및 절삭. 사업시행인가 직전에 진입 후 이주 단계에서 매도함. 재산세 생략. 1세대 1주택 양도세 비과세 요건 기준. 2주택은 조정지역 내의 주택으로 일반세율에서 10% 중과세 계산. 금액은 예상치이며 사례를 단순화한 것으로 실제 수치와 차이가 있을 수 있음.)

격은 사업시행인가 전후에 가장 많이 오른다. 이전단계에 진입했던 단기 투자자라면 이 시기에 매도하고 나올 수 있다. 신규로 진입하는 투자자는 감정평가가 완료된 후 매물이 나올 때 들어가는 것도 좋다. 분양 신청이 되지 않았다면 반드시 해야 하며, 분양 신청이 완료된 매물을 투자할 때는 평형을 확인해야 한다.

관리처분인가 단계 이후, 막판 변수에 유의하자

관리처분인가는 사업의 전체적인 살림이 확정되는 것으로, 이전 단계보다 훨씬 현실적인 수치를 얻을 수 있다. 그간 사업에 시행착오가 있었다면 최적의 방안을 찾았을 것이고, 공사비와 사업비, 조합원분양가 등 원가요소의 대부분이 정해졌을 것이다. 결정된 관리처분안과 원가비용이 적정한지를 파악하고, 공사기간과 일반분양 입주 일정을 확인한다. 공사 진행 중에 관리처분의 내용이 변경될 수 있으니 주의하자.

분양신청 결과에 따라 아파트가 배정되고, 이때부터 입주권으로 바뀐다. 사업

| 관리처분인가 후 진입한 B 뉴타운의 간편수익분석 예시 |

실투자금 6억 4,000만 원		실현수익 1억 5,000만 원(1세대 2주택 1억 원)		
매입가격	2억 8,000만 원	매도가격	8억 원	**예상 수익률 23%**
추가비용 +	추가분담금 3억 5,500만 원 취득세 1,400만 원	누적현금수익		
기타비용 +	200만 원	양도세	비과세(1세대 2주택 5,000만 원)	**1세대 2주택 수익률 15%**
회수금액 −		투자기간	5년	

(100만 원 단위 반올림 및 절삭, 관리처분인가 후 진입. 재산세 생략. 1세대 1주택 양도세 비과세 요건 기준. 2주택은 조정지역 내의 주택으로 일반세율에서 10% 중과세 계산, 예상치이며 사례를 단순화한 것으로 실제 수치와 차이가 있을 수 있음.)

의 성패를 가를 수 있는 매출 요소인 일반분양가격은 아직 변수가 있다. 일반분양가격은 분양을 시작하는 시기의 부동산 경기와 인근 시세에 따라 결정된다. 일반분양가격을 미리 근접하게 예상하는 것은 수익성 판단에 큰 영향을 준다. 하지만 원가요소가 정해져 있으므로 이전보다 변수의 범위가 작고, 사업이 좌초될 가능성도 낮다. 관리처분단계에서 투자를 결정하는 경우가 많은데, 이전보다는 훨씬 안정적이기 때문이다. 이주비 대출은 대출규제 현황과 매수자의 신용상태에 따라 한도가 줄어들 수 있으므로 승계 가능 여부를 반드시 미리 확인해야 한다.

수익을 실현할 수 있는 일반분양 단계

일반분양가격이 정해지면 남은 퍼즐이 맞추어진다. 일반분양으로 얻는 수입금액이 확정되므로 재개발의 권리가액, 재건축의 일반분양 공헌액을 구할 수 있으며 분담금 현황을 파악할 수 있다. 이전 단계에서 투자했다면 이제는 성적표를 받고 성과를 거두는 시기로, 일반분양가와 시세를 고려하여 매도한다.

다만 일반분양 이후에는 조합원입주권의 실투자금이 높아져 거래가 쉽지 않으므로 입주를 원하지 않는 투자자는 일반분양 이전에 매도하는 것이 좋다. 일반분양가격이 예상보다 높아 분담금이 낮아진다면 투자수익도 크게 높아질 것이다. 반대로 시장이 부진하여 일반분양가격이 낮아진다면 분담금은 높아지고 투자수익이 하락할 것이다.

투자 시기의 정리와 규제 현황

지금까지의 내용을 정리해보자. 사업의 초창기인 정비구역 지정부터 조합설립인가, 사업시행인가, 관리처분인가 시기로 갈수록 사업이 구체화되고 위험이 낮아지므로 호가가 높아지는 경향을 볼 수 있다. 자신의 자금 여건과 투자 성향을 고려하여 적절한 시기에 투자를 결정하면 된다. 그리고 일반분양이 결정된 이후에는 수익에 대한 정확한 파악이 가능하므로 매도하거나 보유하면 된다.

주요 지역의 신축 아파트들은 가격이 지속적으로 상승했으므로 계속 보유하는 조합원들이 많았다. 초기에 진입한 금액을 고려하면 엄청난 수익이 아닐 수 없다. 인기가 많은 지역들은 투기과열지구로 지정된 곳이 많다.

투기과열지구 내의 재개발 구역에서 2018년 1월 24일 이후 사업시행인가가 접수된 곳에서는 관리처분인가 이후부터 조합원의 지위 변경이 금지된다. 아직 관리처분인가 이전이거나, 2018년 1월 24일 이전에 사업시행인가가 접수된 곳에서는 조합원의 지위 변경이 가능하다. 이들 지역에 투자하려면 관리처분인가 이전까지 매수해야 한다. 투기과열지구 내의 재건축에서는 조합설립인가 시점부터 입주 시까지 조합원 지위 변경이 금지되므로 조합이 설립되기 전에 투자해야 한다.

위와 같은 예는 전체 재개발, 재건축 지역에 적용되는 것은 아니다.

TIP		정비사업의 단계별 투자
사업단계	수익	안전성
정비구역 지정 이전		
정비구역 지정 이후	크다	낮다
조합설립인가	↑	↓
사업시행인가	중간	중간
	↑	↓
관리처분인가	낮다	높다
일반분양		

남의 운명을 내 것으로 만드는 조합원 권리 거래

VIP 멤버십인 조합원 권리를 가져오자

도시정비사업 구역의 부동산을 소유한 조합원은 사업의 의사결정에 참여하고, 공사가 완료된 후 새로운 주택에 우선 입주가 가능하다. 새로운 아파트 단지의 집을 일반분양자보다 좋은 조건으로 소유할 수 있다. 이를 조합원입주권이라 한다. 조합원입주권은 일반분양권보다 일반적으로 낮은 금액이면서도 좋은 방향과 층을 먼저 선택할 수 있는 장점이 있다. 시장이 좋을 때는 20~30% 수준까지 가격 차이가 나기도 하는데, 이는 사업에 참여한 개발이익이 반영된 것이라 볼 수 있다. 이런 조합원의 권리는 자격 요건을 정확히 갖추어야 하고, 거래 시에도 요건에 부합해야만 온전히 양수받을 수 있다.

조합원의 혜택을 누리려는 투자자들이 많다 보니 '지분 쪼개기'가 극심하다. 지분 쪼개기는 정비구역의 부동산을 보다 작은 단위로 나누거나 신축하여 소유자 수를 늘리고, 그만큼 조합원 수도 늘리려는 것이다. 과도한 지분 쪼개기를 막기 위한 규제가 지속적으로 보완되며 조합원의 권리 기준도 점점 더 까다로워지고 있다. 외형상 조합원이 가능한 것처럼 보이지만 여러 이유로 자격이 되지 않으면 이른바 '물딱지'가 될 수도 있으므로 신중해야 한다.

재개발 조합원의 자격 요건—권리산정기준일을 추적하자

주택, 토지, 상가 등 다양한 부동산의 소유자는 재개발 구역 지정 후 조합이 설립되면 의무적으로 가입해야 한다. 중간에 소유권이 분리되거나 소유자가 바뀌면 문제가 발생한다. 이런 경우 정비구역이 지정된 시기와 해당 지역 조례, 물건의 종류, 소유권을 취득하거나 분리된 시기에 따라 조합원 권리(분양자격)의 유무가 결정된다. 경우가 워낙 다양하고 지역마다 차이가 있으며 규제까지 더해져 많은 주의가 필요하다.

크게 정리해보면 2010년 7월 16일 개정된 '도시 및 주거환경정비조례'를 기준으로 나눌 수 있다. 2019년 서울시를 기준으로, 2010년 7월 16일 이전에 지정된 구역은 물건별 기준에 따라 분양자격을 인정한다. 2010년 7월 16일 이후에 지정된 구역은 별도의 권리산정 기준일에 의해 판정한다.

지분 쪼개기를 일괄적으로 막다 보니 선의의 피해자가 발생하였고, 이를 보완하기 위해 권리산정 기준일이 만들어졌다. 권리산정 기준일은 정비구역지정일 또는 시도지사가 투기 억제를 위해 따로 정하는 날의 다음 날로 한다. 분양자격은 개별적인 상황과 지역에 따라 차이가 있을 수 있으므로 별도의 확인이 필요하다. 자칫 잘못된 거래를 하는 경우 피해를 볼 수 있다.

| 서울시 재개발 조합원 자격요건 |

			소유권 취득/분리 시점	면적기준	기타	조합원 권리 (분양자격)
토지 소유자	토지만 소유, 구역 내 총합		2003. 12. 30 전	30㎡ 이상 90㎡ 미만	무주택자, 도로 제외	가능
			2003. 12.30 전	90㎡ 이상 건축 법상 최소 면적	최소 권리가액 이상 도로 가능	가능
			2003. 12. 30 이후	-	-	합산 불가
토지 + 건물 소유자	단독·다가구		1997. 1. 15 전		건축허가 득	가구별 가능
			1997. 1. 15 이후	-	-	1인만 가능
	협동주택		1998. 5. 7 이후	-	2009. 4. 22 이후 조합설립	가구별 가능
			1998. 5. 7 이후	-		1인만 가능
	다세대주택 (아파트)	전환	2003. 12. 30 전	60㎡ 이하	-	60㎡ 이하 또는 임대주택 가능
				60㎡ 초과	-	종전 조례 적용
			2003. 12. 30 이후	-	-	1인만 가능
		신축	2008. 7. 30 이후	-	-	가구별 가능
			2008. 7. 30. 이후	신규공급 주택 최소면적 미만	쪼개기 방지	1인만 가능
				신규공급 주택 최소면적 이상	최소 60㎡ 이상	가구별 가능
건물 소유자	건물만 소유 시		2003. 12. 30 전	해당 대지 90㎡ 이상	-	가능
			2003. 12. 30 이후	-	해당 토지소유자와 배분 조건	조건부 가능
무허가 건축물	사실상 주거용 (근린생활시설)		2008. 7. 30 전	-	주거요건 및 조합정관 충족	가능 (예외 있음)
			2008. 7. 30 이후	-	-	불가(예외 있음)
다중 소유자	공유, 1명 또는 1세대가 다중 소유		-	-	이혼, 성인분가 예외 인정	1인만 가능 (일부지역 제외)

※ 2010년 7월 16일 이전의 지정구역. 기준별 세부조건은 법 조항을 참조할 것

재건축 조합원의 자격, 거래가능 여부가 관건이다

재건축 조합원의 자격 요건은 해당 정비구역 내의 아파트나 공동주택 소유자로 한정하므로 재개발에 비해 단순하다. 건물과 부속 토지의 소유권을 동시에 소유해야 하며, 조합 가입은 의무가 아닌 선택 사항이다. 조합의 가입을 원하지 않으면 매도 청구하여 현금으로 정산받을 수 있다.

물건을 여러 명이 공유하거나 1명이 구역 내 여러 개의 소유권을 가지고 있는 경우에도 조합원은 1명으로 제한된다는 점도 주의해야 한다. 2017년 8.2 부동산 대책 이후 지정된 투기과열지구 내의 재건축에서는 조합설립인가 시점부터 입주 시까지 조합원 지위 변경이 금지되므로 조합이 설립되기 전까지만 투자가 가능하다.

양수자 주의사항

조합원의 권리를 양수하는 경우 먼저 물건과 매도인의 자격에 이상이 없는지 확인해야 한다. 물건의 조건이 기준을 충족시키는지 확인하고, 조합이나 추진위원회가 설립되었다면 가능 여부를 확인야 한다. 입주권에 가압류나 근저당, 경매 사항이 있을 수도 있으니 주의하자. 해당 물건에 이상이 없더라도 매도인이 구역 내에 다른 물건을 가지고 있거나 거래 이력이 있었는지 확인해야 하고, 경우에 따라 매도자와 매수자 세대 구성원의 구역 내 보유나 거래 이력도 확인해봐야 한다.

특히 규제지역인 조정대상지역과 투기과열지구에서는 더욱 까다롭게 살펴야 한다. 조정대상지역에는 다주택자 규제가 심하므로 매도인이 다른 물건을 보유하여 발생하는 책임을 계약서에 명시하는 안전장치가 필요하다. 또한 매수자가 조합원 입주권을 매입했을 때 주택 수에 합산되므로 이럴 때 생길 수 있는 변화도 미리 예상해야 한다.

이주비 대출을 받아야 한다면 대출 한도가 축소될 수 있으므로 미리 은행에 확인해보자. 가장 높은 규제를 받는 투기과열지구의 재개발은 관리처분계획인가 시점부터, 재건축은 조합설립인가부터 입주 시까지 조합원 권리의 거래가 금지되고, 거래 시 분양자격을 박탈당하니 주의해야 한다. 이 기간 내에 거래가 가능한 경우를 정리해보면 다음과 같다.

- 사업의 지연(조합설립인가, 사업시행인가, 착공일부터 각 3년 이상 지연되어 다음 단계로 넘어가지 못했을 때)
- 세대원의 근무, 질병 치료, 취업, 결혼, 해외 이주로 다른 지역으로 이전
- 상속으로 취득한 타 주택으로 세대원 전원의 이전
- 국가, 지방자치단체 및 금융기관의 경매와 공매(개인이 신청한 경매는 제외)

- 상속, 이혼으로 인한 양도, 양수
- 매도인이 1세대 1주택자로 10년 이상 소유 및 5년 이상 거주한 경우

이런 경우에 조합원 권리의 양도가 가능한데 공급이 부족하여 인기가 많다. 1세대1주택의 조건이 전 세대원에 해당되므로 지방세 납부증명과 가족관계 증명서를 확인해야 한다. 매매나 증여거래도 가능하지만 조합원의 지위는 승계가 되지 않으므로 주의해야 한다. 양수자는 거래를 진행할 때 토지의 소유권과 등기를 먼저 이전하고 조합원 지위 양도를 받은 후 분양계약서상의 명의를 변경한다.

마지막으로 재당첨 제한규정에 주의하자. 투기과열지구에서 양수자가 이전에 한 번이라도 조합원분양이나 일반분양에 당첨된 경우 5년간 제한에 걸리므로 주의해야 한다. 재개발 물건을 보유한 상태에서 다른 재개발이나 재건축에 투자하는 경우 두 물건의 관리처분인가 시점이 5년 이상이어야 재당첨 제한에 걸리지 않는다.

지금까지 조합원 권리거래에 필요한 주의사항들을 정리해보았다. 조합원 권리 가치가 적지 않은 만큼 각종 방법이 난무했고, 이를 막기 위한 행정관청의 규제가 반복되는 역사라고 볼 수 있다. 그만큼 복잡한 규제와 까다로운 조건을 충족해야 하며, 지역과 사례에 따라 다양한 예외가 있는 만큼 신중한 검토가 필요하다.

TIP   **조합원 권리 양수 포인트**

- 양도자의 분양자격을 확인하자.
- 재개발은 구역의 권리산정기준일을 파악하여 이른바 '물딱지'를 피해야 한다.
- 재건축은 조합원의 거래가 가능한지를 확인하자.
- 양수자도 재당첨 제한 등을 주의해야 한다.

04
반드시 확인해야 할 대출 규제

투자금의 조달이 가장 중요하다

재개발과 재건축사업에는 막대한 예산이 소요되므로 조합과 시공사는 자금 조달에 문제가 생기지 않도록 해야 한다. 조합원은 추가분담금이 확정되지 않은 상황에서 필요예산과 현금 흐름에 변동이 생길 수 있으니 주의가 필요하다. 특히 금융권 대출의 규제가 강화되면서 중간에 자금 조달에 차질이 생기는 경우가 많다. 어디서든 자금의 조달에 문제가 생기면 사업 전체에 차질이 빚어질 수 있으므로 더욱 주의가 필요하다.

발생할 수 있는 기본적인 비용을 살펴보고 대출 조건을 확인해보자.

조합과 시공사의 자금 조달

재개발과 재건축을 진행할 때 가장 많은 비중을 차지하는 비용은 공사비이며 전체 비용의 약 60~75%에 달한다. 다음으로 각종 운영비, 설계감리비, 행정인가, 현금청산, 이주비용, 영업보상비, 금융비용 등이 발생한다. 추진위원회나 조합은 시공사가 선정되기 전까지 비용을 조달해야 하는데, 여의치 않은 경우 공공융자인 도시정비기금이나 입찰보증금을 통해 조달할 수 있다. 투자자는 사업의 전체적인 예산과 대출 조달에 문제가 발생하지 않을지 확인해야 한다. 예산이 크게 초과하거나 장기간 지연되어 대출 이자가 늘어나면 조합원의 부담이 커지기 때문이다.

조합원의 자금 조달

조합원이 물건을 취득한 상황이라면 이주비용과 중도금, 추가분담금을 준비해야 한다. 이주비용은 조합원이 재개발 기간 동안 거주할 다른 집을 구하거나 세입자를 내보내야 할 경우 필요하다. 보통 감정평가금액의 60~70%를 지급하는데, 50~60%를 은행에서 무이자로 조달하고 추가금이 필요한 경우 10~20%를 조합이 새마을금고, 수협 등에서 후순위 유이자 조건으로 조달한다. 이 대출 금액은 입주 시에 상환하며, 한도나 이자 조건은 조합에 따라 차이가 있다.

공공사업을 시행하는 곳에서는 '공익사업을 위한 토지 등의 취득 및 보상에 관한 법률 시행규칙'(공취법)에 따라 동산이전비(이사비)를 별도로 지급한다. 이사비용은 100만 원에서부터 1,000만 원대까지 책정되어 있다. 이주비용과 이사비용은 어렵지 않게 해결되지만 중도금과 추가분담금은 지역에 따라 조달이 까다롭다. 현금이 부족한 투자자들은 대출로 자금을 마련하게 되는데, 규제로 대출 한도가 크게 줄어들 수 있으니 주의해야 한다.

규제지역 현황과 대출 한도

국토부는 2016년 37개의 조정대상지역을 선정한 이후 2017년 8.2 대책, 9.13 대책으로 조정대상지역과 투기과열지구, 투기지역을 지정하였다. 이 지역들은 주택 가격의 변동에 따라 지속적으로 업데이트되고 있다. 투기지역은 주택 가격 상승률이 가장 높아 까다로운 규제를 받는다.

| 부동산 규제지역 현황(2019년 8월 기준) |

조정대상지역
서울 전역, 과천, 성남, 하남, 고양, 광명, 남양주, 동탄2, 구리, 안양(동안구)
광교신도시, 수원 팔달, 용인 수지, 기흥, 세종, 부산(해운대, 동래, 수영구)

투기과열지구
서울 전역, 과천, 세종, 성남 분당, 광명, 하남, 대구 수성

투기지역
서울(강남, 서초, 송파, 강동, 용산, 성동, 노원, 마포,
양천, 영등포, 강서, 종로, 중구, 동대문, 동작), 세종시

규제의 강도가 높은 지역일수록 대출 한도는 줄어들고, 조정대상지역 이상의 2주택 이상 보유자는 담보대출 자체가 금지된다. 조정대상 이상 지역의 1주택 보유자는 2년 내에 기존주택을 처분하거나 분가, 부모봉양 등의 사유가 아니면 신규대출이 금지된다. 투기과열지구 이상의 시가 9억 원을 초과하는 고가주택은 LTV(담보인정비율)가 40%에서 20%로 축소되고 시가 15억 원 초과 시 주택구입용 대출이 전면 금지되었다. 상대적으로 무주택자와 서민실수요자에게 유리하며, 이는 재개발, 재건축 투자에도 동일하게 적용되므로 무주택자이고 자금 여건이 된다면 적극적으로 공략할 만한 기회이다.

기타지역에는 대출 규제가 없어 자유로운 투자가 가능하지만 이들 지역의 향

후 가치가 불투명하므로 큰 의미는 없다. 집단 대출도 2018년 9월 14일 이후 입주자모집 공고 또는 착공 신고한 곳은 대출이 어려워졌다. 또한 2018년 10월부터 은행권에 도입된 DSR도 대출에 매우 큰 영향을 주는 요소이다. DSR(Debt Service Ratio)은 '총부채 원리금상환비율'로, 총체적 상환 능력을 심사하여 대출한도를 부여하는 기준으로, 2019년 12.16 주택시장안정화방안으로 시가 9억 원 초과 시 담보대출 차주에 대해서 차주 단위로 DSR 규제가 적용되었다.

이러한 대출 규제들로 인해 일부 구역의 조합원들 중에는 자금 조달에 어려움을 겪는 사례가 발생하였다. 감당할 수 있는 한도 내에서 투자를 결정하는 것이 바람직하며, 결과적으로 현금을 많이 보유한 투자자에게 더 많은 기회가 있는 것이 현실이다.

TIP   대출 요건 확인 포인트

• 투자 이전에 대출 가능 금액과 조건부터 알아보자.
• LTV, DTI, DSR로 대출이 까다로워졌으므로 확인해야 한다.
• 규제지역과 주택 수에 따라 차이가 있다.

05

꿩 먹고 알 먹는
1+1 분양권

　재개발이나 재건축에서 1개의 물건을 소유한 조합원은 1개의 입주권을 받는 것이 원칙이지만, 일정한 요건을 갖추면 2개의 입주권을 받을 수 있다. 주로 조합원 수 대비 일반분양의 물량이 많아 사업성이 양호한 곳에서 채택하는 방법이다. 의무사항이 아니므로 조합의 동의가 필요하며, 종전자산평가액이 신축 아파트 2채의 가격보다 크거나, 종전주택의 주거전용면적이 신축 아파트 2채의 주거전용면적보다 큰 경우에 2주택을 받을 수 있다. 이 중 한 채는 반드시 60㎡ 이하여야 한다.

　어떤 재건축 단지가 59㎡(25평형), 83㎡(34평형), 114㎡(45평형)이 공급되는데 조합원 분양가가 각각 3억 원, 5억 원, 7억 원이라 가정하면 상황별로 신청할 수 있는 평형은 다음과 같다.

| 종전자산평가액이 신축 아파트 2채의 가격보다 큰 경우 |

종전자산가액	공급가능 주택
6억 원 이상	59㎡ + 59㎡
8억 원 이상	59㎡ + 59㎡ 또는 83㎡ + 59㎡
10억 원 이상	59㎡ + 59㎡ 또는 83㎡ + 59㎡ 또는 114㎡ + 59㎡

| 종전주택의 주거전용면적이 신축 아파트 2채의 주거전용면적보다 큰 경우 |

주거전용면적	공급가능 주택
120㎡ 이상	59㎡ + 59㎡
145㎡ 이상	59㎡ + 59㎡ 또는 83㎡ + 59㎡
180㎡ 이상	59㎡ + 59㎡ 또는 83㎡ + 59㎡ 또는 114㎡ + 59㎡

종전자산의 평가액이 8억 원이라면 59㎡형이 3억 원, 83㎡형이 5억 원이므로 59㎡형 2채를 신청하거나, 59㎡형 1채, 83㎡형 1채의 신청도 가능하다. 종전주택의 주거전용면적이 180㎡라면 59㎡ 1채와 다른 어떤 평형을 신청해도 주거전용면적의 합이 180㎡를 넘지 않으므로 가능하다.

이렇게 1+1 분양권을 신청한 경우, 소유권이전고시 이전에는 각각 나누어 판매하기 어렵고 함께 묶어서 매매해야 한다. 매수인은 기존의 조합원이 신청한 2개의 입주권을 그대로 승계하며 평형 조건을 변경할 수 없다. 소유권이전고시 이후에는 각각 나누어 매매가 가능하지만 소형주택인 60㎡ 이하는 소유권이전고시일의 다음 날부터 3년이 지나기 전에는 팔 수 없다.

투기과열지구의 경우에도 동일하게 1+1 분양권 신청이 가능하다. 하지만 관리처분인가 이후에는 다주택자가 되므로 조합원의 지위 승계가 어렵고, 양도소득세가 중과되므로 1+1의 장점이 작아져 대형 평형이나 현금 청산을 택하는 조합원들이 많다. 조합별로 사업성이 다르고 내부 방침에 차이가 있으니 개별적인 확인이 필요하다. 상가주택이라면 상가 1채와 주택 1채를 받을 수 있는데, 준공 이후 기간의 제한 없이 거래가 가능하다.

분양가상한제의 수혜자

최근 민간택지 분양가상한제의 도입으로 시장에 큰 영향을 미치고 있다. 일반 분양 물량이 많은 곳들이 크게 직격탄을 맞을 것으로 예상되는데, 수익 보전 방법으로 1+1 분양권이 선호되는 분위기이다.

많은 조합들이 1채는 조합원 분양가로 공급하고, 나머지 1채는 일반분양가의 80~95% 수준으로 공급한다. 일반분양가가 내려갈수록 1+1 수분양자는 이익을 보게 된다. 현장에 따라 차이는 있겠지만 분양가상한제로 인한 손실보다 1+1을 통해 더 많은 이익을 볼 수 있는 곳이 많다. 서울에서 현재 1+1 분양이 가능한 재개발 구역은 흑석 3구역과 9구역, 노량진 1구역, 이문 3구역이 대표적이며 재건축은 반포주공 1, 2, 4지구, 신반포 3차, 잠실 미성, 둔촌 주공 등이 있다.

TIP   **1+1 투자 포인트**

- 한 채는 반드시 60㎡ 이하여야 한다.
- 소유권 이전고시 이전에는 함께 거래해야 한다.
- 소유권 이전고시 이후에는 각각 거래가 가능하지만 60㎡ 이하 1채는 3년간 유보된다.

06
후불제 투자의 룰을 이해하자

투자의 성적표는 사업이 끝날 때까지 변할 수 있다

일반적인 부동산 투자는 투자기간 동안은 유지관리에 대한 부담이 있지만 부동산 자체에 큰 변화가 생기지는 않으므로 변화의 폭이 작은 편이다. 하지만 도시재생은 부동산 자체에 큰 변화가 생긴다. 낡은 부동산을 철거하거나 개선하여 새로운 부동산으로 만드는 과정에 엄청난 비용이 발생한다. 이 비용을 일반분양하는 수익금으로 충당하고, 가능하면 더 많이 남기려는 것이 조합의 역할이다.

도시재생사업의 초기 혹은 중간에 투자한다면 예상수익을 고려하여 추가분담금 등 비용을 추산한다. 비례율과 무상지분율은 사업의 성적표와 같은데, 최종적으로 사업을 종료할 때까지 계속 변할 수 있다. 짧게는 2~3년, 길면 10년 이상이 소요되므로 중간에 어떤 변수가 생기느냐에 큰 영향을 받는다.

140

서울 시내 대부분의 재개발, 재건축은 성공적이었고, 주택 가격도 계속 상승하는 추세였으므로 수익을 본 투자자들이 많았다. 하지만 그 이면에는 예상치 못한 각종 변수들이 있었다. 어떤 변수들이 발생할 수 있는지 정리해보자.

도시재생 연관투자에 영향을 끼치는 다양한 변수

정비구역이 예상치 못하게 변화할 수 있다

정비구역이 지정되기 전에 들어가면 정말 좋겠지만, 새로운 구역의 지정이 쉽지 않고, 오히려 해제되는 경우가 많다. 해제된 구역이 다시 지정되는 경우도 있다. 이런 상황은 노후도와 주민들의 여론, 정책적인 결정이 모두 영향을 미친다.

조합의 동의율이 기준에 못 미칠 수 있다

소유자와 조합원 간의 합의가 매우 중요한데 서로 이해관계가 달라 기준에 못 미칠 수 있다. 특히 상가 소유자들은 실속 있는 월세수익과 오랜 기간 만들어진 상권을 더욱 선호하기 때문에 동의를 잘 안 해준다. 동네에 오래 거주한 서민층도 투자 경험이 없거나 사업구조에 대해 이해가 부족해 기회로 살리지 못한다. 추가분담금에 대한 두려움과 이사하고 새 집에 들어가는 것을 불편해하는 고령자도 많다.

조합원 권리에 흠결이 발생할 수 있다

행정당국은 지분 쪼개기를 강하게 규제한다. 정비사업의 조합원이 돈이 되므로 투자자들이 자꾸 지분을 쪼개서 들어오려 하기 때문이다. 현재는 법이 개정되면서 이런 방법들이 막혔다. 한 명이 구역 내에 여러 채를 소유하고 있다가 각각 다른 투자자에게 팔거나 이미 다른 분양에 최근 당첨된 투자자가 조합원인 경우도 문제가 된다. 정상적인 경로로 투자했으나 그로 인해 조합원 분양을 받지 못하는 사례가 꽤 많다. 청산을 받으면 수익이 크게 떨어지므로 주의해야 한다.

사업의 진행에 문제가 발생할 수 있다

재개발이나 재건축은 사업의 규모가 클수록 이해관계가 복잡하다. 조합이 제대로 일을 처리하지 못하거나 이권에 개입하여 부패하는 경우도 있다. 사업의 방향을 두고 조합과 비대위 간 분쟁이 발생하기도 한다. 조합의 운영을 합리적이고 투명하게 관리하고 뚝심 있게 업무를 추진하는 곳이 좋다. 사업이 무한정 지연되거나 복잡한 송사에 휘말리면 투자자는 극심한 피로를 느낀다. 초보 투자자라면 가능한 사업이 복잡하지 않고 진행이 원활한 곳에 투자하기를 추천한다.

인허가가 원활하지 않을 수 있다

행정관청의 인허가가 쉽게 풀리지 않는 경우가 있다. 물론 조합들도 지나친 욕심을 내는 경우가 있다. 용적률과 층고 등 사업성을 개선하기 위해 무리한 요구를 하기도 한다. 대치동 은마아파트 재건축은 49층과 35층 안을 추진하다 인허가를 받지 못하였고 아직도 표류 중이다. 잠실 5단지 재건축도 건축심의를 통과하지 못하면서 안전진단 이후 10년째 표류하고 있다.

시공하는 건설사가 문제를 일으킬 수 있다

선분양인 만큼 모델하우스와 달리 실제 주택에는 여러 가지 문제들이 생긴다. 특히 저가 주택으로 갈수록 시공품질은 떨어진다. 또 다른 문제는 시공사의 건축 능력과 운영자금이 부족하여 지연되는 경우다. 심하면 공사 중간에 파산하기도 한다. 공사비가 너무 낮게 책정되어 있다면 사고가 발생할 확률이 높다. 악덕 건설업체들이 자신들의 이익을 극대화하려다가 조합과 분쟁이 발생하기도 한다. 건설사를 선택할 때 그간의 평판을 검토하는 것이 도움이 될 것이다.

규제의 변화가 영향을 미친다

최근 몇 년간 재건축 초과이익환수제, 분양가 상한제, 다주택자 규제, 조합원 거래 금지 등 다양한 규제들이 추가되었다. 민간택지 분양가 상한제를 관리처분 인가를 받은 사업장까지 적용한다. 이 제도가 도입되면 사업성에 큰 영향을 주어 사업 설계를 다시 해야 할 것이다. 심한 경우 사업의 진행이 보류되거나 무산될 수도 있다.

시세에 따라 일반분양가가 변할 수 있다

도시정비사업의 가장 큰 수익원은 일반분양의 매출이다. 결국 일반분양 가격은 당시 시장 상황과 주변의 시세에 영향을 받는다. 거시적인 경기가 좋을수록 당연히 시장에 유리하다. 경기가 최악의 상황이라면 분양을 미루거나 할인 분양을 하게 된다. 또한 주변의 시세에도 영향을 받는다. 인근 지역의 공급이 부족하다면 주택은 상한가를 기록할 것이고 이는 분양가에도 반영된다.

07

취득 단계에 따라
세금이 달라진다

관련 세금을 알아야 더 높은 수익을 얻을 수 있다

개인의 경제 활동에는 다양한 세금이 부과된다. 개인이 얻은 소득에는 소득세가 부과되며, 개인의 지출에 대해서도 세금을 내야 하는 일부 항목들이 있다. 물건을 구입할 때 부과되는 부가가치세, 부동산 또는 차량과 같은 일부 자산을 매입할 때 부과되는 취득세 등이 바로 그 예이다. 또 자산을 보유하고 있을 때 내야 하는 재산세, 종합부동산세 등도 있다.

투자를 고려할 때 세금에 대해 제대로 알지 못하면 그 투자에 대한 실질 투자 수익률을 계산할 수 없으므로 관련된 모든 세금을 파악해두는 것은 상당히 중요하다. 특히 부동산 투자의 경우에는 관련된 세금의 금액이 적지 않으며 동일한 투자에 대해서도 상황에 따라 부과되는 세금의 차이가 크기 때문에, 매매 타이밍에 따라 변화하는 세금을 계산해보는 과정이 반드시 필요하다. 세법이 규정하는 요건을 충족시켜서 세금을 감면받을 수도 있고, 미리 알았더라면 회피할 수 있었던 중과세를 피하지 못해 많은 세금을 내야 하는 경우도 발생하기 때문이다.

세금의 중요성을 알려주는 사례들

사례 1 : 김 씨와 이 씨는 동일한 재개발단지의 조합원입주권을 건물 철거 전후 시점에 며칠 간격으로 각각 6억 원에 매입했다. 이후 김 씨에게는 660만 원의 취득세가 부과된 반면, 이 씨에게는 2,760만 원의 취득세가 부과되었다.

사례 2 : 박 씨와 최 씨는 동일한 재개발단지의 조합원입주권을 매입했지만 잔금은 아직 치르지 않은 상태다. 매도자의 사정으로 소유권이전등기를 빨리 해달라고 해서, 박 씨와 최 씨는 5월 말에서 6월 초 사이에 며칠 사이 간격으로 등기를 했다. 이후, 같은 해에 박 씨에게는 재산세가 부과되지 않았으나 최 씨에게는 500만 원의 재산세가 부과되었다.

사례 3 : 조합원입주권과 주택을 보유한 김 씨는 조합원입주권을 양도한 후 1억 원의 양도차익이 발생하였고, 3,000여만 원의 세금을 납부하였다. 그런데 비슷한 상황이던 황 씨는 조합원입주권 양도 후 1억 원의 양도차익에 대해 세금이 전혀 부과되지 않았다.

도시정비사업과 관련한 세금은 일반 부동산 관련 세금의 틀을 따르지만, 도시정비사업만의 감면 혜택과 특이사항들이 있기 때문에 그 부분을 위주로 알아두어야 한다. 최근의 정부 동향은 부동산 관련 세금의 부담을 강화하고 있으며, 도시정비사업과 관련된 세금의 감면 혜택도 점차 줄여가고 있는 추세다(세금과 관련하여 좀 더 심화된 내용이 필요하다면 반드시 세무전문가인 회계사나 세무사에게 문의하기 바란다).

도시정비사업 투자자가 알아야 하는 세금의 종류

도시정비사업의 투자자는 관련 부동산의 매입 시에 취득세를 부담하며, 부동산 보유 중에는 재산세와 종합부동산세의 부담을 지게 된다. 도시정비사업과 관련하여 이사비용을 무상으로 지원받는 등 수입이 생기는 경우에는 그 수입에 대해서 소득세를, 부동산을 처분하는 시점에는 양도소득세를 납부해야 한다. 무상으로 부동산의 명의를 이전하는 등의 경우에는 증여세 또는 상속세가 발생할 수 있으니 유의해야 한다.

시기별로 납부해야 하는 세금의 종류는 다음과 같다.

| 시기별 세금의 종류 |

구분	세금의 종류	중요 시기
국세	소득세	이주, 청산
	양도소득세	사업시행계획인가, 관리처분
	종합부동산세	이주 시점
	상속세 및 증여세	관리처분, 준공
지방세	취득세	관리처분, 준공
	재산세	이주 시점

취득세

취득세는 법으로 정해진 자산을 취득할 때 납부해야 하는 세금이다. 부동산을 최초 취득하는 시점에 한 번 납부하는 것이 일반적이지만, 취득한 이후에 도시정비사업이 준공된다면 준공 시점에 새로운 취득이 발생한 것으로 보아 한 번 더 취득세를 납부해야 한다. 따라서 최초 취득 시에 한 번, 도시정비사업 준공 뒤에 한번, 총 두 번을 내게 된다. 다만 완성된 주택을 취득하게 되는 일반분양자는 준공된 주택에 대한 취득세만 한 번 내면 된다.

| 정비구역으로 지정된 주택의 준공 전 취득 시 취득세율(농특세 및 지방교육세 포함+전용 85㎡ 이하) **|**

구분	취득 시점	과세표준		세율
승계 조합원※	철거 전 (단전, 단수 기준)	매입가액 (주택의 매입으로 간주)	6억 원 이하	1.1%
			6억 원 초과 9억 원 이하	2.2%(세분화 예정)
			9억 원 초과	3.3%
	철거 후	매입가액 (토지의 매입으로 간주)	–	4.6%

※ 승계조합원 : 정비구역 지정일 이후 원조합원으로부터 부동산이나 입주권을 취득한 자(단, 다주택자는 별도 확인 필요)

    정비구역으로 지정된 주택을 취득하여 조합원 지위를 승계받으면, 취득 시점의 도시정비사업 단계에 따라 취득세가 달라지므로 유의해야 한다. 관리처분계획 확인가 후 철거(단전, 단수 기준)가 되었는지를 기준으로, 취득한 주택 및 부수토지를 주택으로 볼지, 토지로 볼지가 결정된다. 토지의 취득세율은 4.6%(부가세 포함)로 높고 단일세율이며, 주택의 취득세율은 취득금액에 따라 1.1~3.3%의 단계로 나뉘기 때문에 주택의 취득세율이 상대적으로 낮다. 특히 취득금액이 적다면 토지로 취급받는 경우와 주택으로 취급받은 경우의 취득세율의 차이가 상당히 크다.

    도시정비사업이 진행되고 있는 부동산을 보유하고 있는 자(조합원)는 준공 후에 취득세를 내야 하는데, 도시개발사업 및 재개발사업의 환지계획 및 관리처분계획에 따라 취득하는 토지 및 건축물에 대해서는 취득세를 2019년 12월 31일까지 면제한다(일몰기한을 2022년 12월 31일로 연장하고 감면율을 축소시킨 개정안이 2019년 8월 14일에 입법 예고되었음). 다만, 환지계획 등에 따라 취득하는 취득부동산의 가액 합계액이 종전 부동산 가액의 평가액을 초과하여 청산금을 부담하는 경우에는 그 청산금에 상당하는 부동산에 대해서는 취득세를 부과한다.

    재개발사업에는 국민주택 규모(85㎡ 미만)의 주택 취득에 대해서는 취득세 감면 혜택이 있으며 재건축사업은 감면 혜택이 없다. 그 외에는 재개발사업과 재건축사업의 준공 후 취득세율은 동일하며, 다만 사업의 특성에 따라 과세표준의 계산방법이 달라지는 것에 유의해야 한다. 준공된 주택을 취득하는 일반분양자는 일반주택의 취득세율을 적용받게 된다. 표로 정리하면 다음과 같다.

| 재개발 조합원 |

구분	면적	과세표준	세율
원조합원	85m² 이하	–	비과세(2019. 12. 31.까지)*
	85m² 초과	청산금(조합원 분양가 – 평가금액)	3.16%
승계조합원	85m² 이하	조합원 분양가 – 매입가액	2.96%
	85m² 초과	조합원 분양가 – 매입가액	3.16%

* 일몰기한의 연장 여부는 2019년 개정세법안(2019. 7. 25. 발표)에서는 다루고 있지 않음.

| 재건축 조합원 |

구분	면적	과세표준	세율
원조합원 및 승계조합원	85m² 이하	건축원가×세대당 면적비율	2.96%
	85m² 초과		3.16%

| 재개발 및 재건축 일반분양자 |

구분	면적	면적	과세표준	세율
일반분양자	6억 원 이하	85m² 이하	분양가 (부가가치세는 제외)	1.1%
		85m² 초과		1.3%
	6억 원 초과 9억 원 이하	85m² 이하		(매입가×⅔÷1억 원−3)+0.2%
		85m² 초과		(매입가×⅔÷1억 원−3)+0.4%
	9억 원 초과	85m² 이하		3.3%
		85m² 초과		3.5%

※ 다만, 연면적 또는 전용면적이 40m² 이하이며, 기준시가 1억 원 미만인 주택을 취득한 자가 1가구 1주택자에 해당한다면 그 주택의 취득은 취득세를 100% 감면한다(단, 다주택자는 별도 확인 필요).

취득세 감면 혜택은 재개발사업의 원조합원에게만 주어진다. 현재 적용되는 개정 전 규정과 앞으로의 개정안은 다음과 같다.

재개발사업의 취득세 감면 혜택 축소와 함께 주택의 취득세율 체계 변경이 입법 예고되면서, 투자자들에게는 관련 취득세의 부담이 상승할 것으로 예상된다.

| 취득세 감면 규정 |

구분	개정 전 규정	개정안(2020. 1. 1. 이후 적용)
감면 대상	원조합원이 부담하는 85m² 이하 규모 주택에 대한 청산금	현행과 같음
감면율	취득세 100% (최소납부세제 적용)	주택면적별 차등적용 • 60m² 이하 : 취득세 75% • 60∼85m² 이하 : 취득세 50%
감면 요건	제한 없음	1가구 1주택
일몰기한	2019. 12. 31.	2022. 12. 31.

※ 개정안은 2020년 1월 1일 이후 납세의무가 성립하는 때부터 적용되나, 사업시행계획이 인가되어 고시된 기존 사업의 경우에는 종전 감면 규정을 적용한다(단, 다주택자는 별도 확인 필요).

재산세 및 종합부동산세
취득 시점과 사업단계에 따른 재산세 부과 차이

재산세는 매년 6월 1일 현재 토지, 주택, 건축물 등 일정 재산을 소유하고 있는 자에게 납부의무가 있다. 6월 1일과 그 이전에 매매하는 경우에는 양수자에게 재산세가 부과되며, 6월 1일 이후에 매매하는 경우에는 양도자에게 재산세가 부과되기 때문에 각각의 경우에 세 부담을 고려하여 매매가액을 산정해야 한다.

재산세액은 공시가격과 공정시장가액비율에 따라 그 금액이 달라지므로 전년과 동일한 부동산을 보유하고 있더라도 공시가격의 증가 및 공정시장가액비율의 증가에 따라 산출세액이 크게 증가할 수도 있다. 따라서 납세자의 세부담 증가를 완화시키기 위해 세부담 상한 규정이 있다.

| 재산세의 세부담 상한 |

구분	공시 가격	세부담 상한
주택	3억 원 이하	전년도 세액 × 105%
	3억 원 초과 6억 원 이하	110%
	6억 원 초과	130%
토지·건축물	구분 없음	150%

또한 도시정비사업으로 주택이 멸실되어 토지로 전환되는 경우에, 멸실 전에는 주택의 재산세 계산방식이 적용되던 것이 멸실 후에는 토지의 재산세 계산방식을 따르게 되어 세부담이 크게 증가하는 경우도 있다.

종합부동산세 대상이 되는 고액 부동산의 기준과 세액공제

종합부동산세는 재산세의 연장 개념이며, 매년 6월 1일 소유한 부동산을 기준으로 관할 세무서장이 직접 결정 고지하지만 신고납부기한(12월 1일~12월 15일)에 직접 신고하는 것도 가능하다. 과세 대상이 되는 부동산은 다음과 같다.

종합부동산세는 해당 부동산의 공시가격을 개인별로 합산한 금액을 기준으로 계산하기 때문에 같은 금액의 부동산을 한 명이 보유했을 때보다 여러 명이 보유한 것이 세금 측면에서 훨씬 유리하다. 부부 중 한 명의 명의로 부동산을 보유했을 때보다 공동명의로 보유한 것이 종합부동산세가 훨씬 감소되는 것이다. 다만, 재산세는 개인별로 합산한 금액이 아닌 개별 부동산 가액을 기준으로 계산되기 때문에 공동명의나 단독명의나 세금 차이가 없다.

| 종합부동산세 세율 상향조정 |

과표 (대상)	일반			3주택 이상 + 조성대상지역 2주택		
	현행	개정		동명	노후주택 수	비율(%)
3억 이하 (1주택 17.6억 원 이하 다주택 13.3억 원 이하)	0.5%	0.6%	+0.1%p	0.6%	0.8%	+0.2%p
3~6억 (1주택 17.6~22.4억 원 다주택 13.3~18.1억원)	0.7%	0.8%	+0.1%p	0.9%	1.2%	+0.3%p
6~12억 (1주택 22.4~31.9억 원 다주택 18.1~27.6억원)	1.0%	1.2%	+0.2%p	1.3%	1.6%	+0.3%p
12~50억 (1주택 31.9~92.2억 원 다주택 27.6~87.9억원)	1.4%	1.6%	+0.2%p	1.8%	2.0%	+0.2%p
50~94억 (1주택 92.2~162.1억 원 다주택 87.9~157.8억 원)	2.0%	2.2%	+0.2%p	2.5%	3.0%	+0.5%p
94억 초과 (1주택 162.1억 원 초과 다주택 157.8억 원 초과)	2.7%	3.0%	+0.3%p	3.2%	4.0%	+0.8%p

공시가격 현실화율 70%, 공정시장가액비율 90%를 적용했을 경우

| 종합부동산세 1주택 보유 고령자 세액공제율 및 합산공제율 확대 |

현행				개정안			
고령자		장기보유		고령자		장기보유	
연령	공제율	보유기간	공제율	연령	공제율	보유기간	공제율
60세~65세	10%	5년~10년	20%	60세~65세	**20%**	5년~10년	20%
65세~70세	20%	10년~15년	40%	65세~70세	**30%**	10년~15년	40%
70세 이상	30%	15년 이상	50%	70세 이상	**40%**	15년 이상	50%
공제한도 : 고령자+장기보유 합계 70%				공제한도 : 고령자+장기보유 합계 80%			

놓치지 말아야 할
비과세와 중과세 요건

배당소득의 종류

도시정비사업의 진행 중에 조합원이 얻게 되는 이익이 조합원의 배당소득으로 간주되어 소득세를 납부해야 하는 경우가 발생한다. 조합원으로서 현금은 전혀 받지 못한 상황에서 세금만 내야 하는 경우도 발생할 수 있다. 세금 납부를 위해 현금 마련이 필요할 수도 있으므로, 미리 알고 대비해야 할 것이다. 도시정비사업 관련 배당소득의 종류는 다음과 같다.

조합원 이사비 지원금

조합원이 해당 조합으로부터 지원받는 이사비용 중 상환의무가 없는 금액(해당 금액이 정비사업조합이 부담하는 정비사업비에 포함되어 있는 경우로서 해당 금액이 일반분양분과 조합원분양분으로 배분되는 경우에는 일반분양분에 배분된 금액)은 소득세법의 배당소득에 해당된다.

일반분양의 이익으로 충당한 조합원 건축비 절감액

일반적인 정비사업은 조합원에게 분양할 주택 외에 여분의 주택과 상가 등을 추가로 건설하여 일반분양하고 그 대금으로 건축비를 충당한다. 이때 일반분양하는 주택 및 상가에서 발생하는 소득을 조합원분의 주택에 대한 건축비로 충당하는 경우, 그 조합원 건축비로 충당된 금액은 조합원의 배당소득에 해당된다.

해산에 의한 잔여재산 분배액

조합의 해산에 의한 청산이 종결된 이후, 조합에 잔여재산이 있을 때는 해산 당시의 조합원에게 배분한다. 이때 배분하는 재산의 원인이 수익사업 관련 이익인 경우 조합원의 배당소득으로 보아 과세한다.

이외 조합원에게 지원하는 기타 항목들

조합원에게 지원하는 이주비 대여금의 이자 또는 조합원에게만 지원하는 새시 비용 등은 조합원의 배당소득으로 보아 과세한다.

소득세법의 규정을 피하면서 지원받을 수 있는 방법

소득세는 '열거주의'를 원칙으로 하여 소득세법상에 열거되지 않은 수입에 대해서는 개인에게 과세하지 않는 것이 원칙이지만, 이의 악용을 막기 위해 이자소득과 배당소득에 대해서는 유사한 수입에 대해서 과세하는 '포괄주의'를 예외로

두고 있다.

도시정비사업과 관련하여 투자자가 얻는 혜택도 포괄주의의 적용을 받는다. 따라서 소득세법에 규정되시 않은 색다른 형태의 지원을 고안하더라도 그에 따른 이익은 배당소득으로 간주되어 과세될 가능성이 높다.

조합원 입주권 양도 시 세금 폭탄을 맞지 않으려면

조합원이 조합원 입주권 또는 다른 보유주택, 토지를 양도했을 때는 양도소득세를 신고하고 납부해야 한다. 이때 조합원 입주권은 실질적으로는 주택이 아니지만 세법상 주택으로 보는 경우가 있기 때문에 언제 주택으로 보는지 알아두어야 한다. 주택에 해당하는지 아닌지에 따라 다주택자의 중과세 규정 적용 여부가 달라지며, 1세대 1주택의 비과세 혜택 여부가 결정되기 때문에 조합원 입주권의 주택 판정 여부는 매우 중요하다.

조합원 입주권의 양도 시 1세대 1주택 비과세 요건

재개발 및 재건축사업(소규모재건축사업 포함)의 입주권으로서, 관리처분계획인가일과 주택의 철거일 중 빠른 날 기준으로 1세대 1주택이며, 양도일 현재 다른 주택을 보유하지 않은 경우(다만, 양도일 현재 당해 조합원 입주권 외에 1주택을 소유한 경우로서, 주택을 취득한 날부터 3년 이내에 조합원 입주권을 양도하는 경우는 예외로 함)에는 조합원 입주권의 양도소득세가 비과세된다.

도정법 개정 전의 도시환경정비사업상의 분양권, 뉴타운, 빈집정비사업, 자율주택정비사업 및 가로주택정비사업의 입주권은 비과세 대상 조합원 입주권에 해당되지 않는다.

조합원 입주권과 주택을 소유한 상태에서의 비과세 요건

원칙적으로는 양도소득세가 비과세되지 않으나, 비과세되는 예외 규정이 두 가지 있다.

첫 번째는 조합원 입주권을 보유한 상태에서 주택을 취득(대체주택)한 후에 대체주택을 양도하는 경우로써, 다음의 요건을 모두 충족해야 한다.

- 사업시행계획인가일 이후 대체주택을 취득하고 1년 이상 거주해야 한다.
- 재개발·재건축 주택이 완성된 후 2년 이내에 그 완성된 주택으로 세대 전원이 이사한 후 1년 이상 계속 거주해야 한다. (다만 취학, 근무상 형편, 질병 요양 및 그 밖의 부득이한 사유로 세대원 일부가 이사하지 못하는 경우를 포함)
- 재개발·재건축 주택이 완성되기 전 또는 완성된 후 2년 이내에 대체주택을 양도해야 한다.

두 번째는 주택을 보유한 상태에서 조합원 입주권을 취득하고 3년이 지난 이후에 종전 주택을 양도하는 경우로써, 다음의 요건을 모두 충족해야 한다.

- 재개발·재건축 주택이 완성된 후 2년 이내에 그 완성된 주택으로 세대 전원이 이사한 후 1년 이상 계속 거주해야 한다. (다만 취학, 근무상 형편, 질병 요양 및 그 밖의 부득이한 사유로 세대원 일부가 이사하지 못하는 경우를 포함)
- 재개발·재건축 주택이 완성되기 전 또는 완성된 후 2년 이내에 종전 주택을 양도해야 한다.
- 종전 주택은 1세대 1주택 비과세 요건(2년 이상 보유, 양도가액 9억 원 이하)에 해당되어야 한다.

조합원 입주권과 관련된 중과세 규정

2018년 4월 1일부터 조정대상지역 내의 주택을 양도하는 경우에는 다주택자에게 양도소득세의 중과세율을 적용한다. 이때 조합원 입주권은 주택 수에 포함되기 때문에 1주택과 1조합원 입주권을 보유한 자가 조정대상지역 내의 주택을 양도하는 경우에는 중과세율의 적용을 받는다. 단, 수도권 및 광역시·특별자치시 외의 지역에 소재하는 주택 또는 조합원 입주권으로서 해당 주택의 시가 또는 조합원 입주권의 가액이 양도 당시 3억 원을 초과하지 않는 주택 및 조합 입주권은 이를 산입하지 않는다.

조합원 입주권을 양도하는 경우에는 조합원 입주권에 대해 중과세율을 적용하지 않는다. 즉 주택 수의 계산에는 포함하지만 중과세율의 적용 대상에서는 제외된다.

조합원 입주권과 관련된 장기보유특별공제 규정

일반적인 토지와 건물 등 부동산의 양도로 발생하는 양도차익에 대해서는 보유 기간이 3년 이상인 경우부터 보유 기간에 따라 6~30%의 장기보유특별공제율을 적용한다(비과세 요건을 충족시키지 못한 1세대 1주택의 양도에 대해서는 24~80%의 공제율을 적용하며, 2020. 1. 1. 이후 양도에 대해서는 2년 이상 거주한 경우에만 1주택자 장기보유특별공제가 적용되고, 2021. 1. 1. 양도분부터는 보유기간과 거주기간에 따라 장기보유특별공제율이 보유기간 연4% + 거주기간 연4%로 적용됨). 조합원 입주권은 부동산이 아니라 부동산을 취득할 수 있는 권리이므로 장기보유특별공제 적용대상에 해당되지 않는다. 그러나 도시정비사업에 따른 조합원 입주권은 기존 부동산 취득일부터 관리처분계획 등 인가일까지의 기간은 장기보유특별공제를 적용해준다. 즉 조합원 입주권이 권리가 되기 이전인 부동산일 때의 기간에 대해서는 장기보유특별공제를 받을 수 있도록 한 것이다.

또한 기존 부동산을 관리처분계획인가일 이전에 취득하여 공사 완성 후 새로운 부동산으로 양도 시에는 다음과 같이 보유 기간에 따라 장기보유특별공제를 적용한다.

- 청산금 납부분 양도차익에서 장기보유특별공제액을 공제하는 경우의 보유 기간 : 관리처분계획인가일부터 신축주택과 그 부수토지의 양도일까지의 기간
- 기존 건물분 양도차익에서 장기보유특별공제액을 공제하는 경우의 보유 기간 : 기존 건물과 그 부수토지의 취득일부터 신축주택과 그 부수토지의 양도일까지의 기간

양도소득세의 중과세율은 앞으로 어떻게 될까?

부동산 투기를 억제하기 위해 정부가 시행한 부동산 관련 정책 중 가장 강력한 것이 바로 양도소득세의 중과세이다. 서울시 전역을 포함한 수도권 및 지방 일부 지역에 조정대상지역을 정하여 그 지역 내의 주택을 양도하는 다주택자(2주택 이상 보유자)에게는 중과세율을 적용받도록 했다. 그 결과, 3주택 이상 보유자가 지정지역 내의 주택 양도로 인하여 적용받을 수 있는 가장 높은 누진세율은 62%(지방소득세 포함 68.2%)에 육박한다.

양도소득세의 중과세율은 당해 정부의 정책에 따라 폐지되기도 하고 발의되기도 하는데, 2019년 12.16 주택시장안정화방안에서 1세대 1주택자 장기보유특별공제에 거주기간 요건을 추가하고 보유기간 기준으로 최대 80% 장기보유특별공제 적용을 발표하였다. 2022년까지는 양도소득세율이 낮아지지 않을 것으로 판단되며, 그 이후는 지켜봐야 할 것이다.

4장

$

3억 원으로 건물주 되기,
소규모주택정비사업

01

3억 원으로 건물주 되기, 2배의 개발 이익에 도전해보자

도시정비사업의 축소판, 소규모주택정비

소규모주택정비사업은 도시정비사업에서 알맹이만 추린 축소판이라 할 수 있다. 빈집 및 소규모주택정비법에 의한 소규모주택정비사업은 대규모 재개발이나 재건축이 어려운 구역을 개발할 수 있으며, 간소한 절차와 정책적 지원이 가장 큰 장점이다.

단순한 시세차익을 기대하는 부동산 투자에서 한 걸음 나아가 직접 개발에 참여하여 높은 수익을 만들 수 있다. 자율주택정비사업은 1~2인부터 시행이 가능한 가장 작은 규모의 정비사업으로, 일반적인 낙후주택의 단독개발에 비하여 세전 기준 2배에 가까운 수익률을 달성할 수 있다.

| 소규모 주택정비사업별 개요 정리 |

구분		빈집정비사업	소규모주택정비사업		
			자율주택정비사업	가로주택정비사업	소규모재건축사업
개념		빈집을 개량 또는 철거하거나 효율적으로 관리 활용함	노후 단독과 다세대주택을 새롭게 정비	가로요건과 노후도를 충족하는 구역에서 새롭게 정비	기반시설이 양호하지만 노후한 공동주택을 재건축
대상		1채 이상 빈집주택	단독, 다세대주택	단독주택+공동주택	공동주택
규모		• 1호 이상의 빈집 • 빈집정보시스템 빈집정비계획	• 단독 : 10호 미만 • 다세대 : 20세대 미만 • 단독, 다세대 합산 : 20세대 미만	• 단독 : 10호 이상 • 다세대 : 20세대 이상 • 단독+다세대합산 : 20세대 이상 • 평균 15층까지 가능	• 노후불량건축물 200세대 미만
		• 면적 : 제한없음	• 면적 : 제한없음	• 면적 : 1만㎡ 미만	• 면적 : 1만㎡ 미만
시행방식		• 수선, 보전, 정비, 개량, 수용, 철거, 신축	• 스스로 개량(건축협정형, 자율형, 합필형)	• 관리처분(사업시행에 통합)	• 관리처분(미동의자 매도청구)
시행자	개인 시행	• 빈집 소유자 또는 시장, 군수	• 1인(활성화지역) • 2인 이상 주민합의체	• 20인 미만 주민합의체 또는 조합	• 20인 미만 주민합의체 또는 조합
	공동 시행	• 주택공사, 건설업자, 사회적기업 등	• 시장, 군수, 주택공사, 등록건설업자, 리츠사, 신탁회사 • 공동시행조건 : 안전사고 우려 시 시장, 군수 등		
건축특례		• 법령 제개정으로 법령에 맞지 않는 빈집의 개축. 용도변경 가능	• 건축규제의 완화에 관한 특례 • 조경기준, 공지기준, 건축물의 높이제한 완화 • 임대주택 건설에 따른 특례, 용적률 완화		
		• 부지 인근의 노외, 노상주차장 사용권 확보 시 부설주차장 설치기준 완화 • 공동이용시설, 주민공동시설 설치 시 용적률 완화			

가장 큰 혜택은 낮은 금리로 풍부한 사업 비용을 대출받을 수 있는 것이다. 자율주택정비사업은 주택도시보증공사(HUG)로부터 총사업비의 50%를 1.5%의 금리로 융자받을 수 있다. 또 연면적 또는 가구 수의 20%를 장기임대주택으로 제공하면 총사업비의 70%까지 1.5%의 금리로 5년에서 최대 10년까지 융자받을 수 있

| 사업별 소요기간 비교 |

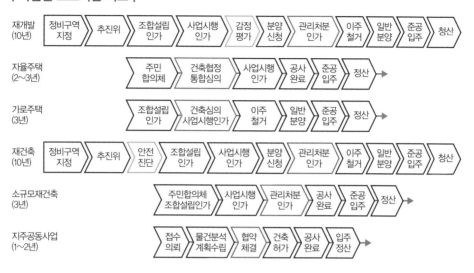

다. 지역에 따라 다르겠지만, 대출금을 활용하여 실투자금 3억 원으로 자율주택의 개발이 가능하다.

개발 후에는 매도하거나 안정적인 임대사업을 할 수도 있다. 유사한 규모의 일반 개발사업은 일반적으로 사업 비용의 50% 한도에서 10%대 중금리의 단기 대출을 받는다. 이는 단독개발과 비교할 수 없이 유리한 금융조건이며, 준공 후의 활용 방향이 부분적으로 확정되므로 사업의 위험성도 크게 낮아진다.

2종 일반주거지역에서 장기임대주택을 공급하면 200%에서 250%까지 완화된다. 또한 인접한 부지와 함께 개발 시 맞벽건축협정을 통하여 일조권 사선제한을 완화하고 단독개발보다 20~40%의 추가적인 용적률을 확보할 수 있다. 조경과 주차장 조건도 완화가 가능하여 이러한 모든 조건을 활용하면 상당한 수익률을 달성할 수 있다.

단독개발의 세전 수익률에 비해, 유사한 규모의 자율주택정비사업으로 2배 수

실투자금 3억 5,700만 원			예상수익 5억 7,000만 원 (1세대 2주택 3억 4,600만 원)	연간 임대 수익률 12.5%
매입가격	6억 원		매도가격 16억 5,000만 원	
추가비용 +	공사비 4억 원 취득세 1,900만 원	누적현금 수익	임대료 2억 7,600만 원 – 대출이자 5,200만 원	예상 매도 수익률 162%
기타비용 +	1억 원(확장수리 등)	양도세	5,000만 원(1세대 2주택 2억 8,000만 원)	
회수금액 –	대출금 7억 5,000만 원	투자기간	5년	1세대 2주택 수익률 97%

인근 필지와 맞벽건축협정. 5년간 임대 운영 후 매도. 100만 원 단위 반올림 및 절삭. 취득세는 철거 전 취득 기준으로 원취득세(650만 원)과 준공 후 취득세(1,250만 원)의 합으로 가정. 소득세, 재산세, 보증료 생략. 1세대 1주택 양도세 비과세 요건 기준, 2주택은 조정지역 내의 주택으로 일반세율에서 10% 중과세 계산. 본 수치는 예상치이며 사례를 단순화한 것으로 실제 수치와 차이가 있을 수 있음.

준의 놀라운 수익률도 가능하다. 초저금리의 풍부한 대출, 용적률 우대와 맞벽건축협정의 장점이 합쳐진 결과이다.

1인 개발, 자투리 땅도 개발할 수 있다

2018년 10월에 자율주택정비사업을 보다 활성화하기 위한 개정안이 시행되었다. 자율주택정비사업은 소유자가 2인 이상일 때 가능하지만, 도시재생활성화 지역에서는 주민합의체를 구성하지 않고 1인이 혼자서도 시행할 수 있게 된다. 기존의 단독주택과 다세대주택에서 연립주택까지 사업의 범위를 확대하였고, 농어촌 지역에서도 가능해졌다. 1인 단독소유자나 농어촌 지역에서의 자율주택사업이 크게 활성화할 것으로 기대된다.

낙후지역에는 중간중간 철거 후 방치되었거나 관리가 되지 않아 버려진 땅이 섞여 있는데, 그동안에는 자율주택정비 대상이 되지 않아 버려진 땅을 매입하거나 제외시키는 데 많은 어려움이 있었다. 하지만 이번 개정에서는 자율주택정비 사업지의 50% 이내에서 버려진 땅을 포함한 개발을 허용하였다. 활용도가 없어 세금만 잡아먹던 버려진 땅이 부활할 계기가 마련된 것이다.

자율주택 시범사례 등장

자율주택정비의 관련 법안이 마련된 지 오래지 않아, 2019년 4월 자율주택정 비사업 1호인 당산동(당산동 1가 158-10, 11, 12) 다가구주택이 준공되었다. 3인 소유 주의 주민합의체로 시작했으며 10개월의 공사 끝에 주택 18가구와 근린생활시설 의 5층 건물로 완성되었다. 주택 세대를 장기민간임대주택으로 활용하고 있으며 총사업비의 50%인 27억 1,000만 원을 1.5%의 저금리로 융자받았다. 주차비율에 서 인센티브를 받았고, 준공업지역으로 맞벽건축은 아니지만 건축물의 동 간 거 리를 좁힐 수 있었다.

자율주택정비 2호는 대전의 판암동 파사드빌로, 2019년 6월에 준공하였다. 2 인의 소유자가 시행했으며 임대형이 아닌 LH가 매입하는 형태로 개발하여 사업 의 리스크가 없었다. 혹시라도 LH의 매입단가가 마음에 들지 않으면 일반분양으 로 전환도 가능했다. 총 11개월의 기간이 소요되었고 1층에 2개의 근린생활시설, 9가구의 공공임대가 있으며, 1가구에는 주인이 직접 거주한다. 부지를 개발하여 LH에 적정 수익으로 매도하고 1개 주택에 직접 거주하여 투자와 거주를 동시에 해결한 것이다. 이 지역은 지구단위가 해제된 구역으로, 지역 내의 첫 사례인 만 큼 모든 것이 순조롭지는 않았다. 관련 시행규칙도 없었고, 서류준비와 공사 진행 과정에서도 문제점이 노출되었다. 관공서도 아직 준비가 되어 있지 않았고, 소유 자들도 개발의 경험이 부족했던 것이다.

| 당산동의 자율주택 1호 수 하우스 |

주택개발을 염두에 둔 초보 투자자는 자율주택정비에 관련한 교육과정을 사전에 이수하거나 전문업자에게 컨설팅을 받기를 추천한다. 또한 저가 시공과 발주는 공사 품질의 유지에 문제를 줄 수 있으니 합리적인 가격으로 발주해야 한다.

자율주택 마을에 투자해보자

㈜수목건축은 건축협정을 활용한 자율주택정비단지인 '옐로우트레인'이라는 브랜드를 개발하였다. 현재 정비계획이 해제된 제기 5구역의 17개 필지(305평)에 8개 동의 빌라 단지를 개발하는 '옐로우트레인 제기'를 추진 중이다. 17개 필지의 소유주가 그대로 유지되는 필지 보존형으로 소유권에 대한 분쟁을 없앴고, 맞벽 건축을 통해 건축연면적과 용적률을 극대화했다. 또한 모든 단지를 세련된 유럽식 디자인으로 통일하고, 근린생활시설과 함께 도서관, 키즈카페 등 커뮤니티 시

| 건축협정형 자율주택 단지 '옐로우트레인 제기' |

이미지 제공 : 수목건축

설을 설치한다. 커뮤니티 시설은 주민 간의 협의로 결정하는데 만약 1개 동만 단독으로 개발한다면 생각하기 어렵겠지만, 단지의 규모가 꽤 크고 대지면적과 용적률에도 여유가 있기에 가능했으며 입주민의 만족도를 크게 높일 것으로 보인다. '옐로우트레인 제기'는 2019년 8월 통합심의를 마쳤고, 2020년 입주할 예정이다. 단지가 완성되면 주변의 낡은 주택들과는 크게 차별화되는 주택단지로 거듭날 것이다. 자율주택단지 투자의 새로운 모델로 기대된다.

TIP   **자율주택정비사업의 장점**

- 최소면적 단위가 없다.
- 1인 개발과 버려진 자투리 땅의 활용할 수 있다.
- 3억 원으로 건물주가 되어 임대사업을 할 수 있다.
- 지주가 많이 모일수록 수익률과 가치가 올라간다.

02

빈집정비사업,
불 꺼진 빈집도 되돌아보자

빈집정비사업은 빈집을 개량하거나 새로운 주택으로 건축하고 필요에 따라 정비기반시설과 공동이용시설을 공급하는 사업을 말한다. 2018년 '빈집 및 소규모주택 정비에 관한 특례법'이 제정되면서 보다 쉽게 빈집 정비를 할 수 있는 법적인 근거가 마련되었다. 그럼 빈집은 과연 얼마나 있으며, 어떻게 개발해야 할까?

빈집은 얼마나 있을까?

빈집이란 관공서에서 확인한 날부터 1년 이상 아무도 거주하거나 사용하지 않는 주택을 말한다. 신축 후 5년이 경과하지 않은 미분양주택이나 별장, 오피스텔은 제외한다.

주택의 종류		계	단독주택	아파트	연립주택	다세대주택	비거주용 건물 내 주택
건축 연도	2017년	65,401	724	51,995	3,007	9,462	213
	2016년	37,170	702	24,792	2,783	8,640	253
	2015년	31,479	631	22,236	2,657	5,737	218
	2014년	28,896	720	20,405	1,434	6,130	207
	2013년	32,101	683	16,418	2,075	12,746	179
	2012년	33,993	769	15,854	1,887	15,285	198
	2011년	24,050	942	13,206	1,084	8,637	181
	2010년	17,472	1,040	12,541	411	3,338	142
	2005~2009년	75,910	5,085	57,987	2,900	9,045	893
	2000~2004년	145,536	6,615	86,921	5,563	44,818	1,619
	1990~1999년	345,800	23,734	245,271	15,671	56,537	4,587
	1980~1989년	161,187	26,620	89,236	20,541	21,123	3,667
	1979년 이전	265,712	241,432	12,758	4,259	3,688	3,575
	합계	1,264,707	309,697	669,620	64,272	205,186	15,932

출처 : 통계청

　　2017년을 기준으로 전국에는 126만 4,000채의 빈집이 있다. 1990년대에 건축한 건물의 비중이 가장 높고 다음으로 1979년 이전에 건축한 건물이 많다. 아파트의 비중이 66만 9,000세대로 가장 많으며 단독주택 30만 9,000호, 다세대주택 20만 5,000세대도 빈집이다. 빈집은 고령화와 함께 인구 감소가 예상되는 2023년 이후로 지방이나 외곽 지역부터 더욱 늘어날 것으로 예상된다. 2017년에 건축된 주택 중에는 6만 5,000여 세대가 빈집이며 미분양과 미입주 물량으로 파악된다. 전국 현황이므로 미분양이 심각한 외곽지역의 상황이 반영되었다.

　　서울에는 9만 3,000채의 빈집이 있는데 1980년대와 1990년대 건축물의 비중

주택의 종류		계	단독주택	아파트	연립주택	다세대주택	비거주용 건물 내 주택
건축 연도	2017년	3,526	9	1,726	40	1,745	6
	2016년	1,208	X	351	37	817	X
	2015년	817	X	226	20	566	X
	2014년	1,553	X	985	50	510	5
	2013년	2,184	X	1,000	80	1,101	
	2012년	2,459	X	1,083	92	1,282	
	2011년	2,303	X	1,046	31	1,225	
	2010년	1,249	X	701	9	535	X
	2005~2009년	6,235	14	4,423	152	1,622	24
	2000~2004년	17,941	22	7,439	635	9,790	55
	1990~1999년	23,662	60	11,019	2,122	10,251	210
	1980~1989년	21,688	224	14,095	1,846	5,226	297
	1979년 이전	8,518	2,982	2,982	707	1,520	327
합계		93,343	3,311	47,076	5,821	36,190	924

출처 : 통계청

이 2만여 채씩으로 가장 높다. 1979년 이전의 건축물은 8,518채로 의외로 비중이 낮은 편이다. 40년 이상 오래된 건축물들도 입주율이 높거나 아니면 대부분 정비가 끝난 것으로 파악된다. 한편 전체 빈집 물량의 90%를 아파트와 다세대주택이 차지하고 있다.

빈집으로 방치될 정도이면 입지나 환경이 극히 열악한 경우가 많다. 임대를 주고 싶어도 세입자를 구하기가 어렵고, 매도도 쉽지 않아 빈집이 되는 것이다. 이런 주택들이 오랜 기간 방치되면 보기에도 좋지 않으며, 쓰레기가 무단 투기되거나 우범지대로 변할 수 있다. 이런 현상은 하향여과를 부추겨 인근 지역의 슬럼화를 가속화한다. 빈집의 악순환이 발생하는 것이다. 빈집 문제가 점차 커지면서 정부도 '빈집 및 소규모주택 정비에 관한 특례법'으로 보다 적극적인 해결을 모색하게 되었고, 빈집을 활용하는 '도시재생 프로젝트'를 가동하게 된다. 한국감정원은 빈집정보시스템을 구축하여 체계적인 관리를 시도하고 있다.

빈집정비사업의 조건과 시행

시장이나 군수는 빈집의 실태가 파악되면 빈집정비계획을 수립한다. 빈집정비계획은 기본적인 방향과 추진 계획, 시행 방식, 재정 계획을 포함하며 주민과 이해관계자의 의견을 수렴하여 결정한다. 사업대상은 1채 이상의 빈집이면 가능하며, 면적의 제한도 없다. 빈집의 소유자가 직접 시행하거나 시장·군수, 한국토지주택공사, 등록건설업자, 사회적기업, 협동조합도 시행에 참여할 수 있다. 시행방식은 내부 수선, 개축, 증축, 대수선, 용도 변경 또는 전체를 철거한 후 신축할 수도 있다. 필요에 따라서는 공동이용시설이나 기반시설을 설치할 수 있다. 만약 안전사고나 범죄가 우려되고 환경미관상 큰 문제를 줄 때는 철거할 수도 있다.

불 꺼진 빈집 살리기

오랜 기간 빈집으로 방치된 건물은 현 상태로는 경제적인 효용가치가 거의 없다는 것을 보여준다. 따라서 입지나 건축물의 현황을 냉정히 파악하여 어떻게 되살릴 수 있을지 판단해야 한다.

우선 법령 개정으로 기존 빈집의 연면적 내에서 개축과 용도 변경이 가능하게 되었다. 공동이용시설과 주민공동시설을 설치하면 용적률의 완화가 가능하다.

주차장도 부지 인근의 노외, 노상주차장의 사용권을 확보하면 주차장 설치 기준을 완화할 수 있다. 서울시는 빈집의 개량비용 및 경관 개선을 위한 비용의 50%를 보조하고, 정비기반시설 및 임시 거주시설의 사업비와 이주보상비, 건축비용의 60% 내에서 융자해준다. 만약 토지주택공사 등과 공동으로 시행하면 80%까지 융자한도를 늘릴 수 있다. 그렇다면 빈집이 경제적인 효용가치, 또는 사회공익적인 효용가치를 만들어낼 수 있는 방법은 무엇일까?

임대주택

공공임대주택이나 준공공임대주택을 건설하면 특례가 있다. 전체 연면적 대비 임대주택이 20% 이상이면 시·도 조례가 아닌 관계 법령에 따른 용적률의 상한까지 건축이 가능하다. 또한 주거 전용면적이 85㎡ 이하로 8년 이상의 의무 임대 기간과 임대료 기준을 충족하는 다세대주택이나 다가구주택을 건설하면 주차장 기준을 완화해준다. 임대주택을 건설한 뒤에는 임대 관리 업무를 한국토지주택공사에 위탁하여 운영 부담을 덜 수 있다. 서울시는 '빈집 살리기 프로젝트'를 통해 리모델링 비용의 50% 한도 안에서 지원하고 임대관리를 맡는다. 사회초년생이나 대학생들의 셰어하우스 임대에 주로 사용하며 토지임대부 사회주택, 리모델링형 사회주택의 형태로 발전하고 있다.

숙박시설

만약 빈집의 위치가 관광이나 숙박에 적합하다면 숙박·민박시설로 활용하는 것도 고려해볼 만하다. 농어촌민박업과 외국인 관광 도시민박업은 기존부터 있던 제도로, 충분히 알려졌다. 하지만 에어비앤비와 같은 공유민박업은 해외에서는 이미 활성화되었지만 국내에서는 아직 초기 단계이다. 현재 공유 서비스에 관한

구분	공유민박업	외국인 관광 도시민박업	농어촌민박업
도입 시기	2019년	2012년	1995년
이용 대상	도시(전용 주거지역 제외)	도시	농어촌
허용 지역	내외국인	외국인	내외국인
허용시설	아파트, 단독, 다가구, 다세대, 연립주택, 오피스텔, 원룸	아파트, 단독, 다가구, 다세대, 연립주택(오피스텔, 원룸 불가)	단독, 다가구주택
주택 크기	230㎡ 미만	230㎡ 미만	230㎡ 미만
영업가능일	연간 180일(조례)	연간 365일	연간 365일
거주 의무	유	유	유

법제화가 한창 진행 중이며 시장에서의 파급력이 큰 만큼 기존의 전문숙박업과의 충돌을 고려하여 신중하게 허용하는 분위기이다. 주인이 거주하면서 외국어가 가능하고 서비스 마인드도 갖추어져 있어야 한다. 위 표에서 관련 조건을 확인해볼 수 있다.

공공문화시설

빈집을 주민과 예술가, 작가들의 작업공간으로 재활용할 수 있다. 예술가 등 비용 부담을 느끼는 이들에게 무상으로 또는 저렴한 비용으로 임대하여 내부를 리모델링하고 되살라는 것이다. 공간의 지원을 통해 다양한 창작활동이 이루어지면 지역의 다양성과 활력을 이끌어낼 수 있다. 북카페나 아카데미, 교류시설 등으로 활용한 사례도 있으며, 유동인구가 받쳐준다면 근린생활시설로 사용하여 영업에 활용할 수도 있다.

03

일몰제, 정비사업
해제가 기회다

일몰제 해당 요건

'일몰제'는 법률의 효력이 일정 기간을 지나 자동적으로 없어지는 것을 말하며 재개발과 재건축 모두에 해당한다. 2018년을 기준으로 서울시에는 누적 258개의 정비해제구역이 있다. 이에 더해 2020년 3월에는 손을 타지 않은 새로운 구역들이 한꺼번에 나올 가능성이 높다. 바로 일정 기간 동안 사업에 진척이 없던 정비구역에 대해 시·도지사가 직권으로 해제하는 일몰제가 예정되어 있기 때문이다. '도시 및 주거환경 정비법'(이하 도정법)에 의한 일몰제 해당 요건은 다음과 같다.

- 정비구역 지정 예정일부터 3년 동안 지정을 신청하지 않은 경우
- 정비구역 지정 후 2년이 지나도록 추진위원회를 설립하지 않은 경우

- 추진위원회 없이 조합설립에 3년을 넘긴 경우
- 추진위원회 설립 후 조합설립에 2년을 넘긴 경우
- 조합을 설립한 이후 사업시행인가의 신청까지 3년을 넘긴 경우
- 토지 등 소유자가 정비구역 지정된 후 5년 동안 사업시행인가를 신청하지 않은 경우

만약 토지 등 소유자 30% 이상의 동의로 일몰제 도래 전에 연장을 요청하거나 존치가 필요하다고 인정되면 연장할 수 있다. 하지만 이는 지자체장의 재량이므로 성향에 따라 연장이 어려운 경우가 많다. 또한 도정법의 개정으로 2019년 10월 24일부터 추진위원회가 구성되었거나 조합이 설립된 정비구역에서 소유자 과반수의 동의로 해제를 요청하면 시장의 직권으로 해제가 가능해졌다.

일몰제와 사업해제 요청제도로 차츰 많은 구역들이 해제될 수 있다. 한꺼번에 새로운 투자 기회가 쏟아진다고도 볼 수 있다.

운명의 기로에 선 구역들

재개발 일몰제는 사업의 다음 단계로 일정 기간 동안 진행되지 않는 경우 재개발 정비구역의 지정, 조합, 정비사업을 해산한다. 2012년 1월 31일 이전에 정비구역으로 지정된 곳은 2020년 3월까지 조합설립 신청을 하지 않으면 구역이 해제되는데, 서울시에만도 14곳 이상이 후보에 올라 있다.

은평구의 증산 4구역은 2014년 추진위원회 승인 후 2년이 넘도록 조합을 설립하지 못했고, 2016년에 연장 신청을 했으나 서울시가 동의하지 않고 소송에서도 패해 구역해제 대상이다. 조합설립 요건을 아직 충족하지 못한 구역들도 움직임

이 분주하다. 재개발의 조합설립을 위해서는 토지 등 소유자의 75% 동의와 토지 면적 기준 50% 이상의 동의가 필요하다.

2019년 7월 현재 장위 3구역, 길음 5구역은 최근 조합설립을 완료하며 일몰제를 피했고, 서대문구 창천동과 마포구 노고산, 신수동의 신촌 도시정비형 재개발 구역도 최근 연장을 완료했다. 성수 2구역, 자양 7구역, 가재울 7구역, 방배 7구역, 북가좌 6구역 등은 70%대의 동의율로 속도를 높이고 있다. 세운 2구역, 흑석 1구역, 신길 2구역, 봉천 1-1구역, 성수 1구역, 미아 4-1구역, 신설 1구역, 전농 8구역과 12구역은 동의율이 부족하여 일몰제의 해제 가능성이 높아지고 있다. 반면 흑석 11구역, 마천 4구역은 일몰기한을 연장하여 사업의 추진이 가능하다.

재건축에도 동일하게 일몰제가 적용되는데, 서울시에는 23곳이 대상이며 강남 3구와 강북지역 일부가 포함된다. 압구정 현대아파트 등 3구역, 반포동 신반포 궁전아파트, 신반포 2차, 4차, 25차, 여의도 광장아파트 등이 일몰제의 대상으로 유력하며, 앞으로 어떤 대안을 내놓을지 주목된다. 부활이 예고된 민간택지 분양가상한제도 재건축사업에 영향을 줄 것이다.

패자부활전이 가능한 해제구역

정비구역 투자자의 입장에서는 정비사업이 무사히 완료되어야 하겠지만, 만일 해제되더라도 새로운 선택지가 있다. 소규모주택정비사업에 투입되는 비용과 사업 소요 기간을 생각해보면 매우 현실적인 대안이 될 수 있다.

7호선 보라매역 앞 신길 6구역은 동의율 부족으로 2017년 8월 정비구역에서 해제되었고 1, 2, 4, 15, 16구역도 잇달아 해제되었다. 그러나 이후 개별적인 개발과 소규모정비가 이루어지며 꾸준히 지역이 개선되어 평당 가격이 2,800~3,000만 원 수준까지 상승했다. 소규모정비제도가 개선된 만큼 개별적인 개발보다 적정한 규모로 부지를 합치고 혜택을 극대화하여 개발하면 보다 좋은 결과가 가능할 것이다. 현재 6구역의 일부 지역이 소규모 주택의 개발을 추진하고 있다.

안암동 고려대 앞 제기 5구역은 구역이 해제된 후 8개 동 규모의 자율주택정비사업을 추진 중이다. 노후된 단독주택지역이 깔끔한 유럽풍 공동주택단지로 변화할 예정이며, 구역해제 이전보다 훨씬 빠른 속도로 내년 입주를 앞두고 있다. 토지 소유주들은 소유권의 복잡한 변동 없이 단독개발에 비해 훨씬 높은 수익률을 얻을 것으로 예상하고 있다.

장위뉴타운에서 해제된 장위 11-2구역은 주변의 11-1구역, 15-1구역과 함께 가로주택정비사업을 추진 중이다. 역시 노후된 단독주택지역이 600여 가구의 역세권 아파트 단지로 변화할 예정이며, 현재 뉴타운이 추진 중인 구역보다 입주도 빠를 것으로 예상한다. 수익률 측면에서도 뉴타운에 못지않을 것으로 기대되고 있다.

TIP　　　　　　　　　　　　　　　　　　　　　　　　　**일몰제는 기회이다**

• 일몰제로 해제되는 구역들은 손을 타지 않은 따끈따끈한 투자처이다. 소규모 정비 투자의 새로운 기회가 될 수 있다.

| 구역해제 현황(2018년 말 기준) |

자치구	구역명	사업 구분
강동구	천호 178, 천호 40	주택정비형 재개발
	성내 16	재건축
	천호 2, 성내 2, 성내 4, 천호 1, 2, 3, 4, 5, 7, 9 존치정비	도시환경(재정비촉진지구)
	둔촌 70, 고덕 2-1, 고덕 2-2, 천호 6, 암사 514, 고덕 1	재건축
	천호 4, 5, 7 존치정비	재건축(재정비촉진지구)
강북구	강북 1, 강북 8, 미아 1, 강북 4	도시환경(재정비촉진지구)
	수유 8, 수유 10, 미아 18, 수유 11, 우이 2, 수유 6	재건축
	미아 16	주택정비형 재개발
강서구	등촌 567, 등촌 22	재건축
	방화 1, 4, 7, 8 존치정비	재건축(재정비촉진지구)
관악구	서원 1, 난곡 1, 난항 1, 난곡 2, 봉천 7-1, 봉천 6-1, 봉천 9-1, 봉천 8-1, 신림 1657-33, 남현 1072, 봉천 1646	재건축
광진구	구의 3	재건축
	구의 1, 구의 2, 자양 2, 자양 2 존치정비	도시환경(재정비촉진지구)
	구의동 592	재건축
구로구	가리봉 재정비	도시환경(재정비촉진지구)
	구로 1, 개봉 2, 개봉 4, 오류 1	재건축
	궁 11	재건축(공동)
	개봉 1	주택정비형 재개발
금천구	시흥 11, 독산 2, 독산 4, 독산 5, 가산 1, 독산 18, 독산 20, 시흥 19, 시흥 21, 시흥 22, 시흥 23, 독산 2	재건축
	시흥 1, 시흥 2 구역	재개발(재정비촉진지구)
노원구	상계 3	재개발(재정비촉진지구)
	공릉 11, 공릉 12, 공릉 2, 상계 1	재건축
도봉구	도봉 1, 방학 4, 방학 6, 방학 7, 쌍문 8, 쌍문 9, 쌍문 10, 창 14, 창 15, 쌍문 12, 쌍문 11, 쌍문 2	재건축
	도봉 3, 창 244	주택정비형 재개발

자치구	구역명	사업 구분
동대문구	이문 2	재개발(재정비촉진지구)
	장안 19, 장안 17, 용두 8, 장안 14, 장안 15, 장안 18, 장안 21, 휘경 22	재건축
	용두 5, 제기 15, 용두 51, 제기 5	주택정비형 재개발
동작구	상도 13, 상도 7, 상도 5, 상도 6	주택정비형 재개발
	흑석 10	재개발(재정비촉진지구)
	대방 1, 상도 2, 상도 3, 사당 12, 상도 17, 사당 71-6	재건축
마포구	신수 13, 연남 1, 대흥 15, 공덕 18, 망원동 439, 성산 165	재건축
	염리 4, 염리 5	재개발(재정비촉진지구)
서대문구	홍은 8, 홍제 12, 합 23, 충정로 1	주택정비형 재개발
	홍제 2, 남가좌 11, 연희 15, 남가좌 12, 북가좌 3, 북가좌 4, 홍은 22, 북가좌 2	재건축
	홍은 1, 홍제 1	도시환경(재정비촉진지구)
서초구	방배 8	재건축
성동구	송정 1	재건축
	사근 1, 마장 24	주택정비형 재개발
성북구	정릉 3, 종암 2, 정릉 4, 안암 23, 석관 1, 종암 3, 정릉 5, 정릉 1	재건축
	신길 2, 신길음 3, 신월곡 3	도시환경(재정비촉진지구)
	장위 12, 장위 13	재개발(재정비촉진지구)
	종암 7, 성북 4, 정릉 3, 정릉 8, 동선 3, 삼선 3	주택정비형 재개발
	길음 4, 장위 8, 장위 9, 장위 11	재개발(재정비촉진지구)
	월곡 4, 동선 1, 성북 3, 장위 15	주택정비형 재개발
송파구	마천 2	재개발(재정비촉진지구)
	송파 100, 오금 143	재건축
양천구	신정 1-5	재개발(재정비촉진지구)
	신월 2, 신월 6	재건축
	신월 1	주택정비형 재개발

자치구	구역명	사업 구분
영등포구	대림 9	재건축
	신길 밤동산, 당산 2	주택정비형 재개발
	신길 16, 신길 2, 신길 4, 싱길 15	재개발(재정비촉진지구)
	영등포 1-1, 영등포 1-5, 영등포 1-6, 영등포 1-8, 영등포 1-9, 영등포 1-10, 영등포 1-15, 영등포 1-17, 영등포 1-18, 영등포 1-20, 영등포 1-21, 영등포 1-22, 영등포 1-23, 영등포 1-24, 영등포 1-25, 영등포 1-26, 영등포 1-7, 영등포 1-19	도시환경(재정비촉진지구)
	신길 1, 신길 6	재개발(재정비촉진지구)
	양평 11	도시환경
용산구	원효로3가 1	재건축
	한남 1, 이태원 260	주택정비형 재개발
은평구	불광 8, 갈현 2, 신사 4, 신사 3	주택정비형 재개발
	수색 14	재개발(재정비촉진지구)
	증산 1, 수색 10	도시환경(재정비촉진지구)
	불광 1, 신사 23, 구산 4, 구산 5, 갈현 12-248, 응암 2, 구산 1, 역촌 2	재건축
	증산 1 존치정비	재건축(재정비촉진지구)
종로구	명륜 4, 필운 1, 체부 1, 누하 1	주택정비형 재개발
	신영 1	재건축
	돈의문 4 존치정비	도시환경(재정비촉진지구)
	사직 2	도시환경
	옥인 1, 충신 1	주택정비형 재개발
중구	신당 4, 신당 10	주택정비형 재개발
중랑구	중화 3, 묵 4, 중화 2, 면목 15, 묵 1, 중화 22, 묵 166-33, 묵 173-23, 중화 274-5, 신내 579	재건축
	중화 2	재개발(재정비촉진지구)
	중화 2	도시환경(재정비촉진지구)

(2018년 말 기준, 서울시 자료 참조)

건축물 간 협정으로 수익률을 올리자

"백지장도 맞들면 낫다."라는 속담은 바로 소규모주택정비사업에 적용되는 말이다. 대지의 크기가 작고 용적률과 일조권 제한으로 사업성이 불투명하거나, 도로가 없는 맹지거나 예쁘지 않은 대지 모양으로 건축설계에 어려움이 있을 수도 있다. 주차장과 공공시설, 계단, 엘리베이터, 조경을 설치할 공간 부족의 문제도 수시로 발생한다.

건축협정은 건축법에 근거하여 2개 이상의 대지 소유주들이 건축행위에 대한 협정을 체결하면 하나의 대지로 보아 건축물을 신축 혹은 개축할 수 있는 제도로, 위와 같은 문제들을 해결할 수 있는 효과적인 대안이다. 그러나 먼저 건축의 종류와 세부사항에 대해 주민들 간의 합의가 이루어져야 한다. 개별적인 개발과 비교하면 다음과 같은 장점이 있다.

여러 대지를 하나의 대지로 간주한다

작은 면적의 대지보다 넓은 면적의 대지를 확보하게 되며 사업성이 좋아진다. 모든 대지는 4m 이상의 도로에 2m 이상 접해야만 건축이 가능한데, 도로와 접하지 않은 맹지라도 다른 도로에 접한 토지와 건축협정을 하면 건축이 가능하다. 그리고 각각에 적용되는 북측 토지 일조권과 사선 규정이 적용되지 않아 용적률 손실이 줄어든다. 계단, 조경시설, 주차장, 하수처리시설도 전체 면적을 활용해 배치할 수 있으므로 공간적인 여유가 생긴다. 보다 많은 세대수가 가능하고 넓은 공용공간이 확보되어 거주자의 만족을 높일 수 있으며, 지하 주차장도 크게 넓어진다.

| 건축협정에 따른 건축 예시 |

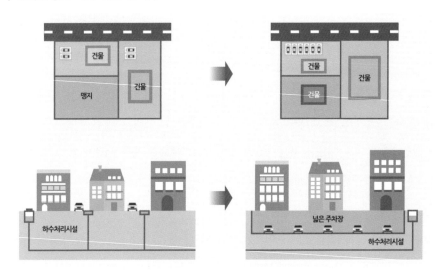

※ 건축협정을 통하면 맹지에도 건축이 가능하다. 지하주차장이 넓어지고, 하수처리시설의 설치가 쉽다. (서울시 자료 참조)

토지구획의 깔끔한 정리가 가능하다

소규모주택정비사업을 하는 대지들은 못생기고 선이 거친 경우가 많다. 건축협정지역은 60㎡ 미만의 작은 토지도 분할이 가능하여 반듯하게 구획을 정리할 수 있고, 반듯한 건축선으로 건축면적 확보에 유리하다.

| 건축협정에 다른 구획 정리 예시 |

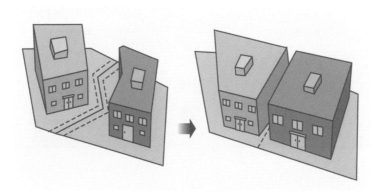

※ 토지구획선의 정리로 깔끔한 건축이 가능해진다. (서울시 자료 참조)

맞벽, 합벽건축이 가능하다

모든 건축물은 대지경계선에서 50㎝ 이상 안쪽으로 건설이 가능하다. 인접한 두 대지에 각각 건설할 때는 50㎝씩 양쪽으로 떨어져야 하므로 총 100㎝의 공간 손실이 발생한다. 맞벽건축을 하게 되면 각각 25㎝씩 떨어져 건물 간 50㎝ 간격으로 건축이 가능하다. 나아가 합벽건축을 하게 되면 경계선을 공유하여 건축이 가능하며, 용적률과 건폐율의 통합 적용이 가능하다. 또 계단을 통합 적용하면 경계선에도 설치가 가능하므로 공간의 효율을 극대화할 수 있는 장점이 있다.

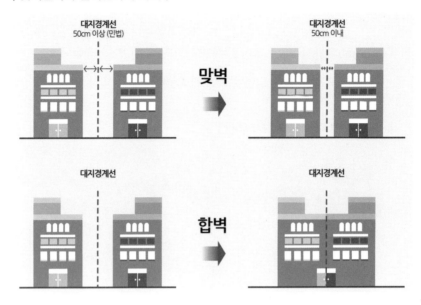

높이, 용적률, 조경 완화 특례

건축협정 시 너비 6m 이상의 도로에 접하는 경우 가로구역 높이 기준을 20% 범위에서 완화할 수 있다. 또한 '국토의 계획 및 이용에 관한 법률'에 따른 건폐율, 용적률의 최대한도를 20% 범위에서 완화가 가능하다. 단 용적률 완화는 건축위원회, 지방도시계획위원회의 심의를 거쳐야 한다. 대지의 조경을 도롯가에 통합하여 설치하면 20% 범위에서 완화해준다.

주차장, 임대주택, 공동이용시설 특례

이 내용은 건축협정이 아닌 자율주택정비사업의 특례이지만 건축협정방식으로 자율주택사업의 시행 시 함께 적용되므로 참조하도록 하자. 사업시행자가 인근의 직선거리 300m, 도보거리 600m 이내에 노상 또는 노외 주차장 사용권을 확보하면 주차 대수의 30% 미만의 범위 내에서 설치 기준을 완화해준다. 신설 주택의 20% 이상을 공공임대주택으로 공급하면 세대당 주차대수를 완화해주고 용적률의 상한까지 건축이 가능하다. 입주자의 편의를 위한 놀이터, 경로당 등 공동이용시설을 설치하면 기존의 용적률에 공동이용시설에 해당하는 용적률을 더한 범위에서 시·도 조례로 정하는 용적률을 적용받을 수 있다.

TIP   **자율주택정비사업 포인트**

- 2인 이상 개발해야 용적률의 혜택이 있다.
- 주변 부지와 함께 개발하면 건축협정과 규모의 경제로 수익률이 더욱 좋아진다.
- 공동개발의 시대를 열자.

05
가로주택정비사업, 가로구역 요건과 층수 제한 완화의 기회를 잡아라

가로주택정비사업은 2012년 도시 및 주거환경정비법에서 처음 도입된 이후, 재개발이나 뉴타운사업에 포함되지 못했거나 정비구역이 해제된 지역의 개발 대안으로 주목받고 있으며, 보다 많은 참여를 유도하기 위해 관련 법규가 계속 개정되고 있다. 12.16 주택시장안정화방안에서 규제 완화를 통한 공급 확대를 장려하고 있다.

그동안에는 가로요건의 기준을 맞추기 어려운 점과 애매한 사업성이 문제였지만 특례법의 개정으로 문제를 크게 보완하면서 기회의 장이 열리고 있다. 가로주택정비사업으로 미니재개발과 미니재건축의 전성시대를 누려보자.

먼저 사업성에 큰 영향을 미치는 최근의 변화를 살펴보자.

대폭 완화되는 가로구역 요건

가로구역 요건은 면적 1만㎡ 이하로 네 면이 모두 도시계획도로(도시 계획사업으로 건설되는 도로, 기반시설로서 국도나 지방도로와 구별된다)에 접하거나, 한 면이 도시계획도로에 접하고 6m 도로로 둘러싸인 경우에 가능하다. 또한 가로구역을 통과하는 도로(너비 4m 이하는 제외)가 없어야 한다.

그동안에는 도로의 폭이나 도로와 접하는 조건을 충족하지 못하면 가로구역에 해당되지 않았다. 하지만 도로요건을 충족할 수 있는 예정지 계획을 제출하면 가로구역이 가능하도록 개정되었다. 아래의 그림을 보면 도로 폭 요건을 충족하지 않지만, 향후 6m 이상의 도로를 신설할 계획을 제출하면 가능하다. 또 한 면이 도로에 접하고 나머지 면이 도로 대신 광장, 공원, 녹지, 하천, 공공공지, 공용주차장과 접할 때에도 가로구역으로 인정해준다.

한편 2019년 12.16 주택시장 활성화방안으로 가로구역의 면적 요건도 기존의

| 가로구역 요건의 완화 |

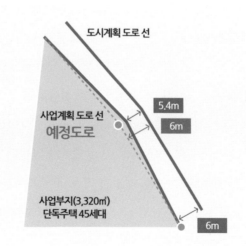

1만㎡에서 최대 2만㎡까지 확대가 가능한데, 서울시의 경우 전 지역 투기과열지구임에도 가로구역 확대를 허용하고 공공성 요건 충족 시 2만㎡(250세대 500세대)로 확대 적용하기로 했다. 2만㎡로 확대하려면 지방도시계획위원회의 심의가 필요하며, 가로구역 면적을 30%의 범위에서 시·도 조례로도 완화하여 더욱 넓은 면적의 개발이 가능해졌다. 가로주택정비사업을 할 수 있는 대상이 크게 늘어난 것이다.

7층에서 15층으로 높아지는 서울시 가로주택

가로주택정비사업은 각종 규제를 완화하며 사업성을 높이고 있다. 다음의 표에서 규제완화 현황을 보면 상당히 많은 부분에서 다양한 혜택을 제공하고 있는 것을 알 수 있다. 가장 눈에 띄는 것은 15층 층수 완화이다. 임대주택을 공급하면 용적률, 높이 제한에서 가장 좋은 조건이 가능하다. 특히 이전부터 15층이 가능했던 경기도와 달리 서울시는 그간 가로주택건축이 가능한 최고 층수가 7층이었으나, 2018년 12월 개정 이후 15층으로 완화되어 사업성이 매우 좋아졌다. 이 기회를 놓치지 말아야 한다.

뉴타운이 해제된 장위 11-1구역은 규제 완화의 장점을 가장 앞서 적용하고 있다. 11-1과 11-2, 15-1 세 개의 구역을 각각 가로정비구역으로 하되 하나의 단지로 통합하여 개발할 예정이다. 총 620세대를 예상하여 중형단지 아파트 못지않은 규모를 갖추었다. 현재 3개의 구역은 기존의 규정인 1만㎡ 이내로 분리되어 있다. 11-1구역과 11-2구역의 가운데에 10m 도로가 있는데 도시계획도로가 아니다. 2019년 10월 24일 이후에는 법 개정이 적용되어 가로구역의 면적이 2만㎡까지 가능하다. 이를 활용하여 중간의 10m 도로를 없애고 부지를 합쳐 2개의 구역으로 운영하는 방안을 검토 중이다.

| 가로주택정비사업의 규제완화 현황 |

항목	완화 내용
가로요건	도시계획도로의 예정지까지 포함
건폐율	건축 면적에서 주차장 면적은 제외 해당 지역 건폐율의 20% 범위에서 완화
용적률	2종일반주거 기본 200%(임대주택 10% 이상 시 250%까지 허용) 지역별 차이 있을 수 있음
층수제한	2종일반주거 15층까지 가능(임대주택 20% 이상 제공, 지역별 차이 있음) 3종일반주거 높이 제한 없음 건축법상 기준을 50% 범위 내에서 완화 가능
면적	가로구역 면적을 30%의 범위에서 시도조례로도 완화 지방도시계획위원회의 심의로 최대 2만㎡까지 확대
조경	건축법상 기준을 50% 범위 내에서 완화 가능
공지	건축법상 범위에서 조례로 정한 기준의 50% 완화 가능
주차장	인근의 노상주차장 및 노외주차장 확보 시 부설주차장의 30% 미만으로 완화 가능
부대복리시설	어린이놀이터를 실외에 설치 시 거리 제한 규정 적용 배제
대출	사업시행인가 후 5~8년

(2019년 서울 기준)

변경되는 가로구역은 요건에 맞게 도시계획도로의 수정안을 관할구청에 제출하면 된다. 부지가 커지면 공간 구성에 여유가 생기고 아파트, 조경과 부대 복리시설을 보다 합리적으로 배치할 수 있다. 당연히 입주민의 만족도와 사업의 수익성은 개선된다.

임대주택을 공급하지 않으면 3개 동 7층으로 총 178세대의 개발이 가능하다. 하지만 임대주택을 세대수의 20% 이상 공급하여 3개 동 15층 620세대(임대주택 111세대)로 외형을 확장하였다. 규정을 최대한 활용하여 외형을 키우고 사업의 수익성을 개선할 것으로 예상한다. 보다 쾌적한 환경과 고층 아파트단지로 바뀌는 만큼 조합원들의 만족도가 높다.

| 장위동 가로주택정비사업 예상 배치도 |

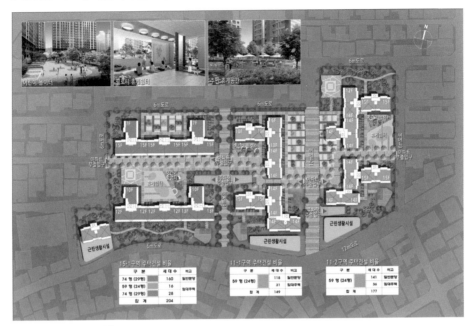

(2019년 8월 기준, 변경 예상)

06

가로주택정비사업은 소규모주택정비사업의 만능열쇠

가로주택정비사업은 가로요건만 갖추면 어떤 형태의 개발이든 가능하다. 단독주택, 연립주택, 다세대주택, 상가, 나대지가 섞여 있는 재개발의 형태도 가능하고 연립주택이나 다세대주택, 아파트를 재건축하는 형태로도 진행이 가능하다. 그야말로 소규모주택정비사업의 만능열쇠라 보아도 무방할 것이다.

서울의 가로주택정비사업지는 2019년 10월 현재 94개소로 전년(45개소) 대비 109% 증가하였다. 면적 기준과 층수 제한이 완화된 만큼 사업성이 좋아져 가로주택정비사업은 더욱 크게 활성화될 것이다.

재건축형 가로주택정비사업

가로주택정비사업 1호였던 서울시 강동구 천호동의 동도연립은 재건축 형태로 개발하여 현재 다성이즈빌로 입주를 완료하였다. 동도연립은 1,000평의 대지에 1987년 11월에 준공한 3층 3개 동 66세대의 연립주택이었다. 2015년 주민설명회로 사업을 시작했는데, 전국에서 처음 시작하는 가로주택정비사업인 만큼 생소하여 처음에는 설득이 쉽지 않았다. 하지만 꾸준한 노력으로 조합을 설립한 후에는 사업이 일사천리로 진행되었다.

조합원 66명은 면적에 따라 종전자산을 2억 3,000만 원에서 2억 8,000만 원으로 평가받았다. 조합원 분양가는 3억 3,000만 원으로 평균 6,500만 원의 추가분담을 하였다. 당시 동도연립의 전세가가 1억 원대였고 이주비 역시 1억 2,000만 원을 무이자로 대출받을 수 있어, 갭투자 시 실투자금은 2억 원 전후였다. 또 이주비 외의 추가 대출을 원할 경우 총액 10억 원 한도에서 세대당 1억 원을 3.5%의 금리로 제공하였다. 즉 대출을 최대한 활용하면 약 1억 원으로 투자가 가능한 여건이었다. 일반분양가는 저층 4억 3,000만 원에서 고층 4억 7,000만 원까지 총 30세대를 분양하였다.

| 천호동 가로주택정비사업의 간편수익분석 |

실투자금 2억 1,000만 원		실현수익 2억 원		예상 수익률 95%
매입가격	2억 6,500만 원	매도가격	5억 3,000만 원	
추가비용	추가분담금 6,000만 원 취득세 500만 원	누적현금 수익		
기타비용	200만 원	양도세	비과세(1세대 2주택 8,300만 원)	1세대 2주택 수익률 56%
회수금액	임대보증금 1억 2,000만 원	투자기간	2년	

(100만 원 단위 반올림 및 절삭, 취득세는 철거 전 취득 기준으로 원취득세(300만 원)과 준공 후 취득세(200만 원)의 합으로 가정, 재산세 생략, 1세대 1주택 양도세 비과세 요건 기준, 2주택은 조정지역 내의 주택으로 일반세율에서 10% 중과세, 예상치, 사례를 단순화한 것으로 실제 수치와는 차이가 있을 수 있음.)

2017년 12월 입주가 완료된 이즈빌의 시세는 현재 4억 8,000만 원에서 5억 5,000만 원을 형성하고 있다. 조합원이 평균 1억~2억 원을 투자하여 2억 원 이상의 차익을 실현하였다. 조합설립에서 입주까지 총 1년 11개월이 소요되었으며 투입된 기간을 고려하면 상당한 수익률이다. 가로주택정비사업은 조합원 권리의 거래에 재건축과 같은 제약이 없고, 초과이익환수도 적용되지 않는다.

재개발형 가로주택정비사업

뉴타운이 해제된 장위 11-1구역은 가로주택정비사업으로 부활하였다. 인접한 11-2, 15-1구역과 함께 각각 가로정비구역으로 개발하되 하나의 단지로 통합하여 아파트 단지를 개발할 계획이다.

이곳은 60년이 넘은 돌집(건축자재가 부족하여 돌을 쌓아 만든 집)이 많고, 일부 오래된 상가가 있다. 원주민 간 의견의 합의가 어려워 구역이 해제된 이후, 불굴의 정신으로 가로주택정비사업을 다시 시작하였다. 때마침 가로주택정비사업의 장려를 위해 개정된 법 규정을 최대한 활용하여 사업성을 개선하고 있다. 현재 3개의 구역에 3개 동 620세대(임대주택 111세대 포함)를 공급하는 안을 추진 중이다.

2019년 8월에 11-2구역의 조합설립이 완료되었고 사업계획을 변경한 후 다른 조합도 설립할 예정이다. 최신 개정에 따라 가로구역을 변경 통합하여 기존 3개에서 2개로 진행하려 한다. 3개의 가로구역일 때 예상 수익은 아래의 표와 같으며, 현재 구역 내의 원주택은 대지 20평 기준 약 4억 원의 시세를 형성하고 있다. 59㎡ 기준 조합원 분양가는 약 4억 원을 예상하며 조합원의 추가분담금은 5,000만 원을 책정 중이다. 59㎡의 일반분양가는 약 5억 원으로, 인근의 유사 면적의 시세는 6억 7,000만 원이다. 이주비와 대출조건은 아직 정해지지 않았다.

이곳은 2023년도 입주를 목표로 하고 있는데 입주 이후 59㎡은 최소 6억 5,000만 원 이상을 예상한다. 현재 유명 건설사와 접촉 중이며 브랜드 단지로 완성하게 되면 더욱 높은 시세가 가능할 것이다. 조합원은 4억 5,000만 원의 투입으로 약 4년 만에 2억 원 정도의 차익이 예상된다. 해당 구역에는 상가와 74㎡형도 계획 중이어서 다양한 투자의 선택이 가능하다. 뉴타운이 해제되었으나 가로주택정비로 부활하여 인근의 뉴타운 4구역보다 빠른 입주가 가능할지도 주목된다.

유사한 정비사업 중 가장 적은 규제를 받는다

가로주택사업의 가장 큰 장점은 각종 규제에서 벗어나 있다는 것이다. 재건축사업은 초과이익환수제, 분양가상한제, 투기과열지구 내 조합원 지위 양도금지의 영향으로 사업의 진행과 투자에 많은 어려움이 있다. 하지만 가로주택사업은 이러한 규제에서 벗어나 있고, 활성화를 위해 각종 요건까지 완화해주고 있다.

투기과열지구에서의 재개발과 재건축사업은 조합원의 지위 양도가 어렵고 분

| 장위 가로주택정비사업 간편수익분석 |

	실투자금 2억 5,700만 원		예상수익 1억 9,300만 원 (1세대 2주택 1억 2,200만 원)	예상 수익률 75%
매입가격	4억 원	매도가격	6억 5,000만 원	
추가비용 +	추가분담금 5,000만 원 취득세 660만 원	누적현금 수익		
기타비용 +	200만 원	양도세	비과세(1세대 2주택 7,120만 원)	1세대 2주택 수익률 48%
회수금액 −	임대보증금 2억 원	투자기간	4년	

(100만 원 단위 반올림 및 절삭. 취득세는 철거 전 취득 기준으로 원취득세(500만 원)과 준공 후 취득세(160만 원)의 합으로 가정. 재산세 생략. 1세대 1주택 양도세 비과세 요건 기준. 2주택은 조정지역 내의 주택으로 일반세율에서 10% 중과세 계산. 예상치이며 사례를 단순화한 것으로 실제 수치와 차이가 있을 수 있음.)

양권 전매도 제한된다. 재건축사업과 소규모재건축사업은 초과이익환수제 대상이 된다.

　현재 뜨거운 감자는 민간택지 분양가상한제이다. 2019년 8월 민간택지 분양가상한제를 발표했고 12.16 규제가 더욱 강화되었다. 만약 적용이 확정되어 30가구 이상을 일반분양하는 가로주택정비와 소규모재건축사업장에도 소급 적용되어 영향을 주게 될 예정으로 논란이 크다. 일반분양가격에 상한제가 적용되면 전체적인 사업성이 낮아져 조합원의 분담금은 늘어난다.

　현재 서울에서 30가구 이상 일반분양하여 상한제에 적용되는 사업장은 7곳이다. 일반분양 가구 수를 기준으로 중랑구의 대명삼보연립이 92가구로 가장 많고,

| 지역별/사업별 규제 현황(2019년 7월 기준) |

	재개발		재건축		가로주택정비		소규모재건축	
지역구분	투기과열지구	이외지역	투기과열지구	이외지역	투기과열지구	이외지역	투기과열지구	이외지역
조합원 지위양도	관리처분 인가 후 제한	가능	조합설립 인가 후 제한	가능	가능	가능	조합설립 인가 후 제한	가능
입주권 전매	제한	가능	제한	가능	가능	가능	제한	가능
재당첨 제한	적용	미적용	적용	미적용	미적용	미적용	적용	미적용
초과이익 환수	미적용	미적용	적용	적용	미적용	미적용	적용	적용
분양가 상한제	공공택지 적용	공공택지 적용	공공택지 적용	공공택지 적용	–	–	–	–

구로 칠성아파트 58가구, 강동 벽산빌라 46가구, 강동 삼천리연립 44가구, 양천 목동LH 36가구, 서초 낙원청광연립 35가구, 관악 효산연립 34가구가 영향을 받을 수 있다. 관리처분인가를 받은 민간택지의 사업장에도 분양가상한제를 소급적용한다는 것은 과하다는 평가로 많은 논란이 있다. 또한 분양가상한제의 적용 기준을 일반분양 물량 기준 30가구에서 200가구 이상으로 완화하는 안도 검토 중이다. 어떻게 결정될지 지켜봐야 할 것이다.

그렇지만 가로주택정비사업은 다른 정비사업에 비해 타격이 덜하고, 장점이 많아 모든 것을 상쇄시킨다. 1만㎡의 가로구역 면적을 30%의 범위에서 완화하고 지방도시계획위원회의 심의를 거치면 최대 2만㎡까지 가능해지므로 15층까지 건설한다면 전용 85㎡ 주택 약 400가구 정도를 공급할 수 있다. 이전에는 상상하기 힘든 조건이 가능해진 것이다. 재개발과 재건축의 규제와 한계를 벗어나는 틈새 시장이다.

07

소규모 단지에도
재건축의 기회가 있다

대형 재건축, 언제까지 기다려야 할까?

대형 단지의 재건축사업은 각종 규제로 인해 당분간 지뢰밭이 예상된다. 초과이익환수제와 분양가상한제가 사업 진행의 동력을 낮추고 있으며, 분양가상한제는 민간택지에도 확대 도입이 예고되어 많은 논란이 있다. 어떻게 적용되는가에 따라 시장은 큰 영향을 받을 것이다. 또한 안전진단이 한층 까다로워져 새롭게 통과하기는 매우 어렵다. 대치동 은마, 잠실주공 5단지, 압구정동 현대, 여의도 시범 등 대형 재건축의 진행이 크게 지연될 것이다. 대치동의 은마아파트는 최대규모에 좋은 입지를 갖춘 만큼 뜨거운 관심을 받고 있다. 하지만 각종 규제의 1차적인 타깃이 되고 있으며 사업이 추진위 단계여서 아직 갈 길이 멀고, 조합원 수도 3,800명이나 되어 의사결정이 간단하지 않다. 2003년에 최초로 안전진단을 통과

한 후 16년간 답보 중이다. 49층 안과 35층 안으로 서울시와 충돌하고 시간이 계속 지연되면서 최고 수준의 재건축 규제를 맞이한 것이다.

최근에는 규제를 피하기 위해 1대 1 재건축 안으로 내부적인 의견충돌이 생기고 있다. 결국 비상대책위원회(소유지협의회)와 추진위원회 사이에 소송이 예상된다. 사공은 많고 진행이 간단하지 않아 투자자들은 극심한 스트레스를 받고 있다.

소규모재건축은 순항 중이다

대형 재건축 단지의 복잡한 상황과 달리 소규모재건축 현장은 상대적으로 순조롭다. 소규모재건축사업도 초과이익환수제와 분양가상한제가 동일하게 적용되지만, 전체 이익의 규모가 크지 않고 각종 지원책으로 상쇄하여 영향은 덜하다. 또 안전진단이 생략되고 조합원 수가 많지 않아 의사결정이 쉽고 사업기간이 크게 단축된다. 가로주택정비사업과 비교하여 가로주택의 최대 높이가 15층인 것에 비해 소규모재건축은 고층 건축이 가능한 것도 장점이다.

비싼 투자금으로 언제 될지 모르는 어려운 과정을 거쳐 큰 이익을 낼 수도 있지만, 현실적인 투자금으로 충분히 예상 가능한 시간 안에 적정 수익을 실현하는 것은 어떨까? 이런 점을 감안한다면 소규모재건축의 투자도 충분한 장점을 가지고 있다.

현재 서울과 수도권 주요 지역에서 소규모재건축은 활발히 싹을 틔우고 있다. 강동구 고덕동의 고덕 대우가 노후도를 확인 중이고, 상일 벽산빌라가 사업시행변경인가 중이다. 부천시 괴안동의 청암아파트는 KCC건설, 성남시 중원구의 삼남아파트는 계룡건설, 동대문구 제기동의 공성아파트는 신동아건설, 마포구 용강동의 우석연립은 코오롱글로벌로 시공사를 선정하였다. 금천구 시흥동의 대도연

| 마포구 용강동 우석연립 소규모재건축 현장과 소규모재건축 예상도 |

립은 현재 시공사 선정 중이다. 소규모재건축에는 그간 중소건설사나 지방건설사가 주로 참여했으나 최근에는 대기업 계열 건설사의 참여가 높아지고 있다.

서울 마포구 용강동의 우석연립은 소규모재건축사업이 활발히 진행 중이다. 우석연립은 마포역 1분 거리의 먹자상권에 둘러싸이고 한강변 조망이 가능하여 좋은 입지를 자랑한다. 1동짜리 나홀로 단지여서 대지가 951평(주택 40세대, 상가 13개)으로 규모가 작아 재건축이 어려웠지만, 1981년에 건축하여 40년을 바라보는 만큼 소유자들은 재건축을 추진할 방법을 찾기 시작했다. 그리고 가로주택정비사업과 역세권청년주택, 소규모재건축의 세 가지 방안을 검토했다.

가로주택정비사업은 초과이익환수제가 적용되지 않고 다른 조건이 모두 좋았지만 15층이 발목을 잡았다. 한강변 조망권이 중요한 이 지역의 특성상 고층을 포기할 수 없었다. 다음으로는 서울시가 적극적으로 추진 중인 역세권청년주택을 검토하였다. 역세권청년주택은 용적률 혜택을 최대한 받을 수 있는 대신 8년 이상 임대해야 하므로 조합원의 입주가 불가능하다. 8년 임대 이후 재입주거나 분양 시 예상 수익은 충분했으나 조합원들이 재입주를 원하여 제외하였다. 마지막으로 소구매재건축을 검토했다. 우석연립 부지는 현재 2종 일반주거지역으로 25층까지 가능한데, 옆 필지와 이격 거리 문제로 22층이 한계였다. 20층이 넘으면 서울시의 별도 심의가 필요하므로 편의상 19층 69세대 안으로 의견이 모였다.

역세권공공임대의 한시적인 혜택을 활용하자

우석연립은 추가로 사업성을 높이기 위해 현재 서울시가 정책적으로 추진 중인 역세권공공임대를 활용하기로 한다. 해당 부지가 역세권에서 250m 이내이고 노후도 등 모든 조건을 충족하므로 공공임대주택을 50세대 이상 공급하면 종상향이 가능하다. 현재 2종 일반주거지역에서 준주거지역으로 2단계 종상향이 이루어지면 용적률이 기존의 230%에서 460%로 높아지고, 35층까지 건축이 가능하다. 세대수도 69세대에서 150여 세대로 늘어나며, 상가는 약 30개 이상 공급이 가능하여 획기적으로 개선된다. 물론 종상향을 위해서는 서울시 도시건축 공동위원회의 까다로운 심의를 거쳐야 하며 일부 조건이 제한받을 수 있다. 이 결정에 따라 수익성에도 차이가 발생할 것이다. 역세권공공임대가 소규모재건축과 아직 완벽한 호환을 이루지 못한 점도 숙제로 남아 있다. 아직 소규모재건축의 인식과 사례가 충분하지 않아 많은 논의가 진행 중이다.

기존 우석연립의 원주택은 마지막 거래인 2018년 기준 대지 12평형이 5억 8,000만 원, 20평형이 7억 8,000만 원에 거래되었다. 상가는 평당 5,500만 원에서 6,000만 원을 예상하며, 아직 감정평가는 받지 않았다. 조합은 역세권공공임대로 종상향이 이루어지면 조합원의 추가분담금이 없고, 이루어지지 않으면 추가분

| 우석연립 20평형 간편수익분석사례 |

실투자금 4억 원		예상수익 4억 3400만 원(2주택 2억 5,000만 원)		 예상 수익률 109%
매입가격	7억 8,000만 원	매도가격	12억 5,000만 원	
추가비용	취득세 1,700만 원	누적현금수익		
기타비용	200만 원	양도세	1,600만 원(1세대 2주택 2억 원)	1세대 2주택 수익률 63%
회수금액	보증금(대출금)4억 원	투자기간	4년	

(100만 원 단위 반올림 및 절삭, 재산세 생략, 1세대 1주택 비과세 요건에서 9억 원 초과 고가주택 과세 반영, 2주택은 조정지역 내의 주택으로 일반세율에서 10% 중과세, 추가분담금이 없는 재건축은 준공 후 취득세를 알려면 건축비를 확인해야 함. 위의 금액은 예상치이며 단순화한 것으로, 실제 수치와 차이가 있을 수 있음.)

담금이 다소 발생할 것으로 예상한다. 시공사(코오롱글로벌)만 선정되고 아직 사업이 초기 단계라 구체적인 수익의 분석은 어렵겠지만 대략적인 가이드라인은 다음과 같다. 신축 아파트는 20평형, 25형평, 32평형 세 가지의 타입을 준비 중인데 인근 아파트 25평은 12억 원대, 33평형은 16억 원대의 시세를 형성하고 있다. 20평형을 7억 8,000만 원에 매수한 투자자가 추가분담금 없이 25평형을 조합원 분양으로 받으면 4억 원 이상의 시세차익이 예상된다. 또한 30층 이상의 고층 분양이 가능하여 탁월한 조망권을 확보할 것이다. 이처럼 우석연립 조합은 소규모재건축과 역세권공공임대 정책을 활용하여 임대주택도 공급하고, 좋은 집과 투자수익도 얻는 상생의 길을 찾고 있다. 4년여 뒤 입주 예정이며, 이후의 변화할 모습이 기대된다.

TIP   소규모재건축의 투자 포인트

- 15층 이상의 고층 개발에 적합하다.
- 안전진단이 생략되고 사업기간이 3분의 1로 단축된다.
- 공공임대, 역세권청년주택, 역세권공공임대와 비교하여 응용이 가능하다.

08

소규모주택정비에 가장 적합한 지주공동사업

중저층 개발에서 가장 빠르고, 모든 규제를 벗어나는 사업

지주공동사업은 소규모정비 조합을 만들지 않고 개발사와 함께 사업 파트너가 되어 개발하는 방식이다. 소규모 주택의 정비에 적합한 가로주택정비사업과 소규모재건축, 지주공동사업을 비교해보자.

가로주택정비사업은 투기과열지구에서의 조합원 지위 양도와 입주권 전매가 가능하지만 소규모재건축은 조합 설립 이후에는 불가능하다. 지주공동사업은 조합이 없고 지주가 있는데, 거래에 특별한 제약은 없다. 가로주택정비사업과 소규모재건축은 재당첨제한이 적용되지만 지주공동사업에는 제약이 없다. 소규모재건축은 다른 사업에 비해 고층의 건축이 가능하지만 초과이익환수 대상이다. 가로주택정비사업과 지주공동사업은 초과이익환수와 무관하게 개발이 가능하다.

분양가상한제는 지주공동사업을 제외한 나머지 두 사업에 영향을 미친다.

각각의 장단점을 종합적으로 정리해보면 다음과 같다.

가로주택정비사업은 15층 이내의 중층 주택 개발에 가장 적합하다. 공공임대주택이 포함되어야만 초저금리의 대출이 가능하며 최대 15층까지 지을 수 있다. 조합원의 거래는 자유롭고 초과이익환수도 적용되지 않는다.

소규모재건축은 고층의 나홀로 아파트 개발에 가장 적합하다. 조합원 양도나 초과이익환수는 규제를 받지만 안전진단이 배제되고, 기간이 빠른 것이 장점이다.

지주공동사업은 중저층 주택의 개발에 가장 적합해 보인다. 어떤 규제사항도 없고 공공임대주택 공급 의무도 없다. 중저층의 공동주택으로 저가형 주택뿐만 아니라 고가 주택까지 자유롭게 선택할 수 있다. 따라서 중저층 소규모 주택의 정비에는 틈새시장으로서 지주공동사업이 유용할 것이다.

| 지주공동사업, 가로주택정비사업, 소규모재건축 비교 |

	지주공동사업		가로주택정비사업		소규모재건축	
지역 구분	투기과열지구	이외 지역	투기과열지구	이외 지역	투기과열지구	이외 지역
조합원 지위 양도	조합 없음	조합 없음	가능	가능	조합설립인가 이후 제한	가능
입주권 전매	가능	가능	가능	가능	제한	가능
재당첨 제한	미적용	미적용	적용	미적용	적용	미적용
초과이익환수	미적용	미적용	미적용	미적용	적용	적용
분양가상한제	미적용	미적용	적용 가능	적용 가능	적용 가능	적용 가능
층수 제한	건축법	건축법	7~15층	7~15층	특례, 건축법	특례, 건축법
평균사업기간	1~2년	1~2년	2~3년	2~3년	2~3년	2~3년
임대주택	의무 없음	의무 없음	공급 시 인센티브	공급 시 인센티브	공급 시 인센티브	공급 시 인센티브

(2019년 7월 기준)

좋은 개발사와 함께하자

서울 강남구 논현동의 이즈빌은 1991년 준공된 8세대의 빌라로 영동시장 상권, 신논현역과 논현역의 5분 거리 역세권이고, 신분당선 개통이 예상되는 좋은 입지를 갖추고 있다. 건물이 낡아 일부 세대원이 일찍부터 재건축을 추진했지만 주민 간 이해가 맞지 않아 쉽지 않았다. 또한 세대별 대지지분이 21평이나 되고 전용면적도 넓어 8억 원 정도의 시세가 예상되지만, 30년이 넘은 탓에 개별 매도도 쉽지 않았다.

이렇게 애매한 상황을 지주공동사업으로 해결하였다. ㈜부자아빠부동산연구소와 지주공동사업으로 '퍼스티안'의 개발을 진행 중이다. 174평의 대지에 6층 2개 동 도시형생활주택 29세대, 근린생활시설 1개가 공급된다. 지주들은 시행사와 각자의 요구에 맞는 공동협약을 체결했다. 지주 총 8세대 중 5세대는 현금 정산을, 3세대는 신축주택으로 받기를 원했다. 협약 조건에 따라 사업이 종료된 후 정산 또는 대물 지급된다. 현금 정산자는 9억 원을 정산받아 단독으로 팔 때보다 1억 원 이상의 차익이 기대된다. 신축주택의 세대당 분양가는 4억 7,000만 원으로 지주에게 2세대씩 공급된다. 분양가를 기준으로 약 1억 4,000만 원의 차익이 예상되며, 향후 시세를 고려하면 더욱 높아질 것이다. 지주 1인은 1세대를 할인된 금액으로 추가 매입할 예정이다. 사업기간이 총 1년 6개월 정도로 빠른 점을 고려하면 괜찮은 수익이다.

투자자가 8억 원의 원주택을 전세가 4억 원으로 세입자가 입주한 상태에서 투자하면 실투자금은 4억 2,000만 원(취득세, 기타비용 포함)이다. 지주공동사업의 이주비용으로 4억 원을 무이자 지급했으므로 세입자를 내보내면 실투자금의 변동은 없다. 1년 6개월 후 2채의 신축주택을 받으면 1억 5,400만 원 이상의 시세차익이 가능하다. 또한 현금정산자는 개발이익이 포함된 1억 원 이상의 차익을 얻게 된다. 이

| 논현동 이즈빌의 간편수익분석 |

실투자금 4억 2,000만 원		예상수익 1억 5,400만 원		
매입가격	8억 원	매도가격	10억 원(2채 5억 원씩)	
추가비용	취득세 1,800만 원	누적현금수익		**예상 수익률 36.7%**
기타비용	200만 원	양도세	2,750만 원	
회수금액	임대보증금(대출금) 4억 원	투자기간	1.5년	

(100만 원 단위 반올림 및 절삭. 구주택 1채 제공 후 신주택 2채로 받음. 신주택 2채를 취득 후 2년 뒤에 매도한 것으로 가정. 재산세 생략. 매도 가격 10억 원은 신주택 2채의 매도금액을 합한 것으로. 첫 번째 주택을 팔 때에는 1세대 2주택으로 양도세 중과세. 두 번째 주택은 1세대 1주택으로 비과세 계산함. 금액은 예상치이며 단순화한 것으로 실제 수치와 차이가 있을 수 있음.)

는 각각 기존의 집을 매도했거나 사업의 모든 위험을 감수하고 개발한 것보다 장점이 있다. 주택 개발에는 시행사의 의견뿐만 아니라 지주들의 의견도 일부 반영되었으며, 도시형 생활주택으로써 좋은 내외장과 옵션 구성으로 공급할 예정이다.

일반사업자의 형태로 지주공동사업을 진행하면 작은 계약조건, 대출조건의 변동이나 지주의 변경 시 모든 지주가 다 참여하여 서류업무를 해야 하는 번거로움이 있다. ㈜부자아빠부동산연구소는 이러한 문제를 해결하고 사업의 안전성과 편의성을 높이기 위해 지주공동법인을 준비 중이다. 사업의 법인으로 참여하면 행정업무를 최소화하고 지주권리의 양도나 변경이 손쉽다.

TIP

지주공동사업의 투자 포인트

• 중저층 주택의 개발에 유용하다.
• 사업의 위험을 분담하고, 노하우를 공유한다.
• 모든 규제를 벗어나고, 사업기간이 짧다.
• 임대주택 공급 의무가 없고, 설계가 자유롭다.
• 검증된 개발사와 함께해야 문제가 없다.

5장

저평가된 황금 입지에서
노다지 찾기

01

될 곳은 되고, 안 될 곳은 안 된다

"지자체 89곳, 30년 내 사라진다." 한국고용정보원에서 2018년에 내놓은 충격적인 이야기이다. 고령화와 저출산으로 인한 지역 인구의 점진적인 감소, 지역 일자리의 감소 등이 맞물려 지역의 소멸이 예상된다. 지금의 추세대로라면 전국 228개 지자체 중 3분의 1 이상이 30년 이내에 없어질 수 있다는 의미이다.

소멸위험지수 = 20~39세 여성인구 수 / 65세 이상 고령인구 수

다음의 그림은 2018년 6월 기준 전국의 '소멸위험지수' 현황이다. 각 지역별 상황을 살펴보자.

소멸위험지수가 1 이하이면 그 지역은 인구학적인 쇠퇴 위험 단계에 진입한 것이고, 0.5 이하일 경우, 극적인 전환이 되지 않으면 소멸될 위험이 크다. 시도별 분석에서 상대적으로 안전한 곳(지수 1 이상의 지역)은 서울, 경기, 인천, 세종, 대전, 광주, 울산의 7곳뿐이었다.

| 전국 소멸위험 지수 현황 |

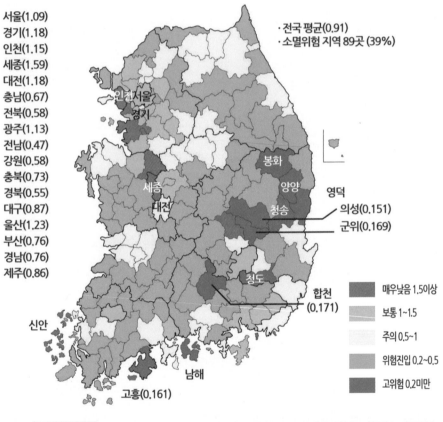

서울(1.09)
경기(1.18)
인천(1.15)
세종(1.59)
대전(1.18)
충남(0.67)
전북(0.58)
광주(1.13)
전남(0.47)
강원(0.58)
충북(0.73)
경북(0.55)
대구(0.87)
울산(1.23)
부산(0.76)
경남(0.76)
제주(0.86)

· 전국 평균(0.91)
· 소멸위험 지역 89곳 (39%)

봉화
양양
영덕
의성(0.151)
군위(0.169)
청송
청도
합천
(0.171)
신안
남해
고흥(0.161)

매우낮음 1.5이상
보통 1~1.5
주의 0.5~1
위험진입 0.2~0.5
고위험 0.2미만

'18년 전국 '소멸위험 지수' 현황

'소멸위험 지수'= 20~39세 여성인구를 65세 이상 고령인구로 나눈 값

출처 : 한국고용정보원 자료 편집

충남, 충북, 대구, 부산, 경남, 제주는 주의단계이며 대구, 부산과 같은 광역 중심지역이 포함된 것이 놀랍다. 수치가 낮아 소멸의 위험이 높은 곳은 전남, 전북, 경북, 강원 지역 등이며 이 중에서도 봉화, 청송, 의성, 합천, 남해, 고흥, 신안은 소멸 고위험 지역으로 심각한 상황이다. 앞으로 사람이 살지 않는 곳으로 변할 가능성이 높다는 것이다.

이런 곳은 도시재생이나 신도시 개발은 상상도 할 수 없으며 현상 유지를 하기에도 많은 어려움이 있을 것이다. 기울어가는 이들 지역을 어떻게 해야 할까?

소멸위험지역은 대량 일자리의 창출 시급하다

이를 해결할 가장 확실한 방법은 부가가치가 높고 많은 일자리 창출이 가능한 산업단지를 대량으로 유치하여 증설하는 것이다. 물리적인 공간 확보와 유수 기업의 투자가 함께 이루어져야 하고, 해당 산업의 국제적인 경쟁력을 갖추어야 성장이 가능하다. 또한 출산과 이주를 장려하여 인구를 획기적으로 늘려야 한다. 하지만 이미 오랜 기간 수많은 시도를 했음에도 좋은 결과를 얻기가 힘들었다.

현재 울산이나 경남지역의 조선해운업이 기울어가고 있는데, 이를 막기는 대단히 어려운 일이다. 예전에는 막대한 고용효과를 자랑했지만 세계적인 시장의 흐름에 따라 이제는 현상 유지를 하는 것도 쉽지 않다. 현실은 가혹하다. 과거 호황기에는 이들 지역의 부동산 가격이 급등했지만 산업의 경쟁력이 쇠퇴한 후로 시장이 급속히 붕괴되었다. 그만큼 내수기반이 취약하다는 증거이다.

다가오는 4차 산업혁명의 산업은 무인화와 자동화를 추구하여, 많은 일자리를 창출하는 데에는 큰 도움이 되지 않을 전망이다. 첨단농업이나 전통업종도 나름의 역할을 하겠지만 성장 가능성에는 한계가 있다. 또한 고부가가치를 창출하는 첨단산업군은 진입이 어렵고, 경쟁이 매우 치열하다. 우리의 인재와 기업들이 크게 선전해야 하고, 해외자본의 적극적인 유치도 중요하다. 이런 피나는 노력을 통해 살아남는 지역은 다시 성장하겠지만, 나머지 지역은 어쩔 수 없이 쇠퇴의 길을 걷게 될 것이다. 그 흐름이 반전될 수 있기를 진심으로 기대해본다.

축소도시 시대를 준비하자

축소도시(Shrinking city)는 인구의 감소와 이에 따른 유휴시설의 증가에 맞게 도시를 적정 규모로 재조정하는 것이다. 도시가 과거의 번성했던 상태로 돌아갈 수 없음을 인정하고, 쇠퇴를 자연스러운 것으로 받아들여 현실적인 대안을 찾는 것이다.

만일 도시의 축소를 부정한다면 확장 전략에 매달리게 된다. 확장 전략은 경제 성장과 개발계획에 기반한 광역 개발계획, 시가지 확대, 신도시 개발, 조세 감면 및 인센티브, 규제 완화 등이다. 이것은 과거 고도 성장기의 정책들이며, 경제가 높은 성장률을 계속 유지하는 호황기라면 이상적인 전략이다. 하지만 현재 우리나라는 저성장에 들어섰고 향후의 경기전망에도 한계가 있으므로 보수적으로 접근할 필요가 있다.

도시의 축소를 수용하는 입장에서는 현상 유지와 축소를 대비하는 전략이 적합하다. 유지 전략에는 역사보전 및 보호, 도시재생, 재개발, 중심 시가지의 개발, 대체 서비스 산업의 육성, 공터를 활용한 개발 등이 있다. 마지막으로 가장 보수적인 관점의 축소 대비 전략은 광역적 협력을 통한 비용의 분담, 구·군통합 및 시가지 구역의 축소, 거주 분산의 방지 및 집적 장려, 공가 및 폐가의 철거 및 공공 귀속 등이 있다. 앞서 설명한 사라지는 지자체와 낙후 지역들은 이런 절차를 밟게

| 도시 축소화에 대한 인식 및 전략 |

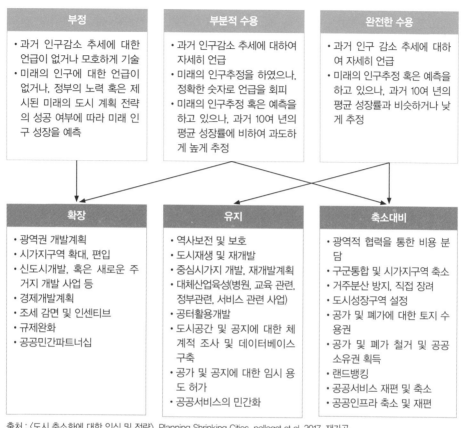

출처 : 〈도시 축소화에 대한 인식 및 전략〉, Planning Shrinking Cities, pallagst et al, 2017, 재가공

될 것이다. 이 세 전략들은 각 지역의 상황과 시대의 변화에 따라 선별적으로 적용될 것이다.

돈이 될 곳에 투자해야 한다

도시재생 연관투자는 확장전략 지역의 일부와 유지전략 지역에 대한 투자라

할 수 있다. 그렇다면 확장이 이루어질 곳과 유지될 곳은 어디일까?

확장전략이 가능한 곳은 신도시 개발과 국가적으로 중요한 개발 계획이 진행 중인 곳, 새로운 산업단지가 들어오거나 증설되는 곳, 대규모 신규 투자가 이루어지는 호재 지역들이다. 대표석으로 세종특별자치시, 송도국제도시, 평택 등이 있다. 이러한 지역들에 대해 남보다 한발 앞서 투자를 진행하면 된다.

다음으로 유지전략이 진행되는 곳은 이미 도시화가 완성되었고 현상 유지가 가능하지만 노후한 곳들로, 서울과 대도시의 도심지역, 각종 도시재생사업이 진행 중인 지역들이다. 이러한 지역들은 이미 유명세가 높아 가격에도 충분히 반영된 경우가 많기 때문에 아직 저평가된 우량 지역이나 사업장을 발굴하는 것이 관건이다. 패턴을 읽고 돈이 될 만한 길목을 선점해야 한다.

큰 개발계획부터 살펴보면서 관심 범위를 좁혀가자

02

정부는 정책적인 목적을 위해 관련 법규와 개발계획을 만들고 여기에 대규모 자본, 민간업체가 함께 움직이면서 시장의 변화를 만들어낸다. 그중에서도 큰 개발계획의 흐름과 움직임을 이해해야 하부의 작은 사업들을 이해할 수 있다.

도시재생법을 중심으로 바라보자

국토 계획의 최상위에는 국토기본법이 있으며 이는 국토 공간의 장기적인 정책 방향을 제시한다. 그 아래에는 수도권 지역을 과밀억제권역, 성장관리권역, 자연보전권역의 3개의 권역으로 구분하여 관리하는 수도권정비계획법이 있다. 전국을 대상으로 한 국토의 계획 및 이용에 관한 법률은 광역권과 도시의 계획을 다

| 도시재생 관련 법령 체계 |

경관 개선
경관법
경관사업

상권 활성화
전통시장 및 상점가 육성을 위한 법률
상권활성화사업 / 시장정비사업
상업기반시설 개발사업

소규모 정비
빈집 및 소규모주택 정비에 관한 특례법
빈집정비사업 / 소규모주택정비사업
국가균형발전특별법
도시활력증진지역 개발사업

공동체·주택개량
도시재생 활성화 및 지원에 관한 조례
주민역량강화사업
저층주고지 집수리 지원에 관한 조례
집수리사업

도시재생
도시재생 활성화 및 지원에 관한 특별법

광역 개발
도시개발법 / 항만법
도시개발사업 / 항만재개발사업
역세권 개발 및 이용에 관한 법률
역세권 개발사업
산업입지 및 개발에 관한 법률
산업단지개발사업 / 산업단지재생사업
관광진흥법 / 공유재산법
관광단지조성사업 / 위탁개발사업
국가통합교통체계효율화법
복합환승센터 개발사업

대규모 정비
도시 및 주거환경 정비법
정비사업
도시재정비 촉진을 위한 특별법
재정비촉진사업

앵커·기반시설
국토의 계획 및 이용에 관한 법률
도시계획시설사업

출처 : 〈서울시 도시재생 실무 매뉴얼〉, 서울시 도시재생포털 정책자료, 2018

룬다. 그다음으로는 신도시를 기획하는 '도시개발법', 재건축과 재개발로 구도시를 정비하는 '도시 및 주거환경정비법'(이하 도시정비법), 뉴타운사업을 위한 '도시재정비촉진을 위한 특별법'(이하 도시재정비법)이 대표적인 도시개발 및 정비에 관련한 법이다. 도시재생사업을 본격적으로 추진하기 위해 2013년 '도시재생 활성화 및 지원에 관한 특별법'(이하 '도시재생법')이 시행되었다. 도시재생이라는 큰 목표 아래 7개의 연관 목표를 설정했다. 앵커·기반시설, 광역 개발, 대규모 정비, 소규모 정비, 경관개선, 상권활성화, 공동체·주택개량 등 7개 목표를 지원하는 법이 별도로 준비되어 있다.

도시재생사업과 소규모주택정비사업에 투자하자

도시재생사업은 내용에 따라 도시경제 기반형, 중심시가지형, 일반 근린형, 주거 정비 지원형, 우리동네 살리기형의 크게 5가지 형태로 분류된다. 이 사업들은 전면 철거 위주의 방식에서 벗어나 기존 동네의 모습을 유지하면서 주거환경을 개선하여 도시의 종합적인 기능을 회복하고자 한다. 공공의 역할을 보다 강화하고 주민의 참여를 유도하며 중소 규모의 사업을 활성화하려는 성격을 지니고 있다. 2018년에는 소규모정비를 보다 적극적으로 추진하기 위하여 여러 법률에 걸쳐 있던 내용들을 통합하여 '빈집 및 소규모주택 정비에 관한 특례법'(이하 소규모정비법)이 만들어졌다.

투자의 관점에서 이들 사업을 다시 바라보자. 앵커·기반시설과 광역 개발을 위한 사업은 규모가 엄청나게 크기 때문에 공공 투자나 대규모 자본의 영역이다. 경관 개선과 공동체·주택개량 사업은 공공성을 지닌 영역으로, 투자 대상으로 보기 어렵다. 결국 일반 개인이 투자 대상으로 바라볼 수 있는 영역은 도시재생법에 의한 사업, 대규모와 소규모주택정비사업, 상권 활성화 사업으로 좁혀진다. 이 중에서 상권 활성화 사업은 상가투자의 영역으로 이 책의 범위와는 다소 거리가 있다.

결론적으로 우리가 도시재생과 관련하여 투자의 대상으로 관심을 가져야 할 영역은 도시재생사업, 대규모와 소규모주택정비사업이다. 이들 사업을 위한 4개의 법률(도시재생법, 도시정비법, 도시재정비법, 소규모정비법)은 국가법령정보센터(http://www.law.go.kr)에서 언제든 확인할 수 있으므로 관심을 가져보자.

도시재생 뉴딜사업은 균형발전을 추구한다

문재인 정부의 공약 중 하나인 '도시재생 뉴딜사업'은 지역 간의 균형발전을 위해 도시를 재생하고 활력을 증진하는 개발사업이다. 앞서 설명한 도시재생법과 소규모 정비를 위한 국가균형발전특별법(이하 균특법)에 근거한다. 균특법은 지역 간의 불균형을 해소하고, 각 지역의 특성에 맞는 자립적인 발전과 지역 간의 연계 협력을 증진하여 경쟁력을 강화하려는 데 목표가 있다. 균특법은 2004년 제정된 이후 새로운 정부가 출범할 때마다 국정운영 방향과 사회적 여건에 따라 전면적으로 개정되었다.

문재인 정부는 이전 정부들보다 균형발전과 지역의 자립에 보다 많은 비중을 두고 있다. 2018년 3월 '도시재생 뉴딜 로드맵'을 제시하였으며, 2018년부터 2022년까지 약 50조 원의 예산을 투입할 계획이다. 총 500곳을 진행할 예정이며 현재까지 시범사업 대상지로 약 68곳이 선정되었다. 도시재생 뉴딜사업이 진행되면 지역의 이미지와 환경이 개선됨과 동시에 일자리 창출의 효과도 있을 것이다. 따라서 전국의 각 지역과 지자체들은 도시재생 뉴딜사업에 선정되기 위해 많은 노력을 기울이고 있다.

도시재생과 관련한 다양한 개발 계획들이 모두 예상대로 진행되기는 현실적으로 어려울 것이다. 무난히 진행되기도 하지만 상황에 따라서는 오랜 시간 지연되거나 중단, 취소되는 사례도 많다. 계획을 믿고 투자를 진행했는데 예상하지 못한 큰 변수가 발생할 수도 있다. 그러므로 어떤 사업이 국가적으로 더욱 중요하고 필요하며 시급한 것인지 판단하는 것이 필요하다. 그런 사업들은 시간이 다소 늦어지더라도 반드시 진행되기 때문이다. 모든 지역에 관심을 가질 필요는 없다. 가장 수요가 많고 안정적이라 할 수 있는 서울과 수도권 지역 및 5대 광역시를 중심으로 도시재생사업과 관련된 투자 기회를 알아보자.

03

서울시의 아름다운 개발계획들

서울은 한국을 대표하는 도시이자 수도로서 세계의 대도시들과 경쟁하고 있다. 서울의 개발계획들도 상당히 오래전부터 체계적인 연구를 통해 만들어진 것으로, 내용의 구성이 풍부하고 완성도가 높다. 만약 준비된 계획들이 모두 차질 없이 진행된다면, 정말 아름답고 멋진 도시로 거듭날 수 있을 것이다. 하지만 지역 간의 균형발전이나 주택 가격 안정, 젠트리피케이션 방지 등의 이유로 사업의 진행속도는 기대보다 늦다. 물론 빠른 발전만이 만병통치약은 아닐 것이다.

서울시의 도시재생과 개발 방향은 '2030 서울도시기본계획'에서 확인할 수 있으며 여러 계획들 간의 연계는 다음 그림을 참조하자. 국가적인 도시재생의 기본방침으로 2015년에 도시재생전략계획이 수립되었고 지역별로 보다 세부적인 내용을 담은 활성화 계획이 있다.

| 도시재생 계획 체계와 관련 계획 간의 연계 |

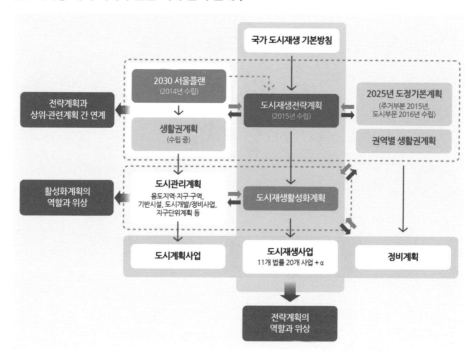

출처 : 서울연구원 홈페이지, 2018

서울의 미래가 담긴 '2030서울도시기본계획(서울플랜)'

도시재생사업은 일반적인 관리를 위한 도시계획사업과 낙후 지역을 위한 정비계획으로 구성된다. 도시계획사업은 주요 거점을 구성하는 2030서울플랜과 지역별로 세분화된 생활권계획으로 추진된다. 정비계획은 2025도시주거환경정비기본계획(도정기본계획)에 의해 추진되며, 정비사업의 진행을 위한 정비기본계획의 수립과 구역을 지정하는 가이드라인을 제시한다.

서울시 개발의 가장 확실한 청사진은 '2030서울플랜'에서 확인할 수 있다. 이

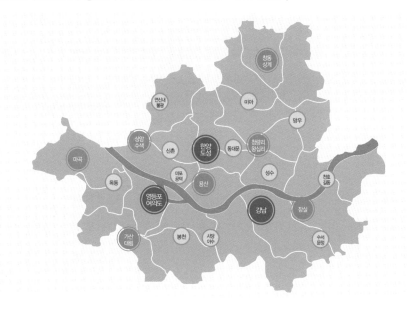

계획에서는 서울시를 3도심–7광역중심–12지역중심으로 나누어 지역별 중심지를 설정했다. 3도심은 한양도성과 여의도–영등포, 강남으로 서울시의 가장 중요한 3개의 핵심축이다.

한양도성은 4대문 안의 광화문, 종로지역으로 주요 기업의 본사 및 행정기관들이 모여 있으며 오랜 역사를 통해 대체가 어렵다. 여의도–영등포는 서남부 지역의 거점으로 여의도를 중심으로 한 금융업무지구와 상업교통시설이 발달한 영등포 지역을 포함한다. 강남은 테헤란로를 중심으로 한 업무단지와 인근의 고급 주거지역이다. 각각의 지역은 특색에 맞는 대형 이슈들과 개발 호재를 가지고 있다. 7광역 중심은 용산–청량리·왕십리–창동·상계–잠실–가산·대림–상암·수색–마곡지역이다. 각 지역별로 살펴보자.

서울 도심에 위치한 용산은 국제적인 고차원 업무기능을 수행한다. 동부권의 청량리 왕십리는 환승역세권의 잠재력을 활용한 개발을 진행한다. 창동·상계 지역은 주거지역의 비중이 높지만 향후 지역의 고용 기반을 확대하고자 한다. 동남권의 잠실은 쇼핑과 관광 인프라를 강화하여 강남 도심과 연계하는 MICE 산업[회의(Meeting), 포상관광(Incentive trip), 컨벤션(Convention), 전시회(Exhibition&Event)의 영어 머리글자를 딴 용어로, 대규모 국제회의나 전시회가 관광과 어우러진 산업을 말한다]의 활성화 역할을 한다.

서남권의 가산·대림은 전통적인 공업지역을 창조적인 지식기반기업으로 변화시켜 고용을 창출한다. 마곡지역은 첨단지식기반산업을 활성화하여 기업도시로 육성한다. 서북권으로 올라가면 상암·수색 지역이 있는데 서북부의 광역고용의 기반을 구축한다.

12지역중심에는 사당·이수−봉천−목동−마포·공덕−신촌−연신내·불광−동대문−미아−성수−망우−천호·길동−수서·문정 지역이 있으며 상위 중심의 역할을 보완한다.

과거 2020도시기본계획에서는 서울을 1도심, 5부도심, 11지역중심, 53지구중심으로 나누었는데, 2030서울플랜으로 넘어오면서 변화가 있었다. 기존 1개의 도심에 여의도·영등포, 강남이 추가되며 3개로 늘어나고 기능이 분산되었다.

5부도심은 7광역중심으로 바뀌며 창동·상계, 가산·대림, 마곡, 잠실이 추가되었다. 이들의 역할이 기존보다 커진 것도 주목해야 한다. 이렇게 구성된 지역들은 도심권−동북권−동남권−서남권−서북권의 5개 생활권역으로 구분되며 권역별로 발전 방향을 제시하고 있다. 이들 지역은 투자 유망지역 1순위로 보아도 손색이 없다.

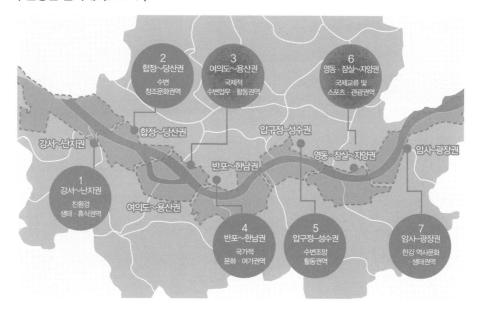

한강변 관리계획 지역은 조망권의 매력을 보자

다음으로 한강변 관리계획에도 관심을 가져보자. 서울을 대표하는 한강의 조망권은 그 자체로 높은 가치를 지닌다. 예전 1970~1980년대에는 치수가 불완전하여 장마철이나 태풍이 오면 물난리를 겪곤 했으나 이제는 그럴 걱정이 없고, 체육시설, 공원, 상업시설이 잘 구축되어 있어 매우 쾌적하다. 한강이 얼마나 가깝고 잘 보이는가에 따라 부동산의 가치는 수천만 원~수억 원 이상 달라진다. 이러한 한강을 어떻게 개발할 것인지를 한강변 관리계획에서 살펴볼 수 있다.

'한강변 관리계획'은 한강변을 7개의 권역으로 구분하고 있다. 서쪽부터 강서·난지, 합정·당산, 여의도·용산, 반포·한남, 압구정·성수, 잠실·청담·자양, 동쪽의 암사·광장권역까지이다.

강서·난지권역에는 생태 휴식을 위한 친환경 수변공원을 조성한다. 이미 난지한강공원, 노을캠핑장에는 휴일마다 발 디딜 틈이 없을 정도로 사람이 많으며 DMC-수색 지역의 개발과 맞물리면서 더욱 가치 상승이 이루어질 것이다.

합정·당산에는 홍대, 선유도, 안양천을 연계하는 수변문화권역이 조성된다. 당인리발전소의 지하화와 지상공원화로 지역의 이미지는 크게 개선될 것이며, 홍대의 젊은 상권과 선유도 공원의 낭만이 어울려 활기를 더한다. 합정을 중심으로 한 한강권역은 이미 크게 변화하였으나 아직 절반의 호재가 남아 있다.

여의도·용산권역은 세련된 국제 수변업무지구를 추구한다. 한강 4구라 불리는 마포, 용산, 성동, 광진 중 무려 2개가 이 권역에 위치한다. 마포구의 리버파크, 래미안 마포리버웰, 웰스트림 한강변 아파트로 주목할 만하며 용산구에는 래미안 첼리투스가 눈에 띈다.

반포·한남권역은 도심에서 이어지는 녹지축과 연결되어 자전거, 산책도로가 활성화된다.

압구정·성수권역은 북쪽 구릉지의 수변 조망권을 활용하며, 한남동의 도시재생이 이루어지면 가치를 더욱 높일 것이다. 성동구의 옥수리버젠, 서울숲 트리마제가 대표적인 단지들이다.

잠실·청담·자양권역은 스포츠와 국제관광의 장점을 살리고 있으며 이 중 자양지역이 저평가되어 있으므로 구의자양촉진지구를 중심으로 주목해보자.

가장 동쪽의 암사·광장권역은 환상녹지축과 암사동 역사유적이 조화된 수변이 조성된다. 강동구의 한강변이 저평가되어 있어 천호재정비촉진구역에 주목해야 하고, 광장동 역시 쾌적한 고급 주거촌의 이미지가 강화될 것이다.

2025도정기본계획에 담긴 도시재생 로드맵

2025도시주거환경정비기본계획(이하 도정기본계획)은 도시재생의 밑그림을 그려준다. 생활권역별로 노후도를 분석하고 인문, 사회, 물리적인 영향을 고려하여 정비계획을 수립하였다.

2030서울플랜이 밖으로 드러나는 양적인 성장과 지역 거점별로 역량을 집중하는 '양'의 개발계획이라면, 2025도정기본계획은 무분별한 개발의 부작용을 줄이고 개발에서 소외된 낙후지역을 되살려 지역 간의 균형발전을 추구하는 '음'의

| 서울형 도시재생 구상도 |

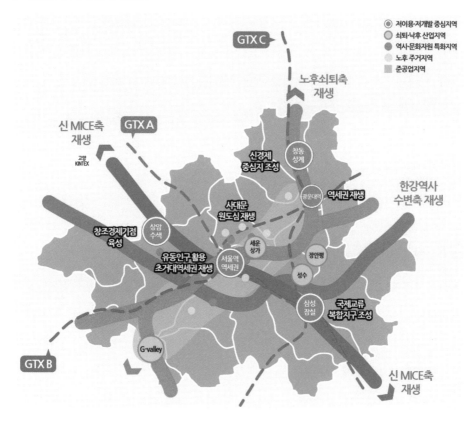

개발계획이라고 이해하면 쉬울 것이다. 이 정비계획은 재개발, 재건축, 소규모 정비의 가이드라인을 제시한다.

서울시는 2030서울플랜과 2025도정기본계획을 고려하여 실천계획인 2025도시재생전략계획을 수립했고, 그 결과물로 '서울형 도시재생'을 세시한다. 서울형 도시재생은 창동·상계에서 도심을 지나 가산G밸리로 연결되는 '노후쇠퇴축 재생', 한강변을 따르는 '한강역사 수변축 재생', 상암·수색에서 삼성·잠실로 이어지는 '신 MICE축 재생' 등 세 개의 테마를 제시했다.

각각의 성격에 맞는 도시재생이 이루어지고 있으며, 선도지역 13개소(서울역, 창동·상계, 세운상가, 낙원상가, 장안평, 창신·숭인, 가리봉, 해방촌, 성수, 신촌, 암사1동, 장위동, 상도4동)에 세 개의 유형으로(경제기반, 근린재생 중심시가지, 근린재생 일반)으로 도시재생활성화지역을 추진 중이다. 이들 지역에는 100억~500억 원 규모의 공공지원이 이루어지며 2025년경 완성될 것으로 예상한다. 선도지역의 진행 경과에 따라 다른 지역들의 도시재생도 이루어질 것이다.

서울의 용적률 규제 완화를 활용하자

서울의 도심 내에는 신규 주택 부지가 크게 부족하다. 이런 이유로 상업 및 준주거지역에 대한 규제가 완화된다. 상업지역의 주상복합건물의 주거 비율을 기존 70%에서 최대 80%까지 높여서 아파트나 오피스텔을 공급할 수 있다. 또한 공공임대주택을 추가로 공급할 경우 용적률을 기존 400%에서 최대 600%까지 높여준다. 준주거지역은 공공임대주택을 공급하면 기존 400%에서 500%까지 높여준다. 이 정책은 2022년까지 한시적으로 적용될 예정이다.

역세권의 규제 완화도 주목할 만하다. 일정 요건을 갖추면 역세권의 준주거지역을 상업지역으로 종상향해주고, 주차장의 설치 기준도 추가로 완화해준다. 소규모 주택정비의 규제도 완화하여 임대주택 공급 시 용적률 완화가 가능하다.

준공업지역이 주는 새로운 기회

서울은 새롭게 개발할 부지가 매우 부족한데, 이를 2030 준공업지역 종합발전계획이 해소해줄 것이다. 기존의 공장과 사용하지 않는 땅을 복합시설 및 역세권으로 개발하는 데 활용이 가능하다. 현재 영등포, 가산·구로, 신도림, 가양, 성수지역의 준공업지역이 혜택을 받을 것으로 예상한다. 이들 지역에는 상가와 지식산업센터, 주상복합 등이 활발히 개발 중이다.

이곳들은 첨단업무지역으로 탈바꿈하며 양질의 일자리의 창출과 함께 인근지역의 주거 수요에도 긍정적인 영향을 주며 직주근접(職住近接)의 모범사례가 될 것이다. 특히 역세권 복합개발과 맞물리는 지역은 엄청난 변화가 예상된다.

TIP

서울시 투자의 5대 관전 포인트

- 2030서울플랜
- 한강변 관리계획
- 2025도정기본계획
- 용적률 규제 완화(임대주택, 역세권 공공임대)
- 준공업지역

복합개발을 중심으로 살펴보는 서울의 5개 생활권역

2030서울플랜의 생활권계획은 서울을 크게 도심권—동북권—동남권—서남권—서북권의 5개 생활권역으로 구분한다. 5개의 생활권역은 각 지역의 특성에 맞는 개발과 도시재생이 이루어지는데, 그 중심에는 복합개발 역세권이 위치한다. 앞으로도 지하철, GTX, 경전철, 복선전철 등 철도교통의 비중과 위상은 더욱 높아질 것이다. 가장 효율적인 개발이면서 지역에 미치는 긍정적인 파급효과가 크기 때문이다.

향후 어떠한 경제전망을 가정해도 서울의 역세권, 그중에서도 복합개발 역세권의 가치가 높다. 2025년경에는 복합개발 역세권이 다수의 교통망을 연결하며 한 장소에서 우리가 상상하는 모든 것을 가능하게 할 것이다. 한곳에 교통, 상업, 업무, 주거, 문화예술, 연구, 호텔 등이 모두 모여 지역의 거점을 이룰 것이고 용적

| 2030서울플랜에 따른 서울의 권역별 구분과 복합개발구역 |

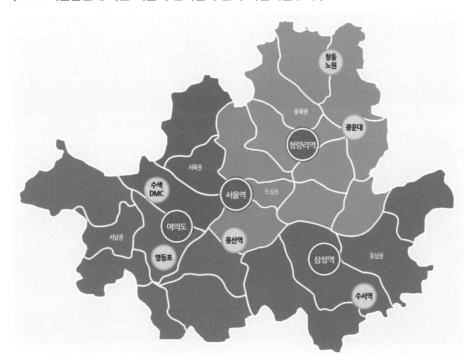

률 완화, 최첨단 인텔리전스 기술까지 더해지며 세련된 첨단도시의 장관을 이룰 것이다. 권역별로 복합개발의 현황과 인근의 도시재생사업들을 정리해보자.

원조의 귀환, 도심권 복합개발

도심권은 중구, 종로구, 용산구를 포함하며 국가의 중요한 행정, 금융, 대기업의 본사가 많다. 특히 4대문 내의 지역은 오랜 역사를 지닌 만큼 대체가 어렵고 상징적이며 독보적인 가치를 지니고 있다. 하지만 이 지역은 규제가 많고 지가 수준도 높아 개발이 쉽지 않은데, 그만큼 대형 복합개발계획은 한양도성의 부활을 이

출처 : 국토교통부

끌 것이다.

　서울역 복합개발은 국가를 대표하는 초거대 역세권으로 역사 도심과 연계할
예정이다. 서울역은 현재 지하철 1호선, 4호선, 경의중앙선, 공항철도, ITX, KTX
와 연결되어 있으며, 향후 GTX A노선이 2023년, B노선이 2025년에 추가로 개통
할 예정이다. 서울역 북부의 부지에 국제교류단지가 조성되면 서소문 역사공원,
쇼핑시설과 함께 조화를 이룰 것이다. 또 전통의 남대문시장 일대는 도시환경정
비사업을 통해 주상복합시설로 개발될 예정이다. 서울역의 고가도로는 2017년에
공원화하며 '서울로 7017'로 거듭났다. 서울로 7017은 향후 새로운 서울역과 국제
교류단지, 충정로, 남대문시장의 주상복합 일대를 연결할 예정이다. 뉴욕의 유명

한 고가공원인 하이라인파크와 비교할 만하다.

용산역 복합개발은 낙후된 전자상가지역을 첨단 신산업 복합문화지역으로 개선하며, 중단되었던 국제업무지구를 다시 추진할 예정이다. 용산역은 현재 KTX, ITX, 지하철 1호선, 경의중앙선이 연결되어 있고, 2025년경 GTX B노선이 개통될 예정이다. 서울역에서 이어지는 풍부한 관광 수요를 용산의 관광쇼핑시설, 해방촌 도시재생, 미군기지가 이전하는 80만 평의 용산공원, 이태원 상권으로 흡수하게 될 것이다. 용산역의 전면에는 과거 용산역의 전면3구역이었던 래미안용산더센트럴이 입주를 완료하여 고층 인텔리전스 빌딩의 장관을 이루고 있다.

용산역 뒤쪽의 낡은 전자상가 일대는 도시재생을 앞두고 있다. 용산전자상가는 한때 전자제품의 성지로 명성을 날렸으나 인터넷 쇼핑에 밀리고 트렌드가 변화하면서 공실률이 극심한 상태이다. 서울시는 용산의 선인·나진·원효상가와 전자랜드를 중심으로 'Y밸리'라는 신산업 창업 단지를 구축하고, 주변의 대규모 주차장 부지를 창업·주거복합시설로 개발할 예정이다.

도심의 세운상가, 창덕궁, 정동, 창신·숭인 지역도 도시재생이 활발히 진행 중인데, 세운지구는 안타깝게도 해제를 앞두고 있다. 하지만 '2020 다시세운 프로젝트'로 제조인쇄산업을 되살리고 고도화를 추구한다. 창덕궁과 정동지역은 보존 위주로 갈 예정이다.

세계적인 규모의 동남권 복합개발

동남권은 서초구, 강남구, 송파구, 강동구이며, 강북 도심에 비해 새로 만들어져 기반시설이 양호하고 깔끔한 주거단지의 비율이 높다. 이런 이유로 재건축의 비율이 압도적으로 높으며 우수한 환경과 학군으로 선호도가 높다. 삼성역과 수서역의 복합개발은 동남권의 중심축을 이루며 가치를 높일 것으로 기대된다.

삼성역 복합개발은 전국의 모든 역세권 개발사업 가운데에서도 최대 규모(42만㎡)를 자랑하며, 내용에서도 세계적인 수준이다. 삼성역은 이미 무역센터를 중심으로 쇼핑, 호텔, 업무 시설이 복합화되어 있으나 더욱 고도화될 예정이다. MICE 국제교류복합지구로써 국제회의나 박람회에 특화된 시설과 서비스를 제공하며, 영동대로 통합개발로 지하 6층까지 거대한 교통도시가 만들어진다. 한곳에서 KTX, GTX A·C노선, 지하철 2호선, 위례신사선, 광역버스, 도심공항터미널의 통합 환승이 가능하다. 한편 무역센터 맞은편에는 현대자동차 통합사옥(GBC)이 2023년경 105층 규모로 완성된다. GBC에는 현대-기아자동차 본사와 연구센터가 입주하고, 지하에는 스타필드 상업시설이 연결될 것이다.

코엑스 일대는 국내 최초의 '옥외광고물 자유표시구역'으로 광고 규제가 완화되어 한국의 타임스퀘어로 변신하고 있다. 현재 'SM코엑스 아티움'의 초대형 컬러 광고판에 창의적이고 세련된 광고가 24시간 변화하며 노출된다. 인근 잠실종합운

| 삼성역 복합개발 지역 |

동장의 리모델링, 탄천과 한강 일대 63만㎡의 수변문화공간 개선과 함께 쾌적함을 더할 것으로 생각된다.

수서역 복합개발은 강남·송파지역의 교통 여건을 크게 개선하고 있다. 지하철 3호선과 분당선이 연결되었고 평택 지제를 연결하는 고속철도 SRT도 개통했다. 2021년에는 GTX A노선이 추가로 개통할 예정이다. 수서 지역은 강남 지역 내에서 접근성이 낮아 상대적으로 단절되었으나, 교통의 개선으로 재평가받고 있다. 수서역세권은 동네 수준의 상권이었으나 현재 광역 상권으로 거듭나는 중이다. 2021년경 2,500여 세대의 공공주택과 상업용 오피스, 지식산업센터, 숙박시설이 들어올 예정이다.

과거를 잊게 만드는 동북권 복합개발

동북권은 성동구, 광진구, 동대문구, 중랑구, 성북구, 강북구, 도봉구, 노원구로 넓은 지역을 포괄하며 많은 도시재생사업들이 진행 중이다. 동대문과 제기동을 중심으로 상업의 비중이 높고 노원, 도봉, 강북(노도강) 지역은 주거의 비중이 높으며 상대적으로 낙후된 지역의 이미지가 강하다. 하지만 청량리 개발을 시작으로 새로운 변화가 시작되었다. 청량리역 복합개발은 기존의 롯데백화점과 인근의 부지를 전면 철거하고 10개의 노선이 연결되는 민자역사와 함께 동대문구에서 가장 높은 65층의 주상복합건물 4개 동, 상업, 업무, 호텔 시설을 건설한다. 현재 1호선, 분당선, 경의선, KTX가 운영 중이고 2025년경 GTX B노선과 C노선도 개통할 예정이다.

강북 지역을 연결하는 복선전철과 경전철의 개통도 예상되어 광역뿐 아니라 인근 지역의 접근성도 한층 강화될 전망이다. 청량리와 제기동 인근은 낡은 건물과 오래된 점포, 노점상과 위락시설이 밀집하여 좋지 않은 인식이 있었던 것이 사

| 청량리 4구역 공사현장 |

실이다. 하지만 모든 시설들이 깨끗이 철거되어 현재 공사가 진행 중이며 향후 부도심의 기능과 위상을 되찾을 것이다.

청량리 역사개발과 관련한 부동산들은 당연히 높은 인기를 누리고 있다. 전농 7구역 재개발이었던 래미안크레시티는 전용 84㎡는 12억 원을 이미 돌파하였고, 2023년 입주 예정인 한양수자인192와 롯데캐슬스카이도 높은 경쟁률로 분양이 마무리되었다. 인근의 청량리, 전농, 용두동 재개발과 답십리뉴타운도 유망하다.

광운대 역세권과 민자역사 개발은 동북지역의 다크호스로 꼽힌다. 광운대역은 1호선과 경춘선의 환승역이고 GTX C노선도 2025년경 개통할 예정이다. 그동안 이 지역은 지상철 소음과 시멘트 공장, 물류센터가 등으로 쾌적하지 못한 환경으로 저평가되었다. 하지만 이런 시설들이 모두 이전하고 49층 타워와 37층의 주상복합 시설이 24만여㎡의 규모로 새롭게 들어올 예정이다. 중랑천 수변 조망이 가능하여 높은 인기가 예상되며, 상봉−망우 역세권(GTX B)에 버금가는 신규 단지로 부상할 것이다. 인근의 장위뉴타운과도 상호 긍정적인 영향을 줄 것이다.

| 광운대 역세권 개발예정지 |

이에 비해 창동-노원 복합개발은 다소 표류하는 모습이다. 창동역과 노원역을 연결하여 상업과 업무의 복합환승센터를 민자로 구축할 예정이었으나 사업성이 부족하여 회생(부채가 과도한 기업에게 재기할 수 있는 기회를 제공하는 제도)이 진행 중이다. HDC현대산업개발이 인수하려 했으나 7년 이상 사업이 중단되면서 답보 중으로, 현재 진행이 불투명한 상황이다. 하지만 인근 지역의 배후 세대가 많고 상권이 활성화된 편이며 도시재생에 필요한 노후도도 높아지고 있다. 길게 본다면 어떤 식으로든 해결책이 나올 것이다.

뚝섬-성수 전략정비구역은 강남을 대체하는 새로운 부촌의 탄생이 예상된다. 한강변 조망과 서울숲의 녹지가 우수하고 압구정을 마주 보고 있어 강남 접근성이 우수하다. 서울숲 마스터플랜에 의해 레미콘 공장이 이전하고 수변공원화하는 도시재생이 진행 중이다. 현재 최고가를 갱신 중인 갤러리아포레와 트리마제로 이미 가능성은 검증되었다. 하지만 인근의 낙후된 근린상권은 옥의 티로, 개선이 필요하다. 2021년 입주 예정인 서울숲 아크로 포레스트와 주변의 재개발 지역들, 뒤쪽의 준공업 지역은 향후 전망이 밝다.

왕십리복합개발은 이미 완성단계로서 신축급 아파트인 텐즈힐, 센트라스의 가치가 높아질 것이고 인근의 마장 지역도 도시재생이 진행 중이다. 이외에 자동차 관련 거점 지역으로 육성하는 장안평과 군자역세권도 주목할 만한데, 동대문구의 도시재생으로 이주 수요가 계속 늘어날 것으로 전망한다.

젊음과 미래를 지향하는 서북권 복합개발

서북권은 은평구와 서대문구, 마포구를 포함하며 한강변과 합정을 중심으로 젊은 층의 선호도가 높다. 홍대와 합정을 연결하는 홍합라인의 젊은 상권과 상암

DMC의 신규업무단지가 깨끗하고 쾌적한 이미지를 만들었다. 은평구의 연신내역 세권과 뉴타운들도 도심 접근성이 우수하면서도 저평가된 거주지로 인기가 높다.

수색역−상암DMC(디지털미디어시티) 지역은 서북권에서 독보적인 22만㎡ 규모의 복합개발로 지역의 업무 인프라와 수요가 집중될 예정이다. 디지털미디어시티 역은 공항철도와 6호선, 경의중앙선의 환승이 가능하다. 상암DMC에서 월드컵경기장, 일산 한류월드까지 복합 문화 벨트가 조성 중이며, 배후 지역에 MBC, SBS, YTN, 종편 방송사 등 주요 방송사들이 대거 이전하였다. IT 기업과 문화콘텐츠 기업들도 입주하면서 첨단 콘텐츠 업무단지로 독보적인 가치를 만들어냈다.

DMC 지역에서는 롯데가 선도적으로 사업을 추진 중인데 상업시설과 숙박시설 등을 공급할 예정이다. 한강변의 난지캠핑장과 초대형 공원, 골프장은 서울에서 찾기 힘든 입지조건으로 인기가 뜨겁다. 향후 모든 개발이 완성되었을 때의 파급력은 상당할 것이다. 다만, 사업 진행이 오랜 기간 지연되었고 GTX 노선이 없

| 수색역 인근 모습 |

는 것은 단점이므로 신중하게 접근할 필요도 있다. 주변의 수색, 증산뉴타운의 공급은 주목할 만하다.

연신내 역세권은 GTX의 연결 호재가 있으나 대규모 복합개발이 없고, 구파발과 불광으로 상권이 분산되어 파급력은 덜할 것이다. 연신내역 불광2동 도시재생사업과 구파발역의 신축급 아파트에 관심을 가져보자.

도심과 보다 가까운 홍제 재개발 구역과 아현, 북아현뉴타운은 저평가된 유망지역이다. 마포와 공덕역세권은 전통적인 업무지역으로 위상이 높으나 지속적인 주택의 공급과 학군 형성으로 주거지역으로써도 재평가받을 것이다. 마포대로변의 도시환경정비사업 복합개발과 공덕 정비구역, 염리구역도 유망하다.

첨단산업으로 재편하는 서남권 복합개발

서남권은 동작구, 관악구, 영등포구, 금천구, 구로구, 양천구, 강서구로 구성되며 과거 낡은 주거단지와 전통산업의 기반이 새롭게 전환하는 과정이다. 주요 축은 3도심 중 한 곳인 여의도−영등포이며 가산·구로공단의 G밸리화, 첨단기업도시인 마곡지구의 개발이 성장동력으로 인근의 주거지역을 견인하고 있다.

여의도는 교통개발과 함께 국제적인 금융중심지로 부상하기 위해 도전하고 있다. 한국의 월스트리트가 되기 위해 그간 많은 노력을 기울였으나 결과적으로는 부진한 상황이다. 2015년에는 전 세계 금융센터의 순위인 국제금융센터지수(GFCI: Global Financial Centres Index)에서 6위에 올랐지만 2019년에는 36위로 떨어져, 많은 분발이 필요하다. 서울시는 여의도 금융특정개발진흥지구를 준비 중인데, 2020년경 구체화될 전망이다. 각종 세제·금융 지원을 강화하여 금융기관의 집적을 유도하고 신산업 생태계를 조성하는 것이 목표이다. 여의도의 노후화된 업무지역의 재생 및 리모델링 방안이 추진되고, 여의도역부터 마포, 공덕까지 핀테크 허브가 만들어진다.

여의도역은 5호선과 9호선의 환승역이고, 2024년 신안산선, 2025년 GTX B노선이 개통할 예정이다. 여의도 우체국 재건축도 진행 중이며 여의도 역세권의 환경이 크게 개선될 것이다. 여의도의 재건축 아파트들은 사업이 지연되고 있으나 40년을 넘은 노후건물들이 많아 미루기가 어렵다. 만약 진행된다면 강남 못지않게 많은 인기가 예상된다.

영등포 복합개발은 영등포역을 중심으로 신세계백화점, 타임스퀘어와 인근의 상업용 부지를 포함한다. 영등포역의 철도역사 위와 인근의 4만여㎡ 부지에 도로를 확장하고 용적률과 높이 제한을 완화하여 복합업무시설을 신축한다.

사당-이수 복합환승센터는 일대의 만성적인 교통난을 해소하기 위해 시작되

| 재건축 예정인 여의도 대교아파트 |

었다. 사당역은 서초, 동작, 관악, 과천, 수원을 연결하는 남부지역의 교통 요지로서 지하철 2, 4호선, 강남순환도로, 경기도 광역버스의 환승이 가능하다. 사당역과 이수역 인근의 공공주차장, 변전소 부지를 활용해 통합환승센터(2021년 예정)와 주상복합, 호텔 등의 시설이 들어올 예정이다.

구로차량기지 복합개발은 구로차량기지가 이전하는 15만여㎡의 부지에 복합단지인 '그린스마트밸리'를 개발하는 사업이다. 과거에는 이 지역이 서남부의 외곽으로 전동열차의 입출고와 정비의 역할을 했지만, 주변에 아파트가 많이 생기면서 민원이 많아져 이전을 결정하였다. 차량기지가 이전하는 부지에는 최고 50층 규모의 복합건물로 3,000세대 아파트와 상업시설, 호텔, 업무시설이 들어올 예정이다.

영등포와 당산, 구로, 가산 지역에 넓게 분포한 준공업지역은 '2030 준공업지역 종합발전계획'에 따라 복합시설 및 역세권 개발이 진행 중이다.

| 계발 예정인 당산동 준공업지역 |

05

서울의 마지막 새 아파트가 될 수 있는, 해제되지 않은 정비구역

정비구역은 해제 여부에 따라 다른 결과를 맞이하게 된다. 서울에서 새로운 구역의 지정은 매우 어렵고, 여유 부지도 충분하지 않다. 그렇기에 해제되지 않은 정비구역은 서울의 마지막 대단지 신규 아파트가 될 가능성이 높다. 2018년 기준 서울의 뉴타운을 포함한 정비구역 중 393개 구역이 해제되고 262개 구역이 사업을 추진 중이다. 서울의 마지막 신규 아파트를 찾아보자.

가장 유망하면서도 비싼 도심 뉴타운

약 5년 후에는 현재 추진 중인 대부분의 뉴타운이 완성되는데, 지역별로 차이가 있겠지만 상당한 시세 상승이 예상된다. 가장 유망하면서도 비싼 곳은 도심권

| 한남뉴타운 3구역 |

의 한남뉴타운으로 대지지분 평당 1억 원 시대를 열 것이 유력하다. 이태원과 가까운 1구역을 제외한 4개 구역이 진행 중인데 보광동과 한남동에 걸친 3구역이 사업시행인가를 마친 후 시공사 선정단계로 가장 빠르다. 한남 2, 4, 5구역은 조합설립인가 단계이며, 시간이 걸리겠지만 신분당선이 연결되는 신흥 부촌으로 큰 기대를 모으고 있다.

서울역과 숙대입구역에 걸친 후암특별계획구역도 재개발이 진행 중이고, 효창 6구역, 삼각지역과 한강로 1, 2, 3가 일대의 도시환경정비구역도 유망하다.

저평가된 서남권 뉴타운

상대적으로 저평가된 서남권역의 영등포부터 신길─노량진─흑석으로 이어지는 뉴타운 지역은 재평가를 받는 계기가 될 것이다. 영등포는 시장상권 중심의 도심형 뉴타운으로 1-5를 제외한 대부분이 진행 중인데 1-12, 13구역이 주목할 만하다. 1-12구역은 조합설립이 진행 중이며 4,900평의 부지에 38층의 주상복합을 추진하면서 인접한 14와 18구역을 함께 개발하기 위해 노력 중이다. 만약 통합개발이 가능하다면 사업성이 크게 개선될 것이다. 1-13구역은 사업시행인가가 예정되어 있고, 1-3구역은 한화 꿈에그린 스퀘어가 2020년 입주 예정이다. 1-26구역은 뉴타운이 해제되었으나 가로주택정비사업으로 부활하여 29층의 현대아이파크가 공급될 예정이다. 가로주택정비사업은 개발 속도도 빠르고 조합원 입주권 거래의 규제가 덜하여 투자가 손쉬운 장점이 있다.

신길뉴타운은 대부분 마무리되었지만 2구역과 3구역(포스코), 8구역(신길파크자이) 등 일부가 남아 있다. 14구역인 신길 센트럴아이파크의 입주가 진행 중인데 2019년 하반기 신안산선이 착공하여 직접적인 수혜가 예상된다.

노량진뉴타운은 학원가의 특성상 진행이 느려 아직까지 완성된 곳이 없었으나 8개 구역 모두 조합설립을 마무리하면서 탄력을 받고 있다. 총 8,000여 세대를 공급하며 9호선으로 강남 접근성이 좋고 용산, 여의도가 가까워 우수한 입지를 자랑한다. 현재 6구역의 진행이 가장 빠른데 GS와 SK건설의 컨소시엄으로 2020년 일반분양 후 2023년 입주할 예정이다. 노량진역세권의 1구역, 학원가와 한강 조망이 강점인 3구역, 7호선 장승배기역과 가까운 2구역 모두 각각 장점을 지니고 있다. 4구역과 8구역은 시공사 선정, 5구역은 사업시행인가 단계에 있다. 이들 지역은 시간이 조금 더 필요할 것이다.

흑석뉴타운은 절반 이상 완료되었고 현재 1, 2, 3, 9구역이 진행 중이다. 이미 완료된 흑석 7구역의 아크로리버하임과 마크힐스, 8구역의 롯데캐슬에듀포레는 고급 주거지역의 가능성을 입증했다. 진행이 가장 빠른 3구역은 2022년 GS자이가 1,700여 세대를 공급한다. 9구역은 관리처분을 준비 중이며 2025년경 롯데캐슬시그니처 1,500세대를 공급할 예정이다. 1구역과 2구역은 지하철 접근성과 입

지가 뛰어나지만 상가의 비중이 높아 진행속도는 느릴 것으로 예상한다.

마곡지구 인근에 위치한 방화뉴타운은 단독주택 재건축 방식으로 사업 진행이 느리지만 낮은 프리미엄과 대규모 업무 단지의 배후인 점, 공항과 가까운 장점으로 실속 있는 투자가 가능하다.

도심과 가까운 서북권 뉴타운

서북권의 수색-증산 뉴타운은 DMC 개발의 호재, 홍제정비구역, 아현-북아현 뉴타운은 뛰어난 도심 접근성을 자랑한다. 해제된 곳을 제외하고 증산 2구역, 수색 4, 6, 9구역에 기회가 있다. 증산 2구역은 관리처분인가 단계로 지하철과 가까운 장점이 있고 수색 4, 6, 9구역은 상암 DMC 첨단 업무지구와 수색역세권 개발의 호재로 역시 미래 가치가 높다.

| 아현 1구역 |

　합정에서 서대문에 이르는 지역은 여의도와 도심을 잇는 핵심 주거지역으로 인근의 아현, 북아현 뉴타운의 인기는 뜨거울 것이다. 북아현뉴타운의 1-1구역인 힐스테이트신촌은 2020년에 입주를 시작으로 2구역과 3구역까지 총 13,000세대가 입주할 예정이다. 북아현 2구역(래미안, 이편한세상) 2,000여 세대, 북아현 3구역(자이, 롯데캐슬) 4,000여 세대가 공급되면 마포와 신촌 지역의 대장을 이어받을 것이다. 공덕 1구역의 재건축사업은 공덕 쿼드러플 역세권의 장점이 있으며 현재 시공사 선정이 완료되었다.

물량으로 승부하는 동북권 뉴타운

　동북권은 선택의 폭이 가장 넓다. 청량리역사 복합개발의 청량리균형발전촉진지구와 전농-답십리 뉴타운을 주목해보자.

| 장위뉴타운 4구역 |

　전농-답십리 뉴타운은 래미안크레시티, 미드카운티, 위브, 답십리파크자이 등 대부분 개발이 완료되었는데 인근의 청량리동, 용두동과 제기동 지역에 신규 단지들이 들어올 예정이다. 청량리역 개발은 교통과 상업의 획기적인 개선이 이루어지며 인근의 주택단지에도 긍정적인 영향을 줄 것으로 예상된다. 청량리 3구역의 해링턴플레이스, 4구역인 롯데캐슬 SKY-L365, 동부청과시장의 한양수자인, 답십리역 인근의 청계리버뷰자이까지 2023년 기준 총 1만 5,000여 세대가 입주할 예정이다. 다음으로 전농 8구역, 용두 6구역, 제기 4구역도 주목할 만하다.

　청량리 북측 외국어대 인근의 이문, 휘경 뉴타운 지역은 이문 1, 3, 4구역과 휘경 3구역을 주목하자. 이문 1구역(삼성물산)과 3구역(현대산업개발, GS건설)은 이주가 진행 중이고 4구역은 조합이 설립되었다. 휘경 1구역은 2020년 해모로프레스티지가 입주 예정이며, 3구역(GS건설)은 관리처분인가 단계이다. 이 지역은 대학가와 역세권 지역으로 신규 아파트 단지의 개발이 큰 시너지를 낼 것이다.

성북구는 뉴타운 개발이 가장 활발했던 곳으로, 이미 많은 혜택을 보았다. 길음-미아 균형발전촉진지구와 함께 광운대 역세권 개발의 사이에 위치한 장위뉴타운 지역은 여전히 유망하다. 현재 일부 해제된 지역을 제외하고 진행 중이며 4, 6, 7, 10, 11구역을 주목해보자. 4구역(GS건설)은 공사가 활발히 진행 중이며 2,800여 세대가 입주할 예정이다. 6구역은 대우건설이 시공할 예정이고, 7구역은 2020년 말 입주 예정이며, 10구역은 푸르지오가 들어온다. 11구역은 해제되었으나 가로주택정비사업으로 부활할 예정이다.

행당 7구역의 재개발은 왕십리역 퀴드러플 역세권으로 시공사 선정이 마무리되었다. 동부지방법원이 이전한 구의-자양 재정비촉진지구도 2호선 역세권으로 잠실 접근성이 우수하다. GTX 개통 역사와 가까운 길음뉴타운 롯데캐슬클라시아와 미아재정비촉진지구도 4호선이 가까워 인기가 높을 것이다.

북쪽의 가장 외곽인 상계뉴타운은 저평가되며 프리미엄이 낮지만 4호선 진접선의 연장 이슈가 있다. 미래가치가 상대적으로 낮은 지역은 신림뉴타운과 중화뉴타운이다.

동남권은 강동구와 재건축을 주목하자

동남권에서는 천호역과 강동역 인근이 가장 먼저 눈에 띈다. 천호 1, 2, 3 촉진구역은 혐오시설이었던 위락시설의 이주가 완료되어 철거를 앞두고 있으며 2023년 준공 예정이다. 지역의 이미지와 선호도가 크게 개선될 것으로 보인다. 천호역과 강동역에 위치한 천호-성내 재정비촉진지구도 사업이 진행 중이며 4구역이 가장 먼저 이주를 시작하여 2022년 말 주상복합으로 입주할 예정이다. 거여-마천뉴타운의 일부 구역, 고덕의 신규단지들도 유망하다. 다만, 강동의 입주물량이

2019, 2020년에 1만 5,000세대에 이르고 인근의 미사, 위례신도시에 입주 수요가 분산되어 입주 부담에는 유의해야 한다.

강남 지역은 미래가치가 매우 높지만 신규 재건축의 진행이 당분간은 속도를 내지 못할 것이다. 2019년 가을 현재 분양가상한제 이전에 분양을 마치려는 단지들이 속도를 내고 있다. 강남의 상아2차(래미안라클래시), 역삼 센트럴아이파크, 송파의 시그니처롯데캐슬, 동작 이수의 푸르지오더프레티움은 높은 인기가 예상된다.

서울시 전역은 투기과열지구로써 재개발 구역에 투자 시 2018년 1월 24일 이전에 사업시행인가를 받은 구역은 조합원의 지위 양도가 가능하지만, 이후에 인가받은 곳은 양도가 불가능하다. 또한 재개발 구역 중 2017년 8월 2일 이전 사업시행인가를 받은 구역은 입주권의 전매가 가능하지만, 이후에는 불가능하다.

입주가 임박한 신축 아파트들은 비싸지만 상당 기간 대장 자리를 지킬 것이다. 2019년 신촌숲아이파크, 2020년 신촌그랑자이와 신반포센트럴자이, 2021년 디에이치자이개포와 마포프레스티지자이, 2022년 반포의 디에이치클래스트가 입주 예정이다.

서울의 주요 지역과 도심의 주택 가격을 안정시키기 위해서는 신규공급이 많아야 하는데, 멸실 주택의 증가와 각종 규제로 순공급의 부족이 누적되고 있다. 서울의 주택과 아파트는 지금도 높은 가격대를 유지하고 있으나 수년 뒤에는 보다 높은 시세의 분출이 예상된다. 서울의 신규아파트는 당분간 블루칩이 될 것이 매우 유력하여 투자나 실거주 목적으로도 0순위이다. 하지만 공급 부족에 따른 희소성으로 가격이 비싸고, 대출 규제로 실투자금이 늘어나 접근의 문턱이 높아지고 있다. 일부 현금 동원과 자금의 여유가 가능한 투자자에게 기회가 한정된다. 한정된 예산으로 실속을 추구하거나 규제를 벗어나고 싶은 투자자는 해제 지역에서 새로운 기회를 찾아보자.

TIP · 비싼 만큼 좋은 서울의 마지막 대단지 아파트

- 한남 – 용산 – 신길 – 노량진 – 흑석
- 수색 증산 – 아현 – 북아현
- 청량리 – 전농 · 답십리–이문 · 휘경–장위
- 행당 – 구의 · 자양
- 천호 – 성내 · 거여 · 마천
- 강남 3구 재건축
- 입주 3년 내의 신축 및 예정단지가 향후 수년 이상 대장 자리를 지킬 것이다.
- 대출 규제로 비싼 투자금이 문제이다.

해제 지역은 노후도와 관리현황을 확인하자

정비해제지역은 어떻게 될까?

이번에는 구역 해제 현황을 살펴보자. 2017년 말을 기준으로 일반해제지역 279구역, 직권해제구역 114구역이 있으며 뉴타운이 74구역, 재개발 111구역, 재건축 205구역이 해제되었다.

뉴타운 중에는 영등포, 가재울, 마천, 수색, 신원 신정, 상계, 용두, 염리, 장위, 창신 숭인, 한남뉴타운의 일부 구역이 해제되었고, 타 사업들도 해제된 곳이 많다. 340쪽의 표에서 구별로 해제구역 수를 정리하였다. 28개 구역이 해제된 영등포구가 가장 많았고 성북, 강동, 중랑, 은평, 도봉, 서대문, 금천, 동대문, 강북, 관악, 동작구가 10개 구역 이상 해제되었다.

이들 해제된 구역은 기존의 관리계획으로 돌아가거나 서울형 도시재생사업으

| 서울의 권역별 구분과 복합개발구역 |

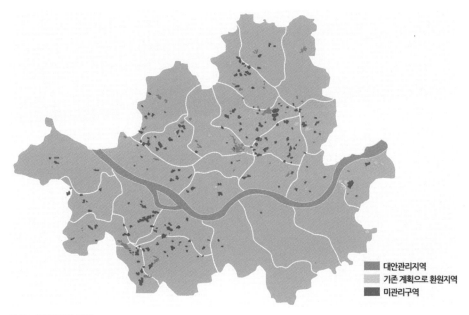

대안관리지역
기존 계획으로 환원지역
미관리구역

출처 : 서울연구원, 2019

로 진행되는 경우가 많다. 2018년에 약 50개 구역이 지구단위계획이나 재정비촉진계획으로 돌아갔고, 111개 구역은 서울형 도시재생사업으로 전환되어 진행 중이다. 나머지 200여 개 구역은 관리계획이 아직 정해지지 않은 상황이다. 정해지지 않은 지역은 노후도와 입지, 동의여건에 따라 서로 다른 방향으로 정비가 이루어질 것이다.

| 자치구별 해제구역 수(2018년 서울시) |

자치구명	해제구역 수	구역
영등포구	28	신길, 대림, 영등포, 당산, 양평
성북구	27	길음, 정릉, 종암, 장위, 성북, 동선, 삼선, 안암, 석관, 종암
강동구	22	천호, 성내, 둔촌, 고덕, 암사
중랑구	20	중화, 묵, 상봉, 면목, 신내
은평구	16	불광, 수색, 갈현, 증산, 신사, 구산, 응암, 역촌
도봉구	14	도봉, 방학, 쌍문, 창
서대문구	14	충정로, 홍은, 홍제, 남가좌, 연희, 북가좌
금천구	13	가산, 시흥, 독산
동대문구	13	이문, 장안, 용두, 제기, 휘경
강북구	11	강북, 미아, 수유, 우이
관악구	11	서원, 난곡, 난향, 봉천, 신림, 남현
동작구	11	상도, 흑석, 대방, 사당
종로구	9	명륜, 신영, 필운, 돈의동, 사직, 옥인, 충신
마포구	8	신수, 연남, 염리, 대흥, 공덕, 망원, 성산
광진구	7	구의, 자양
구로구	7	가리봉, 구로, 개봉, 오류, 궁
강서구	6	등촌, 방화
노원구	5	공릉, 상계
양천구	4	신정, 신월
성동구	3	송정, 사근, 마장
송파구	3	마천, 송파, 오금
용산구	3	원효로, 한남, 이태원
중구	2	신당
서초구	1	방배

낡은 주택은 어디에 많을까?

아래의 표는 노후도가 높은 지역들의 순위를 정리한 것이다. 우선 단독주택의 노후도가 높은 지역은 성북구 정릉동(74.9%), 종로구 창신동(72.2%), 동대문구

| 지역별 노후주택 현황 |

노후단독주택			노후공동주택		
동명	노후주택 수	비율(%)	동명	노후주택 수	비율(%)
성북구 정릉동	2,724	74.9	강남구 압구정동	130	97.7
종로구 창신동	1,037	72.2	강동구 고덕동	117	76.5
동대문구 용두동	1,443	71.3	마포구 염리동	146	66.1
동대문구 제기동	1,785	70.6	강동구 상일동	210	61
용산구 후암동	1,064	70.5	마포구 아현동	400	60.6
성북구 성북동	1,148	67.8	강남구 일원동	162	50.5
용산구 한남동	1,137	67.6	용산구 이촌동	138	49.5
성북구 장위동	3,722	67.1	종로구 명륜3가	69	43.7
동대문구 청량리동	769	66.1	동대문구 청량리동	93	43.1
성동구 마장동	736	63.6	강남구 개포동	298	40.9
용산구 용산동2가	678	62.7	강동구 명일동	94	39.2
서대문구 북가좌동	946	62.3	강동구 둔촌동	182	37
중구 신당동	1,908	62.1	서초구 잠원동	96	36.6
서대문구 홍은동	1,630	61.9	구로구 가리봉동	60	30.8
서대문구 연희동	1,586	60.7	용산구 청파동1가	69	29.4
용산구 보광동	1,206	60.3	용산구 보광동	49	28.5
서대문구 홍제동	1,262	59.3	송파구 신천동	64	27.1
동대문구 장안동	931	58.2	성동구 성수동2가	67	26.4
은평구 신사동	986	57.4	동작구 노량진동	67	25.3
동대문구 전농동	1,480	57	은평구 수색동	71	24.1

출처 : 주택산업연구원, 〈서울시 주택노후도 현황분석 및 시사점〉, 서울시 주택노후도 현황분석, 2018

용두동(71.3%), 제기동(70.6%), 용산구 후암동(70.5%), 한남동(67.6%), 성북구 성북동(67.8%), 장위동(67.1%), 동대문구 청량리동(66.1%)이다. 구별로는 성북구, 종로구, 동대문구, 서대문구, 중구, 용산구에 노후단독주택이 많다. 이들 지역은 노후도가 심해 어떤 형태로든 반드시 정비해야 하므로 소규모정비가 현실적인 방법이다. 주로 단독주택들이어서 소유자 수가 적고 대지지분이 많기 때문에 단독개발이나 가로주택정비, 자율주택정비사업 모두에 유리하다.

노후 단독주택의 해제구역 중 유망한 지역을 정리해보면 다음과 같다.

성북구의 길음, 장위, 석관동, 종로구의 충신, 창신, 숭인, 필운, 신영, 명륜의 해제지역이 좋을 것이다. 동대문구에서는 청량리, 전농 용두, 제기, 신설, 휘경, 이문, 서대문구에서는 충정로, 아현, 천연, 충현, 홍제지역이 좋다. 이들 성북, 종로, 동대문, 서대문 지역은 해제구역이 많고 노후도도 높아 소규모주택정비사업이 활발하게 진행 가능한 곳이다.

다음으로 정비해제구역은 많지 않지만 노후도가 높고 입지가 좋은 지역을 정리해보자.

중구의 신당, 장충, 황학동이 유망하고, 용산구는 원효로, 한강로, 이태원, 한남, 용문, 신계, 후암을 중심으로 보는 것이 좋다. 영등포구의 신길, 영등포, 당산 지역, 마포구는 공덕, 대흥, 염리, 성산, 신수, 구수의 입지가 좋고 노후도가 좋다. 강동구에서는 천호, 성내, 암사의 해제구역, 동작구의 흑석, 사당을 중심으로 주택 정비가 가능하다.

마지막으로 해제구역은 아니지만 소규모주택정비사업이 가능하고 미래가치 가 높은 지역은 서초구의 방배, 반포, 서초동 지역, 강남구의 논현, 일원, 역삼동의 일부 지역이다.

공동주택의 노후도를 보면 강남구 압구정동이 97.7%로 압도적이다. 그 밖에 강동구 고덕(76.5%)과 상일(61%), 마포구 염리(66.1%)과 아현(60.6%), 강남구 일원(50.5%)이 노후 공동주택의 비중이 높다. 이들 지역 중 신축 아파트의 인기가 높은 지역은 재건축사업으로 완성될 가능이 매우 높다. 압구정, 고덕, 상일, 이촌, 개포, 둔촌 등은 재건축이 예상되며, 일부 수익성이 맞지 않거나 기준을 통과하지 못하는 단지는 소규모주택정비사업이나 리모델링으로 전환할 것이다.

이들 지역은 해제 이후 어떤 관리상태에 있고, 사업은 어디까지 진행되었는지 반드시 확인한 후에 투자를 결정하자.

TIP

해제구역의 재모색

- 소규모주택정비 최우선 유망지역 : 성북구, 종로구, 동대문구, 서대문구
- 소규모주택정비 유망지역 : 중구, 용산구, 영등포구, 마포구, 강동구, 동작구
- 소규모 재건축, 리모델링 유망단지 : 재건축 추진이 어려운 단지들

일자리가 있는 곳에 돈이 있다

양질의 일자리, 곧 직장이 많아지면 그 지역에 거주하기를 원하는 이들이 많아진다. 가능하면 직장에 가깝고 철도나 도로로 출퇴근이 편리한 곳에 거주하기를 원하는 것이다. 이러한 직주근접의 수요에 의해 인근 부동산의 가치가 올라간다. 또한 이런 곳에는 상업, 교육, 문화, 커뮤니티 등 관련한 인프라가 발전하여 삶의 만족도도 높다. 서울과 수도권의 유망한 업무지역은 다음 페이지의 그림에서 확인할 수 있다.

3대 최상위 업무지역

최상위 업무지역은 도심업무지구인 CBD(Central Business District), 여의도 업

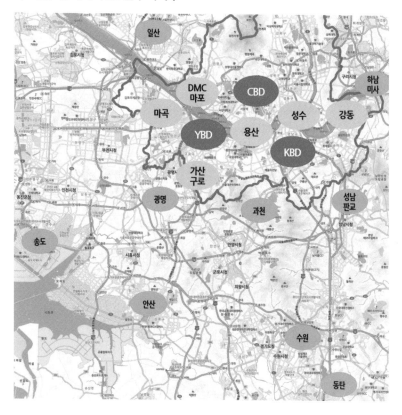

무지구인 YBD(Yeouido Business District), 강남업무지구인 KBD(Kangnam Business District)을 꼽을 수 있다. 이 지역들은 2030서울플랜의 3도심이자 핵심적인 업무거점이다.

서울의 CBD는 광화문, 종로, 을지로, 서울역 등으로 주요 대기업과 은행의 본사, 행정, 외교, 외국계 회사 등이 위치한다. 서울역에서 종로, 동대문에 이르는 지역은 국내 최대 규모의 상업지역으로 비싼 땅값과 밀집도를 자랑한다. 이 지역은 업무와 상업시설의 비중이 높고, 쾌적한 주거시설은 크게 부족하여 인근에 대규모로 주택 수요를 유발한다.

YBD는 여의도 지역으로 국회의사당, KBS, 증권거래소가 있고 금융사, 언론사들이 많다. 서울시가 한국의 맨해튼으로 육성하기 위해 '금융특정개발진흥지구'를 추진 중이다. 섬으로 되어 있어 외부와 단절된 것이 특징이며 상업지역의 비중이 높다. 이 지역도 주택의 공급이 부족하며 땅값이 비싸다. 마포와 영등포 지역까지 YBD의 영향권으로 볼 수 있다.

KBD는 교대에서 삼성까지 테헤란로를 중심으로 한 업무지구이며, 최근 강남대로와 송파대로까지 영향력을 확장하고 있다. 강남은 과거 IT 붐 시절 신흥기업의 본사로 인기가 높았으며, 당시에는 대기업이나 금융기업 도심 본사의 기능을 보완하는 역할이었다. 하지만 삼성동 코엑스를 중심으로 한 국제교류 인프라의 확장, 근무환경, 교육-인프라, 문화시설, 쾌적한 주거여건 등 모든 조건을 갖추며 인기가 점차 높아졌다. 다만, 최근 몇 년간 높은 임대료와 교통의 발달로 인해 성남-판교, 가산-구로, 성수 등으로 기업의 수요가 분산되고 있다. 이들 CBD, YBD, KBD와 이곳에서 근무하는 직장인들을 위한 배후 지역은 최고의 투자처라 할 수 있다.

서울의 주요업무지역

서울의 주요 업무 지역은 서쪽부터 마곡, DMC-마포, 가산-구로, 용산, 성수, 강동이다.

마곡지구는 강서구의 신규 업무단지로써 신도시급의 개발이 이루어지고 있다. LG사이언스파크와 대기업 계열사, 각종 IT 기업들이 입주 중이며 이대서울병원, 공항 접근성이 장점이다. DMC-마포 지역은 방송콘텐츠 기업을 중심으로 한 상암동 일대 DMC의 복합개발과 뉴타운 지역이 좋다. 문화예술이 강점인 홍대-

합정(홍합라인)에는 디자인, 엔터테인먼트 관련 업체, 마포-공덕 업무지구는 한강변과 도심을 연결하는 지역으로 중소기업들의 수요가 많다.

가산 구로지역은 과거 공단지역이었으나 디지털단지로 이미지 변신 중이다. 굴뚝 산업들이 점차 사라지고, 지식산업센터를 중심으로 한 첨단 벤처기업의 메카가 되고 있다. 이 지역은 국가산업단지로써 기간산업 및 첨단과학기술산업을 육성하기 위해 각종 혜택과 인프라가 지원된다. 관련 업종의 기업들이 가장 선호하는 지역으로서 공실률도 낮은 편이다.

용산은 과거 재개발 과정에서의 충돌, 위락시설의 역사, 국제업무지구의 무산으로 많은 우여곡절이 있었으나 현재 가장 눈부시게 떠오르는 지역이다. 용산 역세권의 면세점과 대형 상업시설, 래미안더센트럴 등 새로운 주상복합시설로 이미지가 크게 변하고 있다. 용산은 서울의 가운데에 위치하여 입지가 우수하고, 강남, 도심의 접근성이 모두 우수하여 용산-삼각지-서울역에 이르는 지역은 계속 인기가 높아질 것이다.

성수는 준공업지역이 많아 향후 변화에 주목할 필요가 있다. 가산-구로보다는 좁은 면적이지만 강남과 도심 접근성이 매우 양호하고, 뚝섬-성수전략정비구역에 의해 지역의 이미지도 크게 개선될 것이다.

강동 지역은 얼마 전까지 서울의 한산한 외곽지역으로 인식되었으나 이제는 가장 개발이 활발한 지역 중 하나이다. 삼성엔지니어링, 고덕 상업업무복합지구 등 첨단 연구업무단지가 구축되어 있다. 미사지구에 비해 한강변의 우수한 입지, 교통, 주거 등 모든 여건이 갖추어져 있다.

이들 지역에 대한 투자는 최상위 업무지역과의 상호보완관계, 해당 지역 기업들의 입주 현황, 교통망의 상황에 따라 판단해야 할 것이다.

수도권의 업무중심지역

이번에는 경기도권의 업무지역을 살펴보자. 우선 가장 핫한 지역은 강남 접근성이 우수한 과천과 성남 판교 지역이다. 과천역 인근과 과천지식정보타운의 업무지구는 지식산업센터, 쾌적한 거주환경과 지하철, GTX 연결 호재로 인기가 많다.

판교는 판교 테크노밸리의 성공으로 입지의 우수성이 검증되었고, 고속도로와 철도 교통이 우수하다. 판교 JC 북쪽에 제2판교테크노밸리가 개발 중이며, 인근의 고등지구에도 업무시설이 들어온다. 판교–분당 지역은 강남 접근성이 좋고 학군, 교통 등을 두루 갖추었으며 합리적인 임대료로 강남이나 도심에 입주했던 기업들의 이주가 많았다. 앞으로도 좋은 발전이 예상된다.

수도권에서는 글로벌 전자대기업인 이른바 '삼성전자 벨트'의 존재감이 뚜렷하다. 한국무역협회의 통계에 의하면 2018년 기준 반도체 수출액은 831.6억 달러로써 우리나라 수출총액의 20.8%에 달한다. 그만큼 반도체 산업은 세계적인 경쟁력을 갖추었으며 제조 및 연구 인프라가 잘 갖추어져 있다. 삼성전자는 강남역 서초 사옥, 수원 본사, 용인 기흥과 화성, 평택에 제조시설이 있다. 이들 인프라에 근무하는 대규모 인력들과 협력사, 판매망은 인근의 부동산 시장에도 큰 영향을 미친다. 강남이나 수원, 광교, 동탄, 고덕신도시에는 삼성전자와 관련한 수요가 주택과 상가의 시세를 받치고 있다 해도 과언이 아니다.

동탄은 1, 2 신도시의 넓은 배후 주거지와 대규모의 산업단지가 장점이다. 첨단업종과 전통업종이 함께 모여 있어 산업의 허리 역할을 맡고 있으며, SRT로 강남 접근성도 크게 개선되었다.

다음으로 서남권의 광명과 서북권의 일산, 동남권의 하남 미사가 대형 업무단지를 구축 중이다. 모두 신도시를 기반으로 탄탄한 주거 배후와 편리한 생활여건을 갖추고 있어 기업들의 수요가 많다. 조금 더 넓게 보면 송도와 안산, 수원, 동탄의 업무지구가 눈에 들어온다. 송도는 국제도시로써 외국인 투자우대 조건, 공항과 항만의 접근성, 바이오산업 단지가 타 업무지역과 차별화된다. 또한 국제학교가 독보적으로 잘 갖추어져 있어 거주자들의 만족도가 높다.

안산은 역사가 깊은 반월 시화 산업단지와 신안산선의 개통 호재로 인기가 높아질 것으로 예상된다. 이외의 지역들에도 많은 업무단지들이 있으나 수요와 공급의 여건을 잘 살펴야 한다. 외곽지역으로 갈수록 경쟁이 심하고 공실 비율이 높으며, 인프라가 떨어지므로 인근 주거지역의 투자에는 신중할 필요가 있다.

TIP **직주근접 지역에 투자하자**

- 3대 최상위 업무지역 : CBD, YBD, KBD
- 주요 업무지역 : 마곡, DMC-마포, 가산 구로, 용산, 성수, 강동
- 수도권 업무중심지역 : 과천, 성남 판교, 삼성전자 벨트(강남-수원-용인-광교-동탄-고덕), 송도, 광명, 일산, 미사

부촌 지역을 묶어주는 황금노선, 신분당선

신분당선은 9호선 이후 새롭게 떠오르는 황금노선이다. 광교에서부터 미금, 정자, 판교, 양재, 강남까지 경부 라인 교통의 큰 역할을 하고 있으며, 신분당 역세권 부동산들의 가치도 높아지고 있다. 수원 광교와 용인 수지, 판교의 신분당선 역세권 아파트들은 신분당선 개통 이후 프리미엄을 누리며 연일 최고가를 경신하고, 서울권 가격을 넘보는 동시에 인근 비역세권과의 가격 격차를 벌리고 있다. 이제 신분당선의 프리미엄을 새롭게 누릴 곳은 바로 연장노선이다.

황금노선의 완성, 신논현~한남·용산 구간

신분당선의 서울 방향 1차 연장노선은 다음의 그림과 같이 강남역에서 신사역

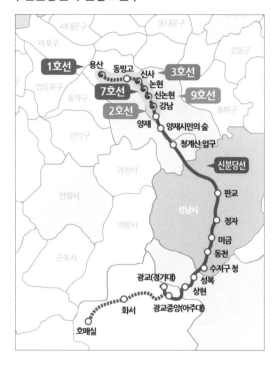

| 신분당선의 연장노선 |

까지 2.5㎞ 구간으로 2022년 개통이 목표이다. 가장 파급효과가 클 것으로 예상되는 곳은 신논현역이며, 기존의 황금노선인 9호선과 새로운 황금노선인 신분당선이 만나게 된다. 연장을 완료하면 경기도의 판교, 광교, 수지 지역 거주민들이 강서와 강동 지역으로 직접 환승이 가능해진다. 이들 지역의 주택에는 큰 호재가 될 것이고, 상권과 유동인구는 빨대효과(철도 교통에 의한 대도시 집중 현상)에 의해 강남, 신논현으로 더욱 집중될 것이다.

강남역에서 신논현을 지나 신사역에 이르는 강남대로는 상대적으로 저평가되었으나, 교통의 혁신에 의해 테헤란로에 버금가는 새로운 중심축이 될 것이다. 국토교통부의 발표에 따르면 왕복 10차선의 강남대로가 하루 평균 교통량 16만

| 신논현역 환승역 예정지 교보타워 사거리 |

1,700여 대로 국내에서 가장 많으며 유동인구도 13만 명에 이른다. 현재는 강남역에서 신사역 구간의 지하철 연결이 되지 않아 버스로만 이동이 가능하고, 지하철역에서 버스 정류장까지의 거리도 상당히 멀어 환승에 어려움이 있다. 교통량도 많지만 공사구간의 병목현상 때문에 자가용 이용 시에도 상습적으로 정체된다. 지하철이 연결되면 교통 정체가 해소되면서 훨씬 많은 유동인구를 수용하고, 대로변의 애매했던 상권도 살아날 것이다. 2호선 강남역 상권의 집중력이 신논현역으로 분산되어 옮겨올 가능성이 높고, 소비층도 보다 젊어질 것이다. 또 인근 영동시장의 먹자 상권과 논현동 가구거리도 보다 활성화되며 주변의 시세에 긍정적인 영향을 줄 것이다.

신논현역과 논현역 사이에 위치한 논현1동과 반포1동의 낡은 주택지역은 소규모주택정비사업이 매우 유망하여 선취매를 추천한다. 강남 신분당선 신설 역세권의 가치 대비 저평가되어 있어 소액투자처로도 유망하며, 수년 뒤 크게 달라진 지역의 변화를 체감하게 될 것이다. 그리고 신사역도 환승역으로 바뀌며 한층 성장하는 계기가 될 것이다.

신사역을 지나 강북 한남동의 보광−동빙고−용산 구간의 5.2㎞도 2025년경에 개통을 예상한다. 뉴타운 가운데 최고의 평당 가격을 달성할 것으로 예상하는 한남뉴타운에는 동빙고역이 생긴다. 한남뉴타운 지역은 용산역과 산으로 단절되고 도로가 반듯하지 않으며, 국철의 환승주기도 길어 교통접근이 열악했다. 하지만 신분당선이 개통되면 강남에서 용산까지 불편했던 대중교통망이 획기적으로 개선될 것이다. 배산임수로 한강 조망권이 우수하므로 이태원과 강남으로의 접근성까지 개선하면 최고의 입지가 될 것이다. 또한 용산마스터플랜에 의하여 유엔사와 수송부 부지에도 새로운 복합시설이 개발될 예정이어서 향후 수년 내 매우 큰 변화가 올 것이다.

신분당선의 북부 연장으로 서울역과 고양 삼송으로의 연결은 타당성이 검토 중이나 현재로써는 가능성이 낮아 보인다. 만약 신분당선이 시청이나 서울역까지 연결된다면 한남뉴타운 역세권의 가치는 더욱 극대화될 것이며, 실투자금이 높은 편이지만 자금의 여유가 있다면 한남뉴타운은 최고의 선택이 될 것이다. 한편 경기도 남부의 광교 중앙~수원~호매실 연장노선도 현재 타당성 검토 단계이다.

TIP

신분당선 황금노선의 완성

- 신논현−신사−한남−용산 구간은 최고의 입지로, 다시 오기 힘든 기회이다.
- 남부로 연장되는 경기도 지역에도 호재가 된다.

09

신설 역세권과
GTX 광역교통의 완성

신규 지하철 역세권은 어디일까?

서울시는 균형발전을 목표로 '서울시 도시철도망 구축계획'을 추진 중이며 2028년경이면 현재 계획 중인 거의 모든 철도망이 완성된다. 중심지까지의 시간이 단축되어 편리해지는 만큼 부동산의 가치는 올라갈 것이다. 과거 9호선이나 분당선, 신분당선의 개통으로 접근성이 개선된 사례를 떠올려보면 결과는 명확하다.

역세권 개발은 철도역이나 지하철역 주변을 체계적으로 개발하여 주거, 상업, 교육, 문화의 거점을 조성하며 도시화하는 것이다. 일반적으로 역에서 직선거리 1㎞ 이내가 역세권이며 주거지의 선호도가 높아 아파트, 빌라, 단독주택 등이 들어선다. 500m 이내는 초역세권이라 하며 상업과 업무시설이 많다.

서울의 역세권 부동산은 향후 어떤 경제 상황을 예측하더라도 가장 안전한 투

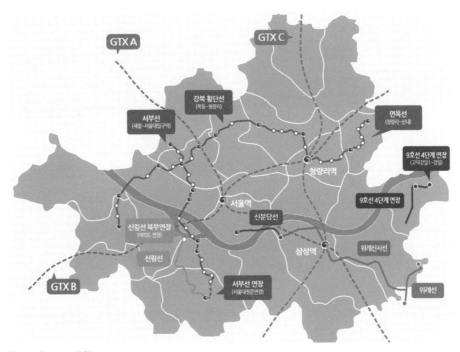

GTX A

GTX C

강북 횡단선
(목동~청량리)

서부선
(새절~서울대입구역)

면목선
(청량리~신내)

9호선 4단계 연장
(고덕강일1~강일)

청량리역

9호선 4단계 연장

서울역

신분당선

신림선 북부연장
(여의도 연장)

위례신사선

신림선

삼성역

GTX B

서부선 연장
(서울대정문연장)

위례선

출처 : 서울시 자료 통합, 2019

자 대상이다. 서울을 종횡으로 가로지르는 지하철의 뼈대는 이미 대부분 완성되었으며, 신분당선의 연장이 가장 큰 파급효과를 줄 것이다.

　나머지 사업은 기존 지하철 노선의 연장이나 보완, 지역노선으로 제한적인 영향이 예상된다. 다음으로는 수도권을 연결하는 신안산선이나 GTX 급행철도가 시장의 큰 흐름을 이끌어갈 것이다. 각 노선별로 이슈들을 정리해보자.

　위의 그림은 서울시의 신설노선 예정도이다. 2020년에는 경기권의 종과 횡을 연결하는 광역망의 윤곽이 드러나고, 2025년경 완성될 예정이다. 완공 후에는 서울지역 인근의 시내 접근성이 평준화되면서 지역 브랜드와 학군, 직군, 문화 여건 등 질적인 요소로 차별화될 것이다.

분당선은 2018년 말 왕십리—청량리 구간의 개통을 완료하였고, 청량리와 강남의 접근성을 크게 개선하였다. 9호선은 한강변을 따라 가로축의 황금노선으로, 급행으로 동서 간의 이동시간을 크게 단축시켰다. 이에 따라 강남 접근성이 개선된 곳은 평균 10~30% 정도의 프리미엄이 발생했다. 2009년 개화~신논현 구간의 1단계 개통 시 염창, 흑석, 가양, 당산, 선유도 등의 저평가지역 아파트는 2억~3억 원씩 가격이 상승했다. 2015년 신논현~종합운동장 구간의 연장에도 선정릉, 종합운동장 인근의 아파트가 3억~4억 원씩 상승했다. 2019년에는 종합운동장~보훈병원까지 노선을 연장했고, 송파 지역의 교통이 크게 개선되어 이 지역의 가격 상승도 예상된다. 2030년경 강동 지역까지 추가로 연장할 예정이며 조건부로 광역철도를 도입할 예정이다.

　　4호선은 기존 구간에 급행열차를 추가로 도입하여 17% 정도의 시간 단축이 예상되고, 2021년경에는 당고개~진접 구간이 연장할 예정이다. 5호선의 연장인 하남선은 2019년 강일~풍산 구간 1차 개통, 2020년 풍산~검단산 구간의 2차 개통이 예정된다. 하남과 미사지구의 교통 연결에 큰 역할을 할 것이다. 7호선의 연장인 부평구청~석남 구간은 2021년 개통예정이며 석남~청라국제도시 구간은 2027년 개통 예정이다. 도봉산~포천 구간도 개통 예정이다. 8호선은 암사~별내 구간을 2023년경 개통하며 구리 인창과 다산, 별내 지역이 수혜를 입을 것이다.

　　서남부권의 가장 큰 호재는 안산~여의도 구간을 연결하는 신안산선이다. 2024년경 개통할 예정으로 착공에 들어갔다. GTX에 버금가는 최대시속 110㎞로 여의도에서 안산까지 25분, 시흥까지 35분에 도달이 가능하다. 기존 대비 50~75%에 이르는 획기적인 시간 단축으로 경기도 서남부의 열악한 교통이 개선될 것이고, 직접적으로 여의도, 영등포, 신길뉴타운, 대림, 신풍, 금천 등에 모두 좋은 영향이 예상된다. 안산(한양대 에리카캠퍼스)은 수혜가 예상되지만 현재 공급량이 많아 당분간 소화가 어려운 상황이다.

　서해안 복선전철도 서부지역의 교통에 기여할 것이다. 원시~홍성 구간은 2022년, 소사~대곡 구간은 2023년 개통 예정이다. 김포공항~홍성까지의 시간이 20% 이상 단축될 것이고 김포공항, 대곡, 능곡뉴타운, 시흥시청, 화성시청 등이 영향을 받을 것이다.

　인덕원선 복선전철은 2021년 착공 예정으로 인덕원~군포~의왕~수원~동탄을 연결하며 월곶－판교선은 2024년 개통 예정으로 동서를 연결하는 축이 될 것이다.

　경전철 중에는 위례신사선과 신림선이 유망하다. 위례신사선은 2026년경 개통 예정인데 문정~삼성~강남~신사까지 연결되어 위례신도시의 강남 접근성을 크게 높여줄 것이다. 위례신도시는 준강남권으로 입지가 뛰어나지만, 아직 지하철이 연결되지 못하여 저평가되고 있다. 지하철 8호선의 개통과 함께 위례신사선이 개통하면 그 위상을 제대로 찾게 될 전망이다.

　신림선은 남쪽으로 서울대를 순환하고 신림뉴타운~신길~대방~여의도까지 연결한다. 여의도에서 서북 방향으로 서부선과 연결하여 은평구까지 손쉽게 이동할 수 있게 된다. 경전철이지만 주민이나 학생들의 편의성이 높아지고, 접근성이 개선되어 인근 낙후지역의 소규모주택정비 사업들이 탄력을 받을 것으로 예상한다.

　지금까지 주요 지하철의 개통 예정 현황을 살펴보았다. 역세권은 개통 전 2~3년 전에 진입하여 선점하는 것이 가장 바람직하지만, 공사가 지연되거나 변수가 생길 수 있음도 유의해야 한다.

3배 빠른 GTX 급행철도 광역교통의 완성

　수도권광역급행철도(great train express 이하 GTX)는 대중교통망의 종결자라 볼 수 있다. GTX는 지하터널을 직선화하고 최고 200㎞, 평균 100㎞의 속도로 지하철보다 3배 이상 빠른 속도를 자랑하며 지역별 거점을 연결하고 광역교통망을 완성한다. 경기도 전역에서 도심이나 강남까지 30분 이내로 진·출입이 가능하다. GTX는 A, B, C 세 개의 노선이 있으며 각각 파주-동탄, 송도-남양주, 양주-수원을 연결하고 서울을 트라이앵글 형태로 지나간다. 환승역인 서울역, 삼성역, 청량리역은 교통이 더욱 집중되어 엄청난 유동인구를 자랑하는 역이 될 것이다.

A노선은 파주 운정-일산 킨텍스-고양 대곡-연신내-서울역-삼성-수서-판교-용인-동탄까지 연결한다. 1차로 2023년에 수서-동탄 구간이 개통 예정이며, 동탄에서 서울까지 20분 만에 연결한다. 수서역의 복합개발지역, 인근의 세곡지구나 재건축, 리모델링의 인기가 높을 것이다. 동탄은 수서까지 SRT가 이미 개통되어 삼성역까지 개통해야 효과를 체감할 것이며 판교도 신분당선의 효과로 삼성역 개통 시에 변화를 체감할 것이다.

2025년 이후로 파주 운정-삼성 구간이 2차 개통될 예정인데, 킨텍스, 대곡과 능곡, 연신내역의 불광, 대조, 갈현 지역의 시세 상승이 예상된다. 용인 구성과 신갈 택지지역도 도심은 30분, 일산까지 1시간 이내에 도착하는 놀라운 효과를 누리게 될 것이다.

B노선은 송도-인천시청-부평-부천종합운동장(당아래)-신도림-여의도-용산-청량리-망우-평내-마석을 연결하며 2025년 개통될 예정이다. 예상보다 빠르게 사업추진이 확정되었고 조기 착공하여 기한 내에 개통할 확률이 높다. 송도신도시의 신축, 주안 재정비, 부평역의 재개발, 부천종합운동장 여월지구가 유망하다. 서울의 여의도와 용산은 대지지분이 높은 아파트와 주택을 추천하며, 여의도는 특히 신안산선과의 시너지가 클 것이다. 상대적으로 저평가된 신도림, 청량리, 망우 지역은 신축과 노후주택 모두 유망하다.

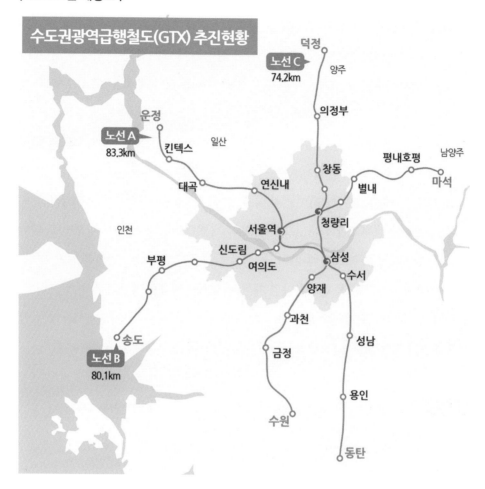

C노선은 덕정-의정부-창동-청량리-삼성-양재-과천-금정-수원으로 2024년경 개통 예정이다. 저평가된 의정부, 창동, 광운대, 장위뉴타운 지역이 재조명받을 것이고, 청량리-삼성-양재는 최고의 입지를 굳히게 될 것이다. 우면지구, 만남의 광장 인근 지역, 양재역세권이나 양재천 인근의 소규모주택정비도 유

망하다. 또 과천역의 지식정보타운의 분양권, 인덕원-관양 재개발, 금정의 뉴타운 해제지역도 인기가 높아질 것이다. 마지막으로 수원역은 동서남북의 광역교통망이 질적인 측면과 양적인 측면 모두에서 완성되며 재개발에 탄력을 받을 것이다. C노선은 업무보다 주거지역을 주로 연결하므로 강남 출퇴근 수요가 높을 것으로 예상한다.

이상으로 노선별 현황을 살펴보았는데, 개통 시기가 늦어질 수 있으므로 주의가 필요하다. 가장 먼저 완성될 A노선의 수서-동탄 이외의 구간은 수년씩 늦어질 수도 있다. 따라서 GTX 프리미엄에 따른 무조건적인 투자보다는 중장기적인 보유를 고려하여 선택해야 한다. 그리고 GTX 개통으로 교통이 편리해지면 도심의 인구가 집값이 싼 외곽으로 빠져나가는 젠트리피케이션 현상이 가속화될 수 있다. 외곽 지역에 개통 2년 전 진입한다면 개통 시 20%에서 2배 이상의 가치 상승이 가능하지만 서울 일부 지역의 상승세는 둔화할 수 있다. 따라서 서울에서도 공급이 부족하면서 지역의 브랜드, 교육, 문화 환경 등이 확실한 입지를 선택해야 한다.

TIP　　　　　　　**10년 뒤 완성되는 수도권 광역철도망을 주목하자**

3년 내 주목해야 할 신설역세권
- 5호선 : 하남
- 8호선 : 위례, 암사-별내
- 신안산선 : 여의도-영등포-신길-대림
- 서해안 복선 : 소사-대곡
- 인덕원 복선 : 인덕원-수원-동탄

5년 내 주목해야 할 신설 GTX
- A노선 : 수서-동탄
- B노선 : 송도-부천-용산-청량리-망우
- C노선 : 청량리-삼성-양재-과천

10

부동산 입지의 사슬과
도로망을 이해하자

갭 메우기와 순환매란 무엇인가?

주거용 부동산은 입지와 교통망에 따라 상하 또는 수평관계로 움직이는 경향이 있다. 인기가 높은 상위 지역의 가격(천장)이 오르면 그 아래 지역은 시차를 두고 따라 올라가는 것이다. 이러한 현상을 이용하여 갭 메우기를 하는데, 하위 지역은 일반적으로 상위 지역의 낮은 가격대까지 올라갈 수 있다.

같은 신축급 아파트라는 가정하에 강남의 가격이 급등하면 서초와 송파에 먼저 영향이 미친다. 다음으로 마·용·성(마포, 용산, 성동)의 가격이 오른다. 다음으로 은평, 종로, 중구, 동대문, 강동, 동작, 관악, 영등포가 동심원의 형태로 오른다. 그리고 서울의 외곽 지역인 노·도·강(노원, 도봉, 강북)과 강서가 오른다.

이와 함께 경기도의 움직임도 살펴보자. 강남이 급등하면 성남 분당과 판교, 광

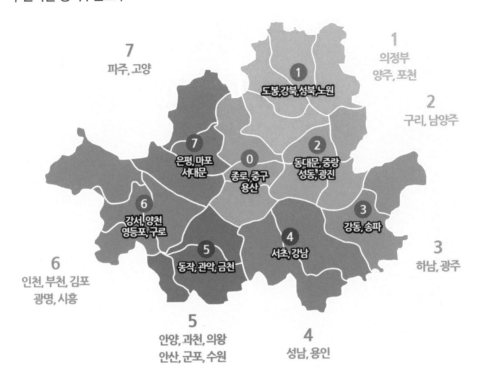

자료 : 국토교통부

교, 과천이 오른 후 평촌, 용인이 오르고, 이후 산본, 동탄의 가격이 움직이게 된다.

각 권역별로도 이러한 현상이 발생한다. 서울의 권역별로 대응하는 경기도 지역이 있다. 서초-강남은 성남-용인, 강동-송파는 하남-광주가 후행으로 따라온다. 동대문-중랑은 구리-남양주, 노·도·강 지역은 의정부-양주, 은평은 파주-고양, 강서-구로는 광명-부천-김포-시흥. 관악-금천은 안양-의왕-군포-수원 지역으로 후행한다.

보통 서울의 각 권역별 거주자가 보다 저렴한 주거지를 찾아 생활권역이 비슷

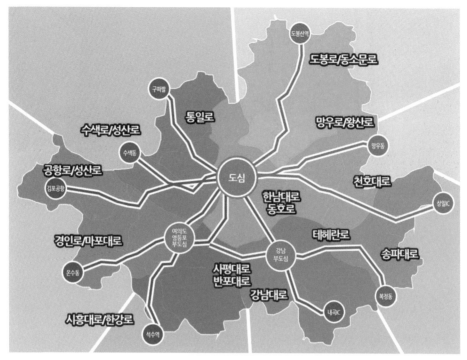

자료 : 국토교통부

한 외곽으로 이동하는 경우가 많다. 신축이 아닌 구건물과 비교할 때는 추가투입 비용과 주변의 신축 시세를 고려하여 보다 면밀하게 검토하도록 하자.

도로망을 따라 투자하자

도로망을 따라서도 투자의 포인트를 잡을 수 있다. 서울 도심에서 주요 지역거점으로 이어지는 간선도로망과 대로변을 따라 좋은 입지가 형성된다. 이들 지역은 접근성이 우수한 만큼 도시재생사업도 활발하다.

　　남산부터 강남을 지나 양재로 이어지는 한남대로~강남대로는 가장 핫한 라인으로서 한남뉴타운의 개발, 신사~신논현의 신분당선 연장, 양재 GTX의 개통 등으로 지속적인 가치 상승이 예상된다.

　　반포 주공을 연결하는 사평대로와 서빙고에서 반포, 서초를 지나 예술의전당으로 이어지는 반포대로의 가치도 더욱 높아질 것이다. 반포래미안원베일리(2023년 입주, 신반포 3차와 경남 아파트 재건축)와 신반포센트럴자이(2020년 입주)가 새로 공급되며 지역의 대장이 될 것이다. 서리풀터널이 개통한 서초역과 교대역, 남부터미널 인근의 소규모 부지는 소규모주택정비사업지로 유망하다. 서초센트럴아이파크(2020년 입주)도 서초동의 단비 같은 공급이다. 방배 주택재건축의 방배로는 서리풀 터널의 개통으로 탄력을 받고 있다. 서리풀 터널의 옛 정보사령부 부지는 2023년 대형 오피스 단지로 개발할 예정이다.

　　강남의 전통적인 업무지역인 테헤란로 역시 좋은 입지의 기준이 된다. 테헤란 대로변은 상업지역으로 호텔, 오피스텔, 업무시설이 활성화되어 있다. 구 르네상스 호텔 부지가 현재 공사 중이며, 2020년 하반기부터 신세계가 새로운 호텔을 운영할 예정이다. 개나리 2차 재건축인 역삼아이파크(2021년 입주)가 들어오며, 역삼-선릉역 인근은 소규모주택정비가 활발하게 이루어질 전망이다. 이 지역은 직장인과 요식업-숙박 관련 종사자의 소형주택 수요가 많다. 포스코사거리부터 삼성역 복합개발로 큰 발전이 예상되며 인근 주택들도 높은 가치를 형성한다. 삼성역 남쪽은 학교가 많아 대형 부지가 부족한데, 대치동 구마을 주택 재건축이 진행 중이다.

송파구의 메인은 잠실에서 송파, 문정, 복정까지 이어지는 송파대로이다. 한강변의 장미아파트 재건축이 예상되고, 석촌역은 환승역세권으로 소규모주택정비가 활발해질 것이다. 송파의 대장인 헬리오시티는 이미 입주 완료하여 순항 중이다. 문정역은 동부지방법원의 이전과 업무단지 개발로 완성단계에 들어섰으며 동남권의 수요를 견인하고 있다. 법조타운 맞은편 로데오거리와 문정 근린공원 인근으로 소규모주택정비가 활발하다.

복정역세권은 위례신도시의 출입구이며 세곡-수서로 이어지는 관문으로 뛰어난 입지를 갖추고 있으나, 아직 주변 여건이 갖추어져 있지 않다. 하지만 주차장과 업무시설 부지를 활용한 '복정역 멀티 스마트시티' 복합개발로 큰 변화가 예상된다.

신설동에서 강동구로 연결되는 천호대로 역시 도시재생이 활발하다. 신설1 및 용두5 재개발, 청량리 균축, 전농 답십리뉴타운, 장안평 도시재생, 천호 성내 재정비 촉진구역을 지난다. 신설동-회기-망우 구간이 왕산로와 망우로는 용두, 청량리, 제기동 정비구역을 관통하며, 이문휘경뉴타운, 상봉 재정비촉진지구까지 연결된다. 유망한 지역들이 아닐 수 없다.

옥수에서 동대입구, 종로를 연결하는 동호로 라인도 좋다. 옥수, 금호가 강남의 대체주거지로 인기가 상승하면서 금호 재개발 및 소규모 신축주택은 인기가 높아질 것이다. 풍부한 수요를 갖추었으나 상대적으로 저평가된 신당, 약수의 재개발지역을 주목하자. 한성대입구−미아−도봉까지 연결하는 동소문로와 도봉로는 동소문 2, 동선 2, 돈암 6구역, 길음뉴타운, 미아뉴타운을 지난다.

서북권의 중심도로는 연신내−홍제−서울역을 잇는 통일로이다. 서울역 복합개발, 서소문, 순화, 마포로 정비구역. 돈의문 재정비촉진지구, 무악, 홍제 정비구역. 응암, 불광, 대조 등 굵직한 사업지를 지난다. 수색 DMC에서 마포구청−가좌를 연결하는 수색로에는 수색증산뉴타운, 가재울뉴타운, 연희동 재개발이 있다.

구로−영등포−여의도−충정로를 연결하는 경인로, 마포대로 구간도 핵심지역을 지난다. 영등포 복합개발과 도시재생, 여의도 재건축, 마포로, 공덕구역, 아현·북아현 뉴타운으로 연결된다. 보라매−상도 구간의 상도로는 신길뉴타운, 신림선, 노량진뉴타운으로 크게 바뀔 예정이다.

TIP 　　　　　　　　　　　　　　　　　　　　　　**권역별 투자 시 유의점**

주택 가격이 움직이는 순서에 유의한다
- 강남＞서초 송파＞마용성(마포구, 용산구, 성동구)·동심원＞노도강(노원, 도봉, 강북)/강서
- 강남＞분당, 판교, 과천＞평촌, 용인＞동탄

도로를 따라 투자하자
- 도심−강남 : 한남대로, 강남대로, 사평대로, 반포로, 테헤란로, 방배로
- 송파 : 송파대로
- 도심−강동 : 왕산로, 망우로, 천호대로
- 강북 : 동호로, 동소문로, 도봉로
- 도심−서북 : 통일로, 수색로
- 도심−서남 : 경인로, 마포대로, 상도로

11

수도권 도시재생사업은 신도시와의 경쟁에 유의하자

신중하게 접근해야 할 수도권의 도시재생 투자

이제는 범위를 조금 넓혀 수도권을 살펴보자.

돈과 인구는 한정되어 있는데, 외곽으로 갈수록 공급이 많으므로 희소성은 낮아진다. 깨끗하고 쾌적한 신도시들이 많이 생기고 철도와 GTX로 연결되어 서울 접근성도 높아지는 상황도 염두에 두어야 한다. 수도권 구도심의 도시재생은 인구와 수요가 충분해 개발비용의 감당이 가능한 곳이 선별적으로 이루어질 것이다. 실거주보다 투자가 목적이라면 보다 신중한 접근이 필요하다.

기존의 뉴타운 지역 중에서는 광명 1, 2, 5, 11구역이 유망하고 14, 15, 16구역도 좋다. 가까운 철산주공 8, 9구역도 무난하다. 광명 구시가지의 도시재생과 별도로 남쪽의 광명 KTX역은 역세권 택지개발이 진행 중이다. 안양 석수스마트타운과 디자인 클러스터, 이케아, 코스트코, 롯데아울렛과 중앙대병원까지 굵직한 시설들로 서남부지역의 거점이 될 것이다. 광명 도시재생과 광명역세권 신도시는 행정구역이 같지만 거리도 멀고 다른 지역으로 봐야 하며 장단점이 명확하다.

고양 능곡의 1, 2, 5구역은 대곡역세권 복합개발과 함께 시너지가 예상된다. 일산 고양의 원당도 무난하다. 뉴타운이 해제된 곳 중에는 구리 인창동과 덕소지구, 안양의 만안지구가 유망하다.

재개발지역 중에는 성남 구시가지인 신흥 2, 상대원 2, 도환중 1, 산성구역을 중심으로 살펴보자. 하남 구시가지, 안양 인덕원 주변과 평촌동, 수원 구시가지 중 팔달, 권선, 장안도 좋은 입지에 비해 저평가되었다. 의왕의 내손 오전, 포일지구와 인천의 주안, 부평 4, 산곡, 청천, 계양, 남동 지역도 부분적인 진행이 예상된다. 재건축은 과천과 광명, 안산, 분당 1기 신도시 중 사업성에 따라 선별적으로 진행될 것이다.

수도권의 도시재생은 GTX가 연결되는 신도시와의 간섭 효과를 고려해야 한다. 신도시와 긍정적인 시너지가 일어날 수도 있지만, 수요층이 약하고 교통이 불편한 경우 신도시로 수요를 빼앗겨 도시재생이 어려워진다. GTX A노선은 킨텍스, 대곡역세권, 판교, 동탄과 3시 신도시인 창릉까지 신도시를 중심으로 재편될 것이다. 인근의 성남 금토지구나 용인 구성도 긍정적인 시너지가 예상된다. GTX B노선은 송도국제도시, 부천종합운동장 복합개발(7호선, 서해안복선 환승), 남양주 별내와 왕숙신도시가 활성화할 것이다. 인천 계양신도시와 부천 대장신도시는 GTX역과 거리가 멀어 영향은 덜할 것이다. 이들 지역은 대규모의 재개발, 재건축을 보수적으로 봐야 하고, 신도시로 집중되거나 역세권 주변으로 소규모주택정비사업이 활발해질 것이다. GTX C노선은 과천복합지식정보타운, 금정역과 수원역 복합개발의 완성으로 지역의 거점이 될 것이다. 이들 지역 역시 신축은 인기가 높지만 재건축 가능성은 높지 않으며, 리모델링이나 소규모주택정비로 많이 유입될 것이다.

신도시와 국제도시의 전망

신도시는 3기에 접어들며 공급과잉이 우려된다. 정책적으로 서울 도심부를 재생하기보다 신도시 개발을 늘려왔기 때문이다. 1기 신도시 중에는 분당의 상황이 상대적으로 좋다. 부동산 규제로 인한 반사효과도 있었고 2020년 두산 신사옥 이전, 2022년 현대중공업 R&D센터 개설 등의 호재가 있다. 하지만 분당 지역의 낡은 아파트를 재건축하기에는 한계가 있을 것이고, 리모델링도 사업성이 애매하다. 관련 규제가 대폭 완화되고 정책지원이 있어야 가능할 것이다. 일산, 평촌, 산본, 중동의 경우도 사정이 비슷하며 인근 대체 신도시와의 경쟁에 밀릴 가능성이 높아 주의가 필요하다.

2기 신도시는 아직 깨끗하고 교통 호재도 남아 있다. 위례신도시는 아직 역세권이 아니지만 8호선과 위례신사선의 개통이 예상되어 좋은 입지의 가치를 재확인할 수 있을 것이다. 또 복정지역 등 업무지구가 개발되면 자족 도시로 거듭날 것이다. 판교는 테크노밸리가 자족 기능을 하고 GTX, 월곶 판교선의 개통으로 성남 교통의 중심이 된다. 광교는 경기융합타운, 경기도청, 법조행정타운으로 업무행정의 기능을 강화하고 있으며 신분당선, 경부-영동-외곽순환-용인서울 등 고속도로망이 아주 잘 갖추어져 있다. 동탄은 1-2기로 구성되며 세대수가 많지만 GTX가 개통되며 60만 명을 수용하여 화성 인근의 블랙홀이 될 것이 예상된다.

위례와 가까운 성남시는 강남 접근성이 좋아 도시재생이 무난히 가능할 것이다. 하지만 광교 인근의 수원 구시가지는 선별적으로 도시재생이 가능할 것이고, 동탄 주변의 화성 구시가지는 도시재생이 어려울 것으로 예상한다.

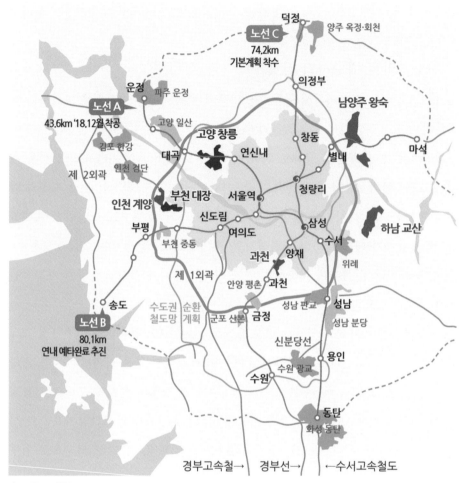

자료 : 국토교통부

현재 입주가 활발히 진행 중인 미사강변신도시와 다산신도시는 공급량이 적지 않지만 입지가 우수하기에 구도심의 도시재생도 함께 진행될 수 있다. 하지만 김포한강, 운정, 양주, 검단, 고덕은 서울에서 멀거나 수요가 부족하여 구도시의 재생 사업이 어려울 것으로 전망한다.

3기 신도시는 남양주 왕숙, 하남 교산, 인천 계양테크노밸리, 부천 대장, 고양 창릉이다. GTX 교통망에 속한 왕숙과 고양 창릉을 제외한 지역은 교통이 불리하여 활성화에 어려움이 있을 것이다. 인천 계양테크노밸리, 부천 대장 지역은 공급이 많아 인천 검단, 김포한강과 입주경쟁이 벌어지고, 인근 지역의 도시재생은 힘을 잃을 것이다. 북쪽의 파주 운정과 양주 옥정도 상황은 비슷할 것으로 예상되며 북한과의 관계에 따라 많은 변화가 있을 수 있다.

이와 함께 공급되는 중소규모 택지개발지구는 과천지구, 광명 하안2, 의왕 청계2, 성남 신촌, 시흥 하중, 의정부 우정, 부천 역곡, 안양 매곡, 성남 낙생, 고양 탄현, 안양 관양이 있다. 후보지였던 광명 시흥과 하남 감북은 신도시가 정해지지 않았다. 이런 지역 인근은 도시재생이 제한적으로 이루어질 것이다. 수도권에는 수요에 비해 공급이 많은 편이고, 이미 상당한 물량이 누적되어 있다. 용인 구성, 안산 장상, 안산 신길 2, 수원 당수 2지역 등은 양호하겠지만 입지가 열악한 지역들은 미분양이 발생할 확률이 높다. 외곽으로 갈수록 산업단지와 교통망의 의존도가 크게 높아진다. GTX나 고속도로의 연결이 나쁜 지역은 무조건 피해야 하고, 2025년 완성 예정인 제2외곽순환도로보다는 제1외곽순환도로의 안쪽으로 투자하는 것이 안전하다.

TIP　　　　　　　　　　　**수도권 도시재생 관련 투자 시 유의점**

- 수도권 도시재생은 광명, 성남, 구리, 안양, 인천, 수원, 고양 지역을 중심으로 선별하자.
- 신도시는 제1외곽순환도로 안쪽으로 선택하는 것이 안전하며 대형 재건축은 쉽지 않다.
- 1순위 : 과천, 성남, 안양, 광명
- 2순위 : 용인, 동탄, 고양 창릉, 구리, 수원

12

광역시와 지방의
도시재생사업

행정거점과 산업기반이 탄탄한 곳을 찾아보자

현재 전국의 균형발전을 위해 각종 행정자치시, 혁신도시, 도시재생 뉴딜사업 등이 추진 중이고, 일부 지역은 소기의 성과를 내며 크게 발전하고 있다. 하지만 우리는 상황을 냉정하게 바라보아야 한다. 향후 수십 년 뒤를 생각하면 소멸을 걱정해야 할 곳이 있는 등 양극화를 막기는 어려운 것이 현실이다.

물론 행정거점이거나 산업기반이 탄탄한 지역들은 소멸 가능성이 매우 낮다. 서울, 경기, 인천의 수도권, 천안, 세종, 대전, 광주, 원주, 청주, 전주, 광양, 대구, 구미, 부산, 울산 등이 그런 상위 지역이다. 이 지역들은 수요가 탄탄하므로 신도시 개발이나 도시재생사업도 원활히 진행될 것이다.

가장 먼저 눈에 띄는 곳은 대전광역시이다. 대전은 신축 공급이 부족했고 첨단

연구를 기반으로 하여 자족이 가능하지만 신도시인 세종시에 밀려 상대적으로 저평가되어 있다. 대전 서구의 탄방동, 용문동, 도마변동, 중구의 목동, 선화·용두 재정비촉진지구, 대흥동, 문화동이 있다. 동구에는 용운 주공과 신흥동, 성남동, 대동 등이 지하철과 KTX역을 중심으로 개발될 것이다. 대전 서구와 유성구는 최근 1년간 5% 이상 상승하여 조정대상으로 지정될 수 있다.

광주광역시는 호남지역의 거점으로, 구시가지의 번화가와 2023년경 개통 예정인 광주도시철도 2호선을 중심으로 20여 개의 사업이 진행 중이다. 광주 서구의 양동, 광천동과 염주 주공, 북구의 우산정비구역, 동구의 계림(2, 4, 8구역)과 학동, 남구의 서동과 월산, 광산구 신가동의 도시재생이 주목된다.

부산광역시는 2대 도시이자 경남의 거점으로 광역시 중 가장 많은 200개 이상의 도시재생사업이 진행 중이다. 기존의 부산 1, 2, 3호선, 동해선에 추가하여 부산-울산 복선전철이 2021년, 부전~마산 복선전철이 2020년 개통 예정이다. 번화가인 부산진구에는 서면역 인근의 전포, 범천, 부암구역과 시민공원 재정비촉진지구가 있다. 부산항 및 역사 인근에는 초량1, 2구역, 영주 재건축이 진행 중이며 관광의 중심지인 해운대구 우동과 중동 정비구역도 진행 중이다. 광안리 해변의 수영구에는 광안, 남천, 망미지구가 활발하다. 부산의 해안가 지역인 해운대구와 수영구는 외부투자자의 선호도가 높은 지역으로 조정지역으로 지정되어 있다. 행정 중심지역인 연제구의 거제, 연산정비구역이 있고 금정구의 재정비 촉진지구, 사상구의 괘법과 감전, 엄궁, 주례 정비구역, 북구의 구포지구도 주목할 만하다.

대구광역시는 경북의 거점으로 50여 개의 사업이 진행 중이다. 대구에는 2개의 지하철이 있고 대구 1호선 연장, 대구-광주 고속철도가 추진 중이다. 도심을 중심으로 1, 2, 3차 순환도로가 구축되어 있고 4차 외곽순환도로가 곧 개통되어 교통이 한층 편리해질 전망이다. 중구의 동인, 남산, 대봉동이 활발하고 동대구역이 위치한 동구의 효목동, 신암촉진지구, 신천동, 동대구 지구도시환경정비구역도 유망하다. 달서구의 송현 주공, 북구의 대현동, 복현 주공 2단지도 진행 중이다.

주요 광역시와 세종, 제주를 제외한 지역은 산업기반의 유무가 대단히 중요하다. 특히 많은 일자리를 창출하는 굴뚝산업 중심의 제조업이 점차 경쟁력을 잃어가고 있다. 우리는 이미 중공업·조선업 중심의 경남 창원, 거제, 군산 등이 탄탄했던 경제력을 잃어버리면서 지역의 소비시장과 부동산 시장도 함께 얼어붙는 사례를 볼 수 있었다. 산업의 경쟁력을 높여 기존의 산업단지가 보다 큰 역할을 할 수 있어야 하고, 첨단산업으로 재편하는 과제도 시급하다.

지방은 첨단산업단지와 친환경산업단지, 스마트산업단지의 육성, 나노·반도체·바이오·화학 등 대규모 투자가 필요한 첨단업종의 유치와 육성에 사활을 걸어야 한다. 그렇지 않으면 점차 소멸하는 지역이 된다는 절박함을 가져야 할 것이다.

지방의 도시재생은 선진국의 사례를 참조하자

지방 지역의 도시재생은 해외 선진국의 사례를 참조하면 좋을 것이다. 일본의 다핵콤팩트형 도시재생은 지방의 중심지역에 핵심 기능을 두되 기존의 교통망을 활용한 각각의 지역별 거점을 조성하는 것이다. 지역의 모든 상권과 기능을 억지로 중심지역에 모으려 하지 않는 것이 핵심이다.

산업과 인구기반이 허약한 지방에서 중심지역을 육성한다고 무리하게 투자해봐야 부채만 늘어날 뿐 효율을 내기 어렵다. 따라서 지역에 자생적으로 만들어진 거점인 기차역이나 터미널 인근을 신축하거나 리모델링하여 기존의 상권을 살리고 업무, 교류의 기능을 보완한다. 그리고 중심부와 지역 간, 지역과 지역 간의 교통망을 유지할 수 있도록 한다. 부족한 예산은 일부 지원을 해서라도 끊어지지 않도록 유지시킨다. 기존의 교통과 인프라를 최대한 활용하면 중심지역을 집중 개발하는 것보다 적은 비용으로 지방의 커뮤니티를 유지할 수 있게 된다.

또한 미국 사례를 참조하여 도시재생사업에서 민간의 투자와 참여비율을 높이는 것이 바람직하다. 모든 것을 관공서가 주도하면 비용은 낮아질 수 있으나 민간이 할 수 있는 창의적이고 새로운 도전이나 전문적인 업무수행은 어려울 수 있다.

도시재생 뉴딜사업들이 기대보다 낮은 성과를 내고 있는 것은 참여하는 공무원의 일손은 부족하고 일반 원주민들도 이해도가 낮아 준비되어 있지 않은 경우가 많기 때문이다. 이런 상황에서 민간에게 인센티브를 부여하여 적극적인 참여를 유도하면 보다 좋을 것이다.

TIP   **지방의 도시재생 포인트**

- 수도권 이외의 지역은 행정거점과 산업기반이 탄탄한 곳에 투자해야 한다.
- 대전, 광주, 부산, 대구, 울산, 세종, 제주 및 산업단지의 비전이 유망한 지역을 눈여겨보자.
- 지방의 소도시는 기존의 지역별 거점을 최대한 개선하고 활용하며 교통망을 유지한다.
- 공공의 지원과 함께 창의력과 흥행력을 갖춘 민간개발을 유도해야 한다.

6장

도시재생 연관투자
수익 분석하기

재개발사업, 비례율을 확인하라

예상 투자수익 예상하기

일반적인 부동산의 분양이나 매입으로 인한 수익의 분석은 단순한 편이다. 하지만 도시재생사업인 재개발과 재건축, 소규모주택정비 사업에 투자할 경우 계산법이 다소 복잡해진다. 그래서 많은 이들이 혼란을 겪고 어려워한다. 이는 부동산에 대한 투자뿐만 아니라 그에 연관된 개발사업에 대한 투자가 포함되어 있기 때문이다.

개발사업은 변수가 많고, 운영하는 사람과 상황에 따라서 결과가 크게 달라질 수 있다. 도시재생 연관투자도 이러한 상황을 고려하여 판단해야 한다. 이번 장에서는 각 사업에 대해 최대한 쉽게 수익을 분석하는 방법을 알아보자.

일반적인 부동산투자의 비용 계산은 매입하는 데 들어간 비용과 매도한 금액의 차이에서 운영 경비와 세금을 제외하면 된다. 그런데 재개발 투자는 재개발사업을 진행하는 데 얼마나 추가적인 비용이 들어갔는지 '원가 요소'를 반영해야 한다. 재개발사업의 진행을 위해 투입된 비용과 일반분양에서 발생한 수익을 합산하면 수익을 분석할 수 있고, 이는 곧 투자자(조합원)의 실적으로 연결된다. 투지자는 아직 확정되지 않은 비용과 일반분양 수익을 최대한 비슷하게 예측해야 투자에 성공할 수 있다.

예상 투자수익은 일반분양가에서 총매입가를 제외하면 된다. 일반분양가는 분양 당시의 주변 시세나 공급에 영향을 받는다. 총 매입가는 투자자가 매입한 금액에 추가로 부담하는 분담금을 더한다. 만약 조합원 분양가가 정해졌다면 일반분양가와 조합원 분양가의 차이에서 프리미엄을 공제하면 투자수익을 예상할 수 있다. 프리미엄 금액은 투자자의 매입가격에서 권리가액을 제외한 금액이다.

예상 투자수익 = 일반분양가 − 총매입가(매입가격 + 분담금)

= 일반분양가 − 조합원 분양가 − 프리미엄(매입가격 − 권리가액)

그렇다면 권리가액이란 무엇일까? 감정평가금액인가? 비슷하지만 다르다. 권리가액은 감정평가금액과 사업의 실적을 반영하는 비례율을 곱한 수치이다. 비례율은 보통 100%를 기준으로 그 전후로 정해지고, 사업이 종료될 때까지 변할 수 있으며 권리가액도 이에 영향을 받는다. 비례율은 뒤에서 다시 이야기하겠다.

총투자금액은 분담금을 예상해야 보다 구체적으로 파악할 수 있다. 분담금은 조합원 분양가에서 권리가액을 제외하면 된다(다음 그림 참조). 조합원 분양가는 해당 재개발의 공사비에 기타사업비를 더하면 된다. 일반적으로 공사비 75%, 기타사업비 25% 정도로 배분하여 계획하지만, 실제로 사업이 진행되면서 기타사업비가 크게 늘어나면서 비율이 7:3에서 6:4 수준까지 변경되기도 한다.

기타사업비의 상승은 사업이 지연되면서 금융비용이 증가하거나, 현금청산자가 예상보다 늘어나거나, 세입자와 상가임차인의 이주보상비용이 증가하는 등의 이유로 발생한다. 최근에는 최저임금 상승과 근로시간 단축으로 공사원가가 크게 상승했다. 이전에 저가로 수주한 시공사들은 공사가 진행되는 중간에 임금이 상승하여 운영에 어려움을 겪게 되었다. 이런 경우 시공사들은 비용을 절감하기 위해 무리하게 품질을 떨어뜨리거나 발주자인 조합에 떠넘기려는 경우도 있는데, 모두 바람직하지 않다.

조합원 분양가는 개발이익이 제외되므로 일반분양가에 비해 저렴한 경우가

| 재개발 추가분담금 계산 과정 |

많다. 하지만 사업 손실이 발생한다면 추가분담금이 올라가 투자수익이 낮아지게 된다. 심지어 분양가상한제 도입이 예고된 후 어떤 현장은 조합원 분양가가 일반 분양가보다 비싸지는 현상도 발생하였다. 반대로 사업의 진행이 순조로워 예비비 등을 사용하지 않았다면 조합원 분양가를 더욱 낮출 수 있을 것이다.

권리가액은 감정평가액에 비례율을 곱한 금액이다. 감정평가는 최초 사업시 행인가의 고시일을 기준으로 평가하며, 정비구역 내 물건의 가치를 법적 권리로 바꾸는 중요한 절차이다. 만약 감정평가가 완료되었다면 바로 분석이 가능하지만 이전에 투자한다면 감정평가금액을 예상해야 한다. 재개발 구역의 빌라나 아파트 는 기준일 전후로 인근에서 거래된 사례를 비교하여 평가하고, 단독주택과 다가 구주택은 토지와 건물을 분리하여 평가 후 합산한다. 일반적으로 감정평가액은 실제 거래 시세의 80~90% 정도로 평가한다.

구역 내에 부동산을 가지고 있다면 가능한 한 비싸게 평가받는 것이 좋다고 생 각하기 쉽다. 그러나 이는 반은 맞고 반은 틀린 이야기이다. 감정평가는 서로 다 른 물건을 가진 조합원 간에 상대적인 수익 배분의 기준이 되므로 높게 나오는 것 이 좋다. 하지만 평가금액이 지나치게 높으면 오히려 소유자들이 사업에 참여하 지 않고 현금으로 청산하여 빠져나갈 확률도 높아질 수 있다. 자금이 오랜 시간 묶이면서 각종 변수에 노출되는 것보다 현금으로 파는 게 낫다고 느끼기 때문이 다. 그 결과 현금 청산자가 많아지면 자본은 줄어들고 사업의 부담이 커지므로 적 정한 감정평가가 좋다. 가치평가에 큰 차이가 없다면 비례율과 함께 종합적으로 판단해야 한다. 조합은 감정평가액이 정해지더라도 일반분양가를 조절하여 얼마 든지 비례율을 변경할 수 있다.

비례율은 사업의 성과를 100점 기준으로 환산하여 나타낸 것으로 이해하면 쉽 다. 사업 종료 후 총 분양수입인 종후자산평가액에서 총사업비용을 제외한 금액이

사업 이전 조합원들의 감정평가총액과 대비하여 얼마나 증가했는가로 결정한다.

비례율은 사업의 수익성이 좋으면 100%를 크게 넘는다. 반대로 사업을 진행하면서 각종 문제가 발생하여 수익성이 낮아지면 비례율도 낮아진다.

$$\text{비례율} = \frac{(\text{종후자산평가액} - \text{총사업비})}{\text{종전자산평가액}} \times 100$$

재개발사업 수익 분석하기

다음 사례를 통해 수익 분석을 연습해보자.

A구역은 조합원 500명이 편의상 동일한 가치인 2억 원(감정평가액)의 부동산을 소유하고 있다. A구역의 종전자산평가액은 1,000억 원이고, 총 사업비 800억 원을 들여 재개발하면 종후자산평가액 2,000억 원을 달성할 것으로 예상한다. 일반분양은 300개를 하고, 일반분양가 3억 3,000만 원을 예상한다. 현재 이주가 진행 중이며 세금은 고려하지 않는다.

예상 비례율 : (2,000 − 800) / 1,000 × 100 = 120%

조합원 환급 예정액 : 8,000만 원

조합원 분양가 : 800억 원 / 500 = 1억 6,000만 원

권리가액 : 2억 원×120% = 2억 4,000만 원

분담금 : 1억 6,000만 원 − 2억 4,000만 원 = 8,000만 원 환급

→ 매우 좋은 사업성으로 조합원은 새집을 받음과 동시에 환급금도 받는다.

사업비가 상승한 경우

A구역의 상가보상금이 높아지고 이주가 늦어지면서 사업이 크게 지연되었다. 중간에 공사비도 상승하여 보상금 50억 원, 금융이자 50억 원, 공사비 100억 원이 추가되었다. 총 사업비가 800억 원에서 1,000억 원으로 상승했다.

변경된 비례율 : (2,000 − 1,000) / 1,000 × 100 = 100%

조합원의 환급금이나 분담금은 없다.

조합원 분양가 : 1,000억 원 / 500 = 2억 원

권리가액 : 2억 원 × 100% = 2억 원

분담금 : 2억 원 − 2억 원 = 0

→ 사업성이 이전보다 못하지만 그래도 분담금이 없으므로 불만도 없다.

분양가상한제가 도입된 경우

A구역을 공사 중에 선분양하려 했으나 갑자기 분양가상한제의 소급 적용이 예상된다. 분양가상한제 도입 시 종후자산평가액이 1800억 원으로 낮아진다.

예상 비례율 : (1800 − 1,000) / 1,000 × 100 = 80%

조합원 예상 분담금 : 4,000만 원

조합원 분양가 : 1,000억 원 / 500 = 2억 원

권리가액 : 2억 원 × 80% = 1억 6,000만 원

분담금 : 2억 원 − 1억 6,000만 원 = 4,000만 원

→ 사업성이 크게 낮아지면서 비례율도 내려가고 조합원 분담금이 4,000만 원 발 생하였다.

이 금액에 대한 논란이 커지자 분양을 일단 보류하기로 하고, 공사는 그대로 진행한다.

일반분양가 상승 시

분양가상한제의 도입이 무산되었고, 다시 분양을 시작하기로 하였다. 분양 시점에 주변 시세가 크게 올라 일반분양가격을 인상하였고 종후자산평가액은 2,100억 원으로 예상한다.

예상 비례율 : (2100 − 1,000) / 1,000 × 100 = 110%

조합원 환급 예정액 : 2,000만 원

조합원 분양가 : 1,000억 원 / 500 = 2억 원

권리가액 : 2억 원 × 110% = 2억 2,000만 원

분담금 : 2억 원 − 2억 2,000만 원 = 2,000만 원

→ 다행히 분양가상한제를 피했고, 시세도 오르면서 만족할 성과를 얻었다.

앞의 사례를 정리해보면 다음과 같다.

비례율	분담금
120%	8,000만 원 환급
100%	없음
80%	4,000만 원 발생
110%	2,000만 원 환급

상황에 따라 비례율과 분담금이 계속 변화하는 것을 알 수 있다. 현실에서는

훨씬 더 복잡한 변수가 발생하고 계산도 복잡해지지만 기본 원리는 크게 다르지 않다. 비례율이 낮을수록 분담금은 커지고, 높아질수록 분담금은 작아진다.

비례율에 대해 이해가 먼저 이루어져야 분담금을 추정하기 쉬워진다. 사업의 비례율이 100%라는 것은 종후자산평가액에서 총사업비를 제외한 이윤이 종전자산평가액만큼 남았다는 것이다. 사업이 저조하여 비례율이 너무 낮아도 문제겠지만, 너무 높은 것도 조합의 입장에서는 크게 반갑지 않다. 조합은 법인사업체이므로 수익이 발생하는 만큼 세금을 내야 하기 때문이다. 그래서 현실적으로 조합은 비례율이 100%에 수렴하도록 노력하는 경향이 있다.

사업 후반으로 갈수록 감정평가 금액 등 각종 숫자가 정해진다. 하지만 초기에는 모든 것을 직접 예측해야 한다. 남은 사업의 기간이 길어질수록 어떠한 변수가 발생할지 모르기 때문에 보수적으로 분석할 필요가 있다.

재건축사업, 지분율을 따져라

재건축사업은 도급제와 지분제의 두 가지 방식으로 진행할 수 있다. 도급제는 조합이 시공사와 평당 건축비를 정하여 진행하는 것으로, 시공사는 정해진 비용을 받고 추가적인 사업의 수익과 손실은 모두 조합의 책임이 된다. 이와 달리 지분제는 조합이 사업의 모든 권한과 책임을 시공사에 위임하고 지분을 확보하며, 시공사가 해당 사업의 모든 진행을 담당하는 것이다.

도급제는 부동산 경기나 사업성이 좋을 때 조합이 수익을 극대화하기 위해 주로 사용한다. 지분제는 보통 부동산 경기와 사업성이 좋지 않을 때 조합이 사업의 위험을 시공사와 분담하기 위해 사용한다. 각각의 사업이 장단점을 가지고 있으므로 때와 상황에 맞게 선택한다.

도급제 재건축을 분석해보자

도급제는 재건축뿐만 아니라 재개발사업에서도 주로 사용하는 방식이다. 기본적인 구조는 사업 내용과 대상 물건이 달라진 것을 제외하면 재개발과 유사하다. 하지만 제각각 다양한 종전자산이 합쳐진 재개발과 달리, 재건축은 어느 정도 규격화되어 있다. 그러므로 평당 수익금과 대지지분을 기준으로 분석할 수 있다.

재건축의 예상 수익은 일반분양가에서 총매입가를 제외하면 된다.

예상 투자수익 = 일반분양가 – 총매입가(매입가격 + 추가분담금)
= 일반분양가 – 조합원 건축원가 – 프리미엄(매입가격 – 일반분양공헌액)

일반분양가는 분양 당시 인근의 시장 상황에 따라 정해지며, 총매입가는 투자자가 매입한 금액에 분담금을 더하면 된다. 만약 감정평가금액과 재건축사업의 비례율을 구할 수 있다면 재개발과 같은 방식으로 분석해도 된다. 하지만 재건축 투자를 하는 시점에는 일반적으로 감정평가 금액과 비례율을 정확히 파악하기 어렵다. 이를 해결하기 위해 재건축사업의 특징을 활용한다.

재개발과 재건축의 차이점을 다시 한번 정리해보자. 재개발은 단독주택, 공동주택, 토지, 상가 등 서로 다른 다양한 물건을 함께 개발하기 때문에 규격화하기가 어렵다. 그러므로 감정평가의 총액과 비례율을 예상하여 분담금을 추정한다. 이에 비해 재건축사업은 낡은 공동주택 소유자들이 모여 새로운 공동주택을 개발하는 것으로, 어느 정도의 규격화가 가능하다. 또 기반시설의 일부까지 함께 개발하는 재개발과 달리 재건축은 사업 비용의 범위를 건축원가로 한정한다. 이런 특징을 반영하여 분담금을 구한다.

이번에는 재건축사업의 추가분담금 계산 과정을 살펴보자.

조합원이 부담할 분담금은 조합원 건축원가에서 일반분양 공헌액을 제외하면 된다. 조합원 건축원가를 구하기 위해서는 건설 시공에 필요한 건축원가와 기타 사업비를 합한다. 건축원가는 철거비용, 건축자재비용, 인건비 등이며 기타사업 비는 현금 보상비용, 각종 금융비용과 세금, 일반분양을 위한 홍보비, 인건비가 포함된다. 공사비와 기타사업비는 일반적으로 75%와 25%의 비율로 배분된다. 사업이 지연되거나 사고가 발생했을 때를 대비한 예비비용도 책정해야 한다. 이런 비용을 모두 합산하면 재건축사업의 원가이며, 조합원별로 할당하면 조합원 건축 원가가 된다.

재건축사업의 수익은 역시 일반분양에서 발생한다. 일반분양의 수익이 평당

도급제 재건축 추가분담금 계산 과정 |

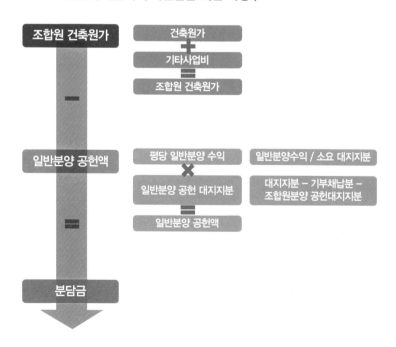

얼마이고, 기부채납(재건축 대지의 일부를 공공에 기부하고 지방장치단체가 이를 취득하는 것)을 제외하고 순수하게 몇 평이 기여하는지 계산한다. 이를 '일반분양 공헌액'이라고 한다. 평당 수익은 재건축의 대상과 결과물이 어느 정도 규격화되어 있기에 계산이 가능하다. 평당 일반분양 수익은 일반분양으로 얻을 수 있는 전체 수익을 용적률별로 소요되는 대지지분으로 나누면 구할 수 있다.

일반분양수익은 일반분양의 예상가격과 공급 세대수를 곱하면 예상할 수 있다. 용적률별로 필요한 소요 대지지분은 용도지역, 용적률, 아파트 단지의 특성에 따라 차이가 있으나, 일정한 범위로 좁혀볼 수 있다.

다음 표는 용적률과 면적별로 필요한 소요 대지지분을 정리한 것이다. 선호도가 높은 전용 59㎡(25평형)과 전용 84㎡(34평형)을 비교해보자. 2종 일반주거지역은 용적률 250%가 적용되어 25평형의 소요 대지지분은 약 10평, 34평형은 13.3평 정도가 필요하다. 3종 일반주거지역은 용적률 300%로 25평형의 소요 대지지분은 약 7.27평, 34평형은 10.9평 정도가 필요하다.

| 용적률별 예상 소요 대지지분 |

구분	용적률	전용 59㎡(25평형)	전용 84㎡(34평형)
2종 일반주거	250%	10평	13.3평
3종 일반주거	275%	8.5평	12평
3종 일반주거	300%	7.27평	10.9평

이처럼 소요 대지지분은 용적률이 높아질수록 작아지고, 평형이 커질수록 커진다. 조금만 생각해보면 한정된 대지에 건물이 높이 올라갈수록 호실의 개수가 많아지므로 대지지분의 배분이 작아지고, 호실별 면적이 커질수록 대지지분도 커

지는 것을 이해할 수 있다. 일반분양의 평당 수익은 일반분양 수익을 소요 대지지분으로 나누면 구할 수 있다.

일반분양 공헌 대지지분은 대지지분에서 기부채납하는 지분과 조합원분양 물량의 공헌 대지지분을 제외하면 된다. 일반분양에 실제로 소요된 대지지분을 구해야 하므로 당연히 공공과 조합원에 귀속된 대지지분을 제외해야 한다. 일반분양 공헌 대지지분과 평당 일반분양 수익을 곱하면 일반분양 공헌액이다. 앞서 구한 조합원 건축원가에서 일반분양 공헌액을 빼면 조합원이 부담해야 할 분담금을 구할 수 있다.

재건축사업 수익 분석하기

아래의 재건축 사례를 통해 수익 분석을 연습해보자.

B 재건축단지는 2종 일반주거지역 조합원 500명이고 종전주택은 편의상 모두 동일하게 대지지분 16평에 4억 5,000만 원(매입가격)이다. 현재 계획은 재건축하여 800세대(25평형)로 늘어나며 300세대를 일반분양할 예정이다. 건축공사는 평당 420만 원에 협의하였다. 일반분양가는 6억 원을 예상한다. 추가분담금과 수익을 예상해보자. 세금은 감안하지 않는다.

조합원 건축원가 :

25평형의 계약면적은 40평(전용률 62% 기준), 평당 건축비는 420만 원 예상

세대당 건축원가 : 420만 원 × 40 = 1억 6,800만 원

세대당 사업비 : 건축원가의 25/75로 예상하여 약 5,600만 원

→ 조합원 건축원가는 건축원가 + 사업비이므로 2억 2,400만 원이다.

일반분양 공헌액 :

일반분양 수익 = 일반분양가 − 세대당 건축원가

= 6억 원 − 1억 6,800만 = 4억 3,200만 원

소요 대지지분은 2종 일반주거지역, 용적률 250%, 25평형 기준 10평

평당 일반분양 수익 = 4억 3,200만 원 / 10평 = 약 4,300만 원

종전의 대지지분은 16평, 기부채납 1.5평, 조합원분양 공헌 대지지분 10평

일반분양 공헌 대지지분 = 16평 − 1.5평 − 10평 = 4.5평

→ 일반분양 공헌액은 4,300만 원 × 4.5평 = 약 1억 9,300만 원이다.

분담금 :

조합원 건축원가 − 일반분양 공헌액

= 2억 2,400만 원 − 1억 9,300만 원 = 3,100만 원

예상 투자수익 :

일반분양가 − 조합원 건축원가 − 프리미엄(매입가격 - 일반분양공헌액)

= 6억 원 − 2억 2,400만 원 − (4억 5,000만 원 - 1억 8,900만 원)

= 1억 1,500만 원

공사비 인상, 일반분양가 상승 시

B 재건축단지의 공사가 허가 문제로 크게 지연되면서 시공사가 공사비를 평당 450만 원으로 올렸다. 대신 주변의 시세가 올라 일반분양가를 6억 5,000만 원으로 조정할 예정이다. 추가분담금과 수익은 어떻게 변화할까?

조합원 건축원가 :

25평형의 계약면적은 40평(전용률 62% 기준), 평당 건축비는 450만 원 예상

세대당 건축원가 : 450만 원 × 40 = 1억 8,000만 원

세대당 사업비 : 건축원가의 25 / 75로 예상하여 약 6,000만 원

→ 조합원 건축원가는 건축원가 + 사업비이므로 2억 4,000만 원이다.

일반분양 공헌액 :

일반분양 수익 = 일반분양가 − 세대당 건축원가

= 6억 5,000만 원 − 1억 8,000만 = 4억 7,000만 원

소요 대지지분은 2종 일반주거지역, 용적률 250%, 25평형 기준 10평

평당 일반분양 수익 = 4억 7,000만 원 / 10평 = 약 4,700만 원

종전의 대지지분은 16평, 기부채납 1.5평, 조합원분양 공헌 대지지분 10평

일반분양 공헌 대지지분 = 16평 − 1.5평 − 10평 = 4.5평

→ 일반분양 공헌액은 4,700만 원 × 4.5평 = 약 2억 1,100만 원이다.

분담금 :

조합원 건축원가 − 일반분양 공헌액

= 2억 4,000만 원 − 2억 1,100만 원= 2,900만 원

예상 투자수익 :

  = 일반분양가 − 조합원 건축원가 − 프리미엄 (매입가격 - 일반분양공헌액)

  = 6억 5,000만 원 − 2억 4,000만 원 − (4억 5,000만 원 - 2억 1,100만 원)

  = 1억 7,100만 원

→ 공사비가 소폭 인상되었으나 분양가가 상승하여 분담금은 큰 차이가 없고 투자
　수익은 5,000만 원 이상 상승하였다.

　일반분양가보다 입주 이후의 시세가 더 높다면 투자자는 그만큼 추가적인 수
익을 기대할 수 있다. 만약 건축원가나 기타사업비가 증가하여 조합원 건축원가가
올라가면 조합원의 분담금은 높아질 것이고, 건축원가가 낮아진다면 분담금도 줄
어들 것이다. 평당 일반분양수익이 높아지면 일반분양 공헌액도 커져 분담금이 작
아지는 효과가 있을 것이고, 일반분양 당시 경기가 나빠 일반분양 수익이 작아지
면 일반분양 공헌액이 작아져 조합원의 분담금은 커질 것이다. 조합원분양 물량이
많아 상대적으로 일반분양 물량이 작아지면 분담금의 증가로 이어질 것이다.

　적은 수의 조합원으로 일반분양 물량을 늘리고 비싸게 일반분양하면 조합원
들의 부담은 줄어들고, 심지어는 분담금이 없어지거나 사업이익이 발생하여 환급
받을 수도 있다. 이처럼 재건축사업은 사업의 성과에 따라 투자수익이 달라질 수
있다.

지분제 재건축사업의 분석

　지분제 재건축은 부동산 경기나 사업성이 불투명할 때 조합이 사업의 모든 권
한과 책임을 시공사에 위임하고 조합은 지분을 확보하는 것이다. 시공사는 해당
사업의 진행을 책임지고 수행하며, 조합원의 추가분담을 최소화한다.

　지분제는 다시 확정지분제와 변동지분제로 세분화되는데, 확정지분은 조합원
의 추가분담금을 없애기로 확정하며 무상지분을 제공하는 것이다. 변동지분은 사
업의 추진 과정에서 지분 조건이 변동될 수 있는 것으로 시공사와 조합이 수익과

손실을 분담한다.

재개발사업은 조합원들이 소유한 부동산들이 제각각이므로 일괄적인 지분을 적용하기에 어려운 점이 있어 도급제를 사용한다. 이에 비해 재건축사업은 조합원이 보유한 부동산이나 신축 후의 부동산 모두 규격화되어 있는 공동주택이므로 지분으로 정리하기가 쉬운 편이다. 그래서 필요에 따라 지분제를 사용한다. 사업의 규모가 큰 재건축사업은 시공사가 모든 부담을 지는 데 한계가 있으므로 변동지분제를 주로 선택한다.

기존보다 얼마나 더 많은 지분을 받을 수 있을까?

지분제에서는 무상지분율의 변화에 주목해야 한다. 무상지분율은 조합원이 보유한 대지지분으로 새 아파트의 대지지분을 얼마나 더 받을 수 있는가의 비율이다(무상지분율 = 개발이익면적 / 대지면적). 사업 전체로 보면 총대지면적 대비 개발이익으로 증가하는 면적이 얼마인가로 결정된다.

예상 투자수익 = 일반분양가 − 총매입가(매입가격 + 추가분담금)

= 일반분양가 − 조합원 분양가 − 프리미엄(매입가격 − 권리가액)

조합원 입장에서는 무상지분율이 높을수록 투자가치가 높다. 종전 아파트의 대지지분이 20평이고 무상지분율이 120%라고 가정하면 24평의 무상 지분면적을 받을 수 있다.

지분제 재건축사업의 투자수익과 부담금 산출 과정을 정리하면 다음의 그림과 같다. 전체적인 과정은 재개발과 유사하지만 권리가액을 대지지분과 무상지분율로 구하는 것에 차이가 있다.

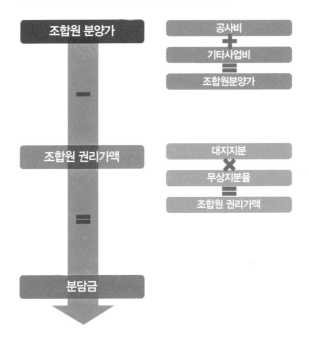

| 지분제 재건축의 추가분담금 계산방법 |

조합원분양가와 조합원이 보유한 대지지분이 고정되어 있다고 가정하고, 무상지분율이 높아지면 권리가액도 높아져 분담금이 낮아지는 효과가 있다. 분담금이 낮아지거나 없다는 것은 사업성이 좋다는 의미이다. 반대로 무상지분율이 낮아지면 조합원 권리가액도 낮아져 분담금도 커질 것이다. 이는 사업성이 좋지 않아 조합원의 부담도 커진다는 의미이며, 따라서 투자의 매력도 낮아진다.

소규모주택정비사업, 현실적인 수치를 파악하라

소규모주택정비사업인 가로주택정비사업, 자율주택정비사업, 소규모재건축사업은 재개발·재건축사업의 분석 방식을 동일하게 적용할 수 있다. 사업의 규모가 작아지는 만큼 계산이 단순해지는 장점이 있으나 사업의 규모와 이익도 줄어들게 되므로 현실적인 수치를 파악해야 한다.

가로주택정비사업의 분석

소규모주택정비사업 중 가로구역 단위로 개발하므로 상대적으로 사업부지의 면적이 크고, 다양한 형태의 사업이 가능하다. 단독주택과 공동주택단지가 섞여 있는 경우는 재개발 형태로 진행하고, 비례율에 따른 분담금과 수익을 분석하면 된다. 가로구역이 공동주택단지로서 재건축 형태로 진행하는 경우에는 도급제 혹은 지분제에 따라 분석 방법이 다르다. 시공사의 건설단가를 정하여 진행하는 도급제인 경우, 재건축 도급제 분석인 일반분양 공헌액에 따른 분담금으로 수익을 분석하면 된다. 시공사가 위험을 부담하는 지분제 분석은 무상지분율에 의해 분석한다. 다양한 상황에 따라서 재건축과 재개발의 분석 툴을 사용한다.

서울 OO동 C 해제구역 재개발형 가로주택정비 사업성 분석 사례

대지면적	9,315.7㎡			용도	2종일반
소유자 수	96명			종전 필지 수	106개
신축개요	대지면적	8,744㎡		세대수	178세대
	건축면적	3,024.3㎡		건폐율	34.59%
	연면적	17,411㎡(지하 2,906㎡)		용적률	199%
	층수	지하 1층~지상 7층		동 수	3동
구분	조합	일반	임대	공사비	527만 원/평당
74타입	86	92	0	공급면적	97㎡

C 해제구역의 원주택(대지 69㎡)을 3억 5,000만 원에 투자하였다. 현재 조합설립단계로, 총회자료를 참조하여 향후 투자수익이 어떻게 될지 예상해보자.

종전자산평가액 :

실거래가와 개별공시지가의 ㎡당 가격을 비교하여 평균을 구했다. 최근 6개월간 개별공시지가의 201.3%로 실거래 중이었다. 구역 내 모든 필지별 개별공시지가와 면적의 곱을 합산한 후 201.3%으로 계산하면 약 337억 원이다.

종후자산평가액 :

일반분양가와 조합원 분양가를 모두 합산해야 한다. 평균은 공급면적 기준 평당 1,920만 원이고, 신축주택의 일반분양에 적용하면 총수익은 약 523억 원이다. 조합원 분양가는 일반분양가의 85%인 평당 1,633만 원을 적용하고, 총수익은 414억 원이다. 일반분양수입과 조합원분양수입을 합산하면 937억 원이다.

총사업비 :

총사업비는 공사비와 기타사업비의 합이다. 공사비는 평당 527만 원 × 연면적 합 (지하 포함)으로 324억 원이다. 기타사업비는 공사비로 유추한다. 공사비와 기타사업비의 비율이 7.5 : 2.5에서 6 : 4까지 변경될 수 있는데, 보수적으로 판단하기 위해 6.3 : 3.7로 배분한다. 그래야 기타사업비에 보상비와 예비비 등 각종 비용을 여유 있게 책정할 수 있다. 기타사업비는 324억 원 × 3.7 / 6.3으로 약 190억 원이며 공사비와 합산하면 514억 원이 된다.

예상 비례율 :

(937억 원 - 514억 원)/337억 원 × 100 = 125%이다.

투자분담금 :

74㎡의 예상 일반분양가는 1,920만 원 × 97 / 3.3로 약 5억 6,000만 원이다. 조합원 분양가는 일반분양가의 85%이므로 4억 7,600만 원이다.
감정평가액은 아직 알 수 없으나 최근의 거래 시세를 반영하여 3억 5,000만 원으로 한다. 권리가액을 구하면 3억 5,000만 원 × 125% = 4억 3,750만 원이다.
따라서 분담금은 4억 7,600만 원 − 4억 3,750만 = 3,850만 원이다.

예상 투자수익 :

5억 6,000만 원 − 3억 8,850만 원 = 1억 7,150만 원이다.

정리해보면 원주택을 3억 5,000만 원에 매입하고 추가분담금 3,850만 원을 납부해 조합원분양을 받으면 약 2~3년 뒤 1억 7,150만 원의 수익이 가능할 것으로 예상된다. 물론 사업의 초기단계에 예상한 것이므로 변수는 있을 수 있다.

서울 OO동 D구역 재건축형 가로주택정비 사업성 분석 사례

D 구역의 원주택을 2억 7,000만 원에 투자하였다. 현재 조합설립단계로 총회 자료를 참조하여 향후 투자수익이 어떻게 될지 예상해보자. 확정지분제로 건설사가 신축 57㎡의 조합원 분양가를 3억 3,000만 원, 일반분양가를 4억 5,000만 원으로 확정하였다. 감정평가는 시세를 기준으로 할 예정이다. 이때는 확정지분제로 조합원 분양가가 공사비나 사업비의 변동과 무관하므로 별도의 분석이 필요 없다.

대지면적	3,332.5㎡			용도	2종일반
소유자 수	66명			종전 필지 수	66세대
신축개요	대지면적	3,332.5㎡		세대수	96세대
	건축면적			건폐율	
	연면적	6,655㎡		용적률	199%
	층수	지하 1층~지상 7층		동수	1동
구분	조합	일반	임대	공사조건	확정지분제
57타입	66	30	0		

투자자의 분담금 :

분담금은 조합원분양가에서 감정가를 제외한 6,000만 원이다.

3억 3,000만 원 - 2억 7,000만 원 = 6,000만 원

예상 투자수익 :

투자자가 D 구역의 원주택을 2억 7,000만 원에 매입하고 추가분담금 6,000만 원을 납부하여 총매입가는 3억 3,000만 원이다.

일반분양가 - 총매입가 = 4억 5,000만 - 3억 3,000만 = 1억 2,000만 원

확정지분제는 분양가가 정해져 있으므로 계산이 간편하다. 입주를 완료한 본 물건의 현재 시세는 5억 3,000만 원으로, 결과적으로 약 2억 원의 투자수익을 실현하였다.

자율주택정비사업의 분석

자율주택정비사업은 최소 면적의 제한이 없고, 세대수도 적으며 조합이 구성되지 않아 가장 간단한 개발사업이다. 스스로 개량하는 방식으로 진행되므로 각종 제한이 적어, 어떤 형태로도 진행이 가능하다. 다만 현실적으로 현장의 규모가 작은 경우가 많으므로 재개발형과 확정지분형 도급제가 선호되는 편이다. 주민합의체가 서로 다른 조건과 형태의 물건을 가졌을 경우 재개발형을 진행할 것이고, 공동주택단지로 이루어졌을 경우 추가분담금에 대한 부담을 최소화할 방법을 찾을 것이기 때문이다. 이 두 경우에는 각각 비례율 분석과 무상지분 분석으로 접근하면 된다. 또한 1인이나 2인이 1개 동을 소형 개발하는 경우에는 일반적인 소형

건축의 사업성 분석과 유사하다.

대지면적	100㎡		용도	2종일반
소유자 수	1명(이웃필시와 맞벽개발 협정)		종전 필지 수	1개
신축개요	대지면적	100㎡	세대수	원룸 10세대, 근생 1개
	건축면적	59㎡	건폐율	59%
	연면적	236㎡	용적률	236%
	층수	지하 1층~지상 7층	동 수	1동
			공사비	550만 원/평당

E 해제구역의 자율주택정비 사업성 분석 사례

E 해제구역의 원주택을 6억 원에 매입하였다. 이웃 주택과 함께 맞벽 건축협정으로 자율주택을 개발하기로 합의하였다. 개발 후 임대할 때의 투자수익률을 예상해보자.

총투자비용 :

총투자비용은 매입비와 공사비와 기타비용의 합이다. 매입비 6억 원, 공사비는 평당 550만 원 × 72평 = 약 4억 원, 기타비용은 1억 원으로 총 11억 원이다.

대출금 :

주택도시보증공사(HUG)로부터 총사업비의 최대 70%를 연 1.5%로 대출받을 수 있다. 7억 원을 대출받고 월 이자는 88만 원(연간 1,050만 원)이 예상된다.

종후 임대수입액 :

새로운 주택은 원룸 10세대, 근생 1개로 구성된다. 주변의 시세대로 원룸 임대료 보증금 1,000만 원에 월 40만 원, 근생상가 임대료 보증금 1,000만 원에 월 60만 원으로 계산하면 총 보증금 1억 1,000만 원에 월 460만 원(연간 5,520만 원)의 수익이 예상된다.

예상투자수익률 :

예상투자수익률은 연간 실수익금 ÷ 실투자금 × 100으로 구한다.

연간 실수익금은 연간 임대료의 합−연간이자(5,520만 원 − 1,050만 원)인 4,470만 원이다. 실투자금은 총투자비용 − 대출금 − 보증금의 합(11억 원 − 7억 원 − 1억 1,000만 원)인 2억 9,000만 원이다. 따라서 예상투자수익률은 4,470만 원 ÷ 2억 9,000만 원 × 100 = 15.4%이다.

(수익률은 각종 비용변동과 대출 및 보증조건, 임대현황에 따라 차이가 있을 수 있다.)

소규모재건축사업의 분석

소규모재건축사업은 재건축사업의 과정을 축소하였으므로 재건축사업의 분석과 동일하다. 이때 도급제나 지분제로 모두 진행이 가능하므로 사업의 형태에 따라 분석해야 한다.

재건축사업과의 차이점은 규모가 작으므로 살림의 규모가 작아지고, 지분제인 경우 확정지분형으로 진행할 가능성이 높다. 사업의 변동 리스크가 크지 않고, 추가분담금이 있다면 사업의 진행이 어려울 수 있기 때문이다.

7장

나만의 투자 전략을
세워보자

01

종합예술과도 같은
도시재생 연관 투자

도시재생이라는 음악을 연주하자

도시재생에 관련된 업무와 투자를 진행하고, 이번 책을 쓰면서 새삼 느끼는 것은 도시재생 관련 투자는 모든 것이 함께 어우러진 종합예술과 같다는 것이다. 일반적인 투자 방식인 주택의 갭투자나 월세 수익률로 평가할 수 있는 수익형 부동산을 포함하되, 보다 많은 것이 필요하기 때문이다. 뉴타운사업을 기악의 집대성이라 불리는 교향곡에, 재개발─재건축을 협주곡에, 소규모주택정비사업은 소품에 각각 비유할 수도 있을 것이다.

교향곡과 같은 뉴타운사업은 규모가 크고 화려한 외형에 많은 인력과 자본이 투입되는 만큼 확실한 결과가 가능하다. 하지만 소품과 같은 소규모주택정비사업의 예술성과 가치가 그에 비해 못하다고 할 수는 없다. 작은 규모의 연주라 하더라도 연주자의 실력이 뛰어나면 더 큰 감동을 줄 수 있다. 예술작품이 그렇듯 단순히 우열을 비교하기 어려우며, 모두 나름의 가치를 가지고 있다. 그렇기에 자신의 취향과 여건에 맞는 종목을 선택하면 되는 것이다.

뉴타운에 투자했다면 사업의 규모가 큰 만큼 많은 변수가 있고, 오랜 시간이 걸릴 수 있다. 구역별로 진행속도에는 차이가 있으며, 일부는 해제되기도 한다. 만약 뉴타운 구역에서 해제된다면 그에 따른 대응책이 필요하다. 매도할 수도 있고, 소규모주택정비를 활용할 수도 있다. 오케스트라단이 해체되면 소규모 연주라도 해야 하고, 상황에 따라면 솔로 연주를 할 수도 있는 것과 같다. 뉴타운은 시공사도 여러 곳에서 나누어 하게 되고, 단지마다 각기 다른 특성을 가진다. 보다 좋은 시공사와 브랜드, 평형을 선택하기 위해 노력해야 할 것이다.

재개발이나 재건축사업에 투자했다면 사업의 단계에 따라 해야 할 역할이 달라진다. 조합이 결성되지 않았다면 조합 구성에 힘써야 할 것이고, 조합이 결성되었다면 원활한 추진을 위해 노력해야 한다. 좋은 시공사를 찾고, 비례율을 높이기 위해 노력해야 한다. 임대주택 공급비율이나 높이 제한 문제로 지자체와 줄다리기를 해야 하거나, 조합원 사이에 내분이 발생할 수도 있다. 만약 사업이 오랜 기간 지연되면 조합원이 이자 비용을 감당하기 위해 임대수익이라도 높여야 한다. 그래야 버틸 수 있기 때문이다. 그러나 이런저런 어려움을 겪고 나면 멋진 단지가 완성될 것이고, 수익과 함께 큰 보람을 느낄 수 있다.

한편 소규모주택정비사업에도 투자할 수 있다. 좋은 지역에 낡은 단독주택이나 대지지분이 많은 공동주택을 가지고 있다면 소규모주택정비사업을 진행해보자. 만약 뉴타운이나 재개발, 재건축이 무산되어 각자도생을 해야 한다면 좋은 대안이 될 수 있다. 동네 주민 몇몇이 모여 일을 진행할 수도 있다. 소수정예인 만큼 실수 없이 신속 정확하게 일을 진행해야 한다. 주어진 자금과 시간 여건에서 최선의 방법을 찾아야 할 것이다. 부문별로 성실한 담당자와 역량 있는 전문업자를 만나 진행한다면 1~3년이라는 짧은 기간에 결과물을 보게 된다. 새로운 주택의 건물주가 되거나 좋은 수익을 실현할 수 있다는 것이다. 물론 소규모주택정비사업도 예상하지 못한 어려움이 올 수 있으니 적절히 대응할 수 있는 준비가 필요하다.

도시재생의 와이너리

도시재생 연관 투자의 물건은 와인과도 비슷한 측면이 있다. 와인은 원산지와 빈티지(만들어진 연도)가 가치에 매우 큰 영향을 미친다. 도시재생 관련 투자의 대상인 부동산은 위치를 바꿀 수 없기에 원산지가 확실하고, 건축년도에 따라 노후도가 결정되므로 빈티지와 같다. 입지(원산지)와 노후도(빈티지)가 그 물건의 결정적인 가치를 결정하는 것이다.

와인도 원산지와 빈티지에 따라 각기 다른 맛과 향을 가지며, 한 병에 1만 원부터 수백만 원에 이르는 엄청난 가격 차를 보인다. 비싼 와인은 독특한 역사적 배경과 저명한 와이너리(양조장), 숙성기간, 보관상태, 시음 환경 등이 모두 갖추어진 상품이다. 또 함께 와인을 마시는 사람들의 성향과 매너, 음식의 조화가 좋아야 더욱 만족감을 얻을 수 있다. 비싼 와인이면 비싼 와인에 걸맞는 특수성과 희소성이 있어야 할 것이고, 저렴한 와인이라도 상황에 맞게 잘 선택하면 얼마든지 만족할 수 있다. 도시재생 연관 투자도 까다로운 조건들을 갖추어 높은 프리미엄을 추구하거나, 아니면 필요에 맞게 저렴하고 실용적인 선택을 할 수도 있다.

1차적인 조건은 투자 물건이 선호도 높은 좋은 지역에 위치해야 하는 것이다. 그 다음은 노후 정도를 파악해야 한다. 만약 리모델링을 고려한다면 준공 이후 15

년, 재건축 아파트라면 최소 30년 이상이 되어야 재건축을 고려할 수 있다. 점점 높아지는 안전 기준을 고려하면 40년 가까이 되어야 한다. 아파트 연식에 따라 투자와 수익 실현의 플랜이 달라지므로 가격에도 반영이 된다.

재개발지역이라면 투자할 물건뿐만 아니라 동일 블록 내 다른 건물의 노후도 도 함께 고려해야 한다. 지역 전체가 낙후될수록 함께 개발할 확률이 높아지기 때문이다. 군데군데 난개발이 되어 노후도가 낮다면 단독 개발을 고려해야 한다.

개발을 앞두고 있다면 전문적인 역량을 갖춘 조합장, 시행사, 시공사 등을 만나야 원활하게 사업을 진행할 수 있다. 또한 사업이 시작되면 최소 2~3년에서 최장 10년 이상의 기간이 소요되므로 관계자 상호 간의 신뢰와 배려가 있어야만 사업을 잘 마무리할 수 있다. 사람 간의 문제가 원활하지 못하다면 각종 사건과 문제가 생겨 어려움에 봉착할 수 있으니, 좋은 사람들을 만나는 것이 매우 중요하다.

작품을 완성할 마음의 준비가 되었는가?

하나의 예술작품을 완성하기까지는 각고의 노력과 오랜 인내, 창의력이 합쳐져야 한다. 와인도 처음 접하고 익숙해지기까지는 어려움이 따르지만, 일정한 경험이 쌓이면 즐거움을 느끼게 되고 깊이 빠져든다. 도시재생 연관 투자도 예술이나 와인 못지않은 매력을 가지고 있으며 그 과실은 달콤하다. 좋은 지역의 노후한 물건들은 모두 도시재생을 앞두고 있으므로, 우리는 포도가 무럭무럭 자라는 와이너리의 한복판에 있는 것과 같다.

단순한 개발과 투자를 넘어 문화와 예술에도 관심을 가져보자. 광범위한 개념의 도시재생은 도시화로 소외된 문화예술에 대한 관심을 포함한다. 도시가 발전할수록 임대료가 높아지고, 예술가들이 외곽으로 밀려나는 젠트리피케이션이 심해진다. 도시재생의 최근 트렌드는 사업으로 낡은 지역을 개발하면서 예술작품을 설계에 포함하거나, 일부 공간을 예술가들에게 제공하는 등 문화적인 배려를 하는 것이다. 앞서 설명한 영국이 좋은 사례라 할 수 있다.

문화예술 그 자체를 팔아서 많은 돈을 버는 것은 쉽지 않지만, 문화예술이 조화된 부동산(공간)이라면 그 가치가 크게 높아진다. 근시안적인 측면에서 벗어나 다양하고 긴 시각에서 본다면 문화예술에 대한 관심과 배려는 도시재생의 성공에 큰 역할을 할 것이다. 따라서 예술적인 도시재생을 적극 고려해보자. 작게 보아 내가 참여하는 주택단지에도 독특한 조각상과 아름다운 내·외장 디자인, 조명 등으로 차별화를 꾀할 수 있다. 원가절감만을 최우선으로 따지면 보다 높은 부가가치를 창출할 수 없으며, 척박한 환경에서는 르네상스가 만들어지기 어렵다.

02
돈 되는 기회를 잡으려면
준비가 필요하다

만약 이미 부동산 투자의 경험이 많고, 좋은 성과를 내고 있는 투자자라면 이 장은 건너뛰어도 좋다. 하지만 그렇지 않은 초보자라면 이 장을 참조하여 기초부터 준비하자. 부동산 투자는 중장기적인 관점에서 바라봐야 한다. 마라톤에서도 기초체력이 받쳐주지 못하면 완주하기 어렵다. 중간에 다른 길로 빠져들거나 결승전을 눈앞에 두고도 달리지 못하는 상황이 발생할 수 있다. 그러나 투자도 운동처럼 관심을 가지고 꾸준히 노력하면 누구나 일정한 수준에 도달할 수 있다.

불굴의 목표와 마인드 세팅
도시재생 투자로 성공의 길에 들어서고 싶은가? 모든 일이 마찬가지겠지만 성공은 쉽게 이루어지지 않는다. 불굴의 의지와 열정으로 모든 어려움을 헤치고 나아가야 한다.

우선 흔들리지 않는 목표를 세우자. 부자가 되어야 할 이유 10가지를 만들어, 아침이고 밤이고 되뇌보는 것은 어떨까? 각자 자신이 투자에 성공해야 할 이유를 적어보는 것도 좋다. 간절하고 극적일수록 효과는 더욱 좋다. 인생은 드라마와 같기 때문이다. 내가 인생이라는 드라마의 주인공이 되어야 할 이유가 명확해야 한다. 성공신화는 내면의 변화에서부터 시작된다.

부자가 되어야 할 이유 10가지

- 언제든 원할 때 세계 여행을 다니고 싶다.
- 좋은 집에 살고 싶다.
- 좋은 차를 타고 싶다.
- 백화점에서 쇼핑을 하고 싶다.
- 좋은 사람들과 골프를 치고 싶다.
- 가족을 부족함 없이 부양하고 싶다.
- 자녀들을 부족함 없이 교육시키고 싶다.
- 사업과 투자를 하여 높은 수익을 얻고 싶다.
- 서울에 건물을 개발하고 싶다.
- 주변에 인심을 베풀고 싶다.

기본기부터 익히자

도시재생 연관 투자는 부동산 투자의 종합예술과 같다고 앞에서 이야기했다.

초보자가 바로 악기를 연주할 수는 없는 노릇이다. 아무런 노력과 준비도 없이 처음부터 좋은 결과를 기대하는 것은 욕심이다. 기초부터 실력을 기르면서 안목과 체력을 길러야 한다. 먼저, 부동산 관련 홈페이지에 필요할 때마다 들어가보자. 각 지역별로 도시재생 관련 사이트가 있다.

- 서울시 도시재생포털(http://uri.seoul.go.kr) : 서울시 도시재생사업의 진행 현황을 쉽게 확인할 수 있다.
- 서울시 재개발재건축 클린업시스템(http://cleanup.seoul.go.kr) : 재개발, 재건축의 사업 현황과 조합별 홈페이지에 접근이 가능하다.
- 서울도시계획포털(http://urban.seoul.go.kr) : 2030서울플랜과 생활권계획, 한강변관리 기본계획을 구체적으로 확인할 수 있다.
- 도시재생 종합정보체계(https://www.city.go.kr) : 도시재생 뉴딜사업의 현황과 참여방법이 소개되어 있다.
- 국가법령정보센터(http://www.law.go.kr) : 각종 법령의 전문과 개정 현황을 알 수 있다.
- 토지이용규제정보서비스(http://luris.molit.go.kr) : 토지의 용도와 규제 현황을 볼 수 있다.
- 부동산정보포털 시리얼(http://seereal.lh.or.kr) : 토지주택공사에서 운영하는 페이지로 각종 부동산 통계와 인구 현황을 알 수 있다.
- 부동산공시가격(http://www.realtyprice.kr:447) : 공시지가와 공시가격의 확인이 가능하다.
- 청약자격확인 아파트투유(http://www.apt2you.com) : 아파트 청약조회 사이트
- 경기도 추정분담금 시스템(https://gres.gg.go.kr) : 경기도의 정비사업별 현황을

볼 수 있다.

- 인천광역시 추정분담금 정보시스템(https://renewal.incheon.go.kr) : 인천의 정비사업별 현황을 볼 수 있다.

기타 관련한 부동산과 관련한 링크와 정보는 '애드썸 부동산 카페(http://cafe.naver.com/allshare77)'에서 확인하거나 카카오톡 아이디 addsum으로 문의해도 된다.

경제와 해외 뉴스를 꾸준히 챙겨 보자

투자자라면 국내외의 경제 상황에도 관심을 가져야 한다. 부동산은 경제상품으로서, 경제 환경의 변화에 따라 움직인다. 경제신문이나 시사 정보, 해외 뉴스들도 살피면서 각종 지표와 환경이 움직이는 것을 꾸준히 확인하자.

국가 경제가 원활하게 움직이고 성장해야 부동산 시장도 함께 성장한다. 우리나라의 경제는 무역 의존도가 매우 높기 때문에 수출기업들의 실적에 문제가 없어야 경제가 성장한다. 최근에는 미·중 무역분쟁과 중국과의 사드 문제, 한·일 간에도 분쟁이 발생하여 많은 변수가 있으니 관심을 가져야 한다.

기업의 실적이 무난하고 코스피 등이 상승한다면 부동산 시장에도 큰 문제는 없을 것이다. 만약 거꾸로 증시가 어렵고 경제수치가 크게 하락 중이라면 부동산도 뒤따라 떨어질 수 있으니 주의하자. IMF나 금융위기 정도의 큰 이슈가 있다면 저점을 기다리는 판단도 필요하다.

또한 부동산에 투자하면 최소 2~3년에서 길면 10년 이상을 보유하게 되므로 수년 후의 경기 사이클을 예측해보는 것도 필요하다. 만약 시장에서 절망의 목소리가 크다면 기회로 보는 것이 좋다. 수년 후에는 경기가 회복될 가능성이 높고,

그러면 부동산 가격이 크게 오를 것이기 때문이다. 남들이 힘들다고 아우성칠 때 들어가고, 좋다고 환호할 때 팔고 나오는 것이다. 물론 이런 결정에는 용기와 확신이 필요하며, 경험이 쌓이면서 가능해질 것이다.

금리의 변동과 대출 규제에도 관심을 가져야 한다

금리가 낮아지면 자금을 빌려 투자하려는 수요가 많아지고 부동산 시장에도 긍정적인 영향이 있다. 그러나 반대로 금리가 높아지면 투자를 하기보다 예금이나 채권 수요가 많아져 부동산 시장의 수요는 감소한다. '금리'는 점진적으로 시장에 영향을 미치지만 '대출'은 직접적인 영향을 미친다.

타인의 자금이나 은행 자금을 활용해 나의 수익률을 높이는 레버리지 효과에 대해서도 이해해야만 한다. 타인의 돈이라면 세입자의 보증금일 것이고 은행의 돈은 대출금이다. 이를 활용하면 나의 투자금이 작아지므로 수익률은 높아진다. 저렴한 이자의 많은 대출은 큰 이익을 가져다줄 수 있다. 하지만 현재 강력한 대출 규제로 인해 대출 한도와 총량에 많은 제한이 있다. 대출이 가능한 한도에 따라 실투자금이 결정되고, 투자 수요에도 큰 영향을 미친다. DTI, LTV, DSR, RTI, 주택 수에 따른 제한 등을 이해하자. 투자할 때 얼마까지 대출을 활용할 수 있는지 은행별 조건도 반드시 확인해야 한다. 계약금을 치른 이후 중도금이나 잔금, 이주비 정산 시 대출이 막히는 경우가 있으므로 많은 주의가 필요하다.

지도와 친해지고 답사를 즐기자

부동산의 입지를 확인하기 위해서는 지도가 필수이다. 부동산에 비치된 동네

지도도 좋고, 네이버나 다음, 구글 지도도 좋다. 자주 열어보면서 해당 물건이 어느 위치에 있고, 인근에 어떤 배후가 있으며 도로는 어떻게 연결되는지 확인해보자. 모바일 지도의 지적도 기능을 활용하면 대지의 용도를 확인할 수 있고, 지구단위계획, 정비구역의 현황도 표시된다. 지도를 종이로 출력하거나 특정 지역의 지도책을 구하는 것도 좋다.

지도를 확인했고 기초적인 정보가 확인되었으면 현장에 나가보자. 많이 다니면서 눈으로 보고, 몸으로 체험해보는 것이 좋다. 스마트폰을 켜고 GPS를 사용하여 물건의 위치를 정확히 파악하자. 답사를 많이 다니면 눈이 트이게 되고, 인터넷이나 책에서 얻기 힘든 현장의 정보도 얻을 수 있다. 최소 수천만 원 이상이 투입되는 부동산 투자를 위해서는 기꺼이 발품을 팔아야 한다.

종잣돈을 모으고 투자를 시작해보자

종잣돈을 모으는 것도 중요한 관문이다. 최소 1,000만 원부터 3,000만 원 정도가 준비되면 소액투자가 가능하다. 평범한 직장인이라면 종잣돈을 모으는 것이 쉬운 일이 아니다. 구두쇠 소리를 듣더라도 목표를 달성할 때까지 예금이나 적금 등을 활용하여 무조건 아껴서 모으는 방법밖에 없다.

만약 자질과 능력, 여건이 된다면 금융 투자 및 사업에 도전하는 것도 좋다. 주식이나 채권 등에 올바른 투자를 할 수 있다면 자금을 모으는 속도가 빨라진다. 이 분야는 별도의 충분한 학습이 필요하며 손실의 우려가 있으므로 신중히 도전하도록 하자. 작은 금액으로라도 주식이나 P2P투자(온라인 핀테크 기술을 통해 대출과 투자를 연결하는 대안금융 서비스), 가상화폐 등에 투자할 수 있으며, 잘 훈련하면 상당한 성과가 가능하다. 이들 상품은 쉽게 사고팔 수 있어 현금화가 빠른 장점이 있다.

일정 이상의 금액이 모이면 부동산으로 옮기는 것이 현명하다. 금융상품은 언제든 급변하여 원금을 크게 손실할 우려가 있으므로 일정 비중 이하로 유지하는 것이 바람직하다. 남에게 주도권을 맡기는 간접투자 펀드나 연금저축, 복잡한 금융상품 등은 추천하지 않는다. 내가 열심히 공부하고 노력하여 얻은 실력으로 직접 통제하고 수익을 관리할 수 있어야 한다. 남이 저절로 불려주는 금융상품은 존재하지 않는다고 보는 게 현명하다.

영업이나 사업에 능력이 있다면 그것으로 종잣돈을 만드는 것도 좋다. 현금 흐름이 좋은 영업이나 사업을 하면서 일정 자금이 모이면 부동산에 투자하는 것이다. 사업과 부동산은 수익성과 안정성을 상호 보완해줄 수 있다.

금융투자나 사업을 활용하여 부동산 투자의 속도를 높이는 경우도 많다. 자본주의 시스템이 주는 엄청난 기회에 도전해보자. 주식과 가상화폐로 돈을 벌어 부동산에 투자하고, 최근에는 유튜브 사업으로 많은 돈을 벌어 빌딩을 매입하는 사례도 있다.

예금-적금, 금융 투자, 영업, 사업 중 어떤 방식을 활용할지는 개인의 역량에 따라 다르므로 자신에게 맞는 방법을 선택하자. 위험을 감수하기 싫다면 직장을 다니거나 부업을 하여 무조건 모으면 된다. 공사장 인부가 부동산 투자에 성공해 건물주가 된 경우도 있다. 내가 가장 잘할 수 있는 분야를 찾아 집중하도록 한다.

종잣돈이 어느 정도 모였다면 소액 투자부터 시작해보자. 투자 과정이 너무 복잡하고 감당이 어려운 금액의 물건은 피해야 한다. 되팔기 어렵지 않은 지역의 소형주택에 투자해보고, 어떻게 수익이 발생하는지 경험해보자. 이때는 되팔기 어렵지 않은 지역과 물건을 선택하는 것이 중요하다.

자신만의 투자 기준을 만들자

직접 투자하여 운영해보면 이런저런 교훈을 얻을 수 있고, 자신만의 경험이 누적될 것이다. 성공적인 투자를 했다면 그 성공 요인에 집중하여 다음 투자를 결정한다. 가능하면 이익금으로 재투자하는 비중을 높여가자. 나중에는 오로지 투자 수익금만으로 재투자할 수 있는 상황이 오게 될 것이다. 씨앗이 열매를 맺고, 열매가 다시 가지를 치게 된다. 선순환이 이루어지면 점점 커지면서 성공하는 것이다. 만약 되팔기 어려운 물건을 선택하면 투자금이 묶이게 되어 회전이 어려우니 각별히 주의해야 한다.

혹시 투자의 결과가 좋지 않더라도 낙담하지 말자. 확률적으로도 항상 성공할 수는 없으며, 성장하는 과정에서 실패는 필연적으로 만나게 되는 일이다. 실패 경험도 중요하며, 다시 반복하지 않도록 문제의 원인을 파악하는 것이 중요하다.

그렇게 일정한 경험을 쌓으면서 자신의 선택 기준을 만들어간다. 답사나 투자한 물건을 데이터베이스화하여 체계적으로 관리하는 것도 좋다. 다음 투자 시에는 물건 선택의 기준을 보완하고 포트폴리오를 고려하여 결정하자. 성공한 투자자는 주변의 시끄러운 목소리와 분위기에 편승하기보다는 자신만의 판단으로 결정한다. 좋은 물건이라는 판단이 들면 빠르고 과감하게 실천에 옮기고, 아니라고 판단하면 움직이지 않는다.

한편 시장이나 투자 물건의 사업 진행에 변동이 와서 버틸지 아니면 손절매할지 판단해야 하는 순간도 있다. 상당한 스트레스가 따를 수밖에 없으며 자신만의 기준이나 강한 정신력이 뒷받침되지 않으면 잘못된 결정을 할 수 있다. 정확한 판단을 내리는 것은 단시간에 얻기 어려운 부분이지만 시간과 노력으로 극복이 가능하니 서두르지 말고 꾸준히 노력을 기울여야 한다.

전문가의 도움을 받자

혼자 다 하려고 하지 말고 전문가의 도움을 받자. 전문가는 해당 분야의 지식과 경험을 갖춘 사람이다. 부동산 컨설턴트나 공인중개사, 변호사, 세무사, 법무사 등을 찾아 상담한다. 이웃의 일반인 중에도 많은 경험과 지식을 갖춘 이들이 있다.

역량을 갖추었고 신뢰할 수 있는 전문가라면 합당한 비용을 지불하고 도움을 받는 것이 좋다. 멘토와 멘티의 형태로 함께하는 것도 바람직하다. 서로 신뢰가 쌓이면 시장에 공개되지 않는 물건이나 고급 정보도 오갈 수 있다. 비용이 아깝다고 해서 이런 도움을 받지 않고 혼자 모든 것을 해결하려다 보면 낭패를 겪을 수 있다. 전문가에게 드는 비용은 전체 거래 금액과 위험 요소를 생각하면 저렴한 것이다. 고액의 자산가일수록 전문가를 많이 활용한다는 점을 반드시 명심하자.

초보자라면 위와 같은 기본적인 준비를 하는 데에도 상당히 시간이 필요하다. 천 리 길도 한 걸음부터 시작한다. 당장 시작하고 실천해보자. 중요한 것은 절대로 포기하지 말고 3년 이상 버텨야 한다는 것이다. 부동산 투자를 하는 사와 하지 않는 자는 시간이 지날수록 엄청나게 큰 차이가 발생한다. 반복적으로 실행하다 보면 점점 노련해지게 된다. 오로지 실천만이 살길이다.

TIP   **성공하는 부동산 투자를 위한 준비**

- 강력한 성공의 마인드를 세팅하자.
- 국내외 경제 현황과 금리, 규제를 파악하자.
- 종잣돈을 마련하자.
- 최소 3년간 포기하지 말자.
- 기본적인 정보를 수집하고 학습한다.
- 지도와 친해지자.
- 투자하고 피드백을 반복하여 확률을 높이자.
- 전문가와 멘토의 도움을 받자.

03

넓어진 선택지, 무엇을 택해야 할까?

지금까지 살펴보았듯 도시재생사업에는 뉴타운, 재건축. 재개발, 리모델링, 가로주택정비, 자율주택정비, 소규모재건축 등이 포함된다. 우선 도시재생사업이 진행 중인 물건, 또는 가능한 물건을 선택하고, 도시재생이 불가능한 물건은 과감히 제외하자.

양극화하는 입지에 올라타자

일부 틈새시장이 있을 수 있지만 큰 흐름은 양극화, 보다 강하게 표현하면 양극단화이다. 서울 도심이나 강남의 유망지역과 서울의 일반지역─수도권/광역시─지방의 가격 격차는 점점 더 커질 것이다. 서울의 주요 지역에 수요가 몰리고, 신규 공급이 충분하지 못해 그 추세를 더욱 부추기고 있다. 안타깝지만 이러한 흐름은 당분간 지속될 것이다. 그렇다면 무조건 상위지역, 입지가 좋은 지역에 투자를 해야 한다.

그렇다면 한 지역 내에서는 어떻게 움직일까? 서울의 주요 지역은 신축 아파트 > 재건축 > 일반아파트 > 뉴타운/재개발 > 단독/다세대주택의 순서로 가격이 움직인다. 같은 지역 내에서는 시차가 있지만 가격의 움직임이 유사하다. 예를 들어 어느 지역의 신축 아파트가 급등하면, 재건축 아파트도 씨가 마르며 가격이 상승하고, 이어 낡은 주택지의 재개발도 주목을 받게 된다. 동네가 개발되면서 인근 지역의 아파트나 다세대주택에는 이주 수요가 몰리며 전세가가 상승하고, 매매 가격도 올라간다. 낡은 단독주택과 대지지분이 많은 다세대주택은 개발과 투자의 수요가 몰리며 역시 가격이 상승한다. 이런 방식으로 한 동네가 같이 변화하며 발전하는 것이다.

만약 인근에 좋은 직장이 많고, 학군이 좋으며 개발 호재가 있다면 더욱 빠르게 큰 폭으로 발전할 것이다. 그렇기 때문에 투자 종목보다는 입지를 최우선적으로 고려하는 것이 바람직하다.

도시재생 연관 투자는 부동산 물건 그 자체보다 지역과 자리에 투자하는 것이 포인트이다. 같은 가격이라면 잘못된 위치의 그럴듯한 물건보다 좋은 위치의 허름한 물건이 낫다. 직접 거주할 환경이 안 된다면 다른 곳에 거주하더라도 좋은 위치를 선택해야 한다.

예산과 물건의 현황을 고려하자
지역과 입지에 대한 가이드라인이 정해졌으면 보다 현실적인 문제, 즉 예산을 고려해야 한다. 현재 동원이 가능한 투자금액이 얼마이고, 향후 얼마나 추가 자금을 투입할 수 있으며 이자를 부담할 수 있는지 파악하자.

만약 예산이 충분하고 복잡한 개발과정에 신경을 쓰고 싶지 않다면, 5년 이내의 신축 아파트에 투자하면 된다. 예산이 충분하다는 것은 개인 차이가 있겠지만 실투자금이 평균 5억 원, 최소 3억 원 이상을 말한다.

각 지역별로 유명세를 갖춘 신축 단지들은 당분간 큰 인기를 누릴 것이다. 개포동의 DH아너힐즈, 래미안블레스티지, 래미안개포루체하임, 흑석동의 아크로리버하임, 롯데캐슬에듀포레, 흑석한강센트레빌, 마포의 래미안웰스트림, 마포래미안푸르지오, 공덕자이, 마포자이 3차, 효창동의 롯데캐슬센터포레, 마곡의 힐스테이트, 마곡엠밸리 7, 서울숲의 리버뷰자이, 서울숲푸르지오 2차, 광화문의 경희궁자이, 신촌의 e편한세상신촌, 옥수동 옥수리버젠, e편한세상옥수파크힐스, 금호동의 신금호파크자이, e세상신금호파크힐스, 힐스테이트서울숲리버, 왕십리의 텐즈힐, 이수의 래미안이수역로이파크, 상도동 파크자이, 암사동 힐스테이트, 고덕동의 그라시움 등 참신한 단지들을 눈여겨보자.

예산은 충분한데 신축 아파트들은 너무 올랐고, 개발에 어느 정도 참여할 의사가 있다면 뉴타운이나 재개발, 재건축에 관심을 가져보자. 현재 가장 주목받는 한남, 노량진, 신길, 아현-북아현, 장위, 이문-휘경 등 2차와 3차 뉴타운 지역, 방배동, 청량리, 천호-성내정비구역, 거여-마천지구에서 사업의 진행 현황과 수익성을 파악한 후 선택하면 된다.

유망구역 내에서 프리미엄이 적은 물건을 중심으로 일반분양비율, 비례율을 고려하여 수익을 분석하고, 단지의 규모나 브랜드를 검토하자. 조합원 권리 승계와 대출 요건이 강화되었으므로 사전에 충분한 검토가 필요하다. 여의도, 목동, 대치, 압구정, 청담, 반포 주공, 잠실, 고덕의 재건축은 매우 유망하지만, 규제로 인해 사업의 진행은 더딜 것이다.

초과이익환수제와 분양가상한제의 여파를 고려한 신중한 선택도 필요하다. 재개발과 재건축에 투자한다면 조합원으로서 일정한 수고를 감수해야 한다. 재건축이 여의치 않은 일부 단지는 소규모재건축이나 가로주택정비사업으로 전환할 수 있으며, 좋은 입지를 갖추었다면 투자 가치가 있다. 또한 이미 모든 것이 갖추어진 지역보다 아직 낡은 이미지가 있지만 상향 여과로 입주민의 수준이 높아지고 이미지가 좋아지는 곳을 선택하면 투자금 대비 수익률이 좋다. 대표적으로 옥수, 금호, 마포-공덕, 신당, 성수 지역이 있다. 서울은 신규 공급의 부족이 누적되며 2021년부터 급등하여 2023년 이후에는 강남의 유명 단지가 30억 원대, 강북 20억 원대 시대가 열릴 가능성이 높다.

직접 개발에 참여한다

예산이 충분하고 보다 적극적인 개발을 원한다면 단독주택이나 소규모주택정비사업을 진행하는 주택에 투자하자. 대지지분이 많은 단독주택은 도시재생이 활발한 지역의 원석과도 같아, 다양한 선택지가 가능하다. 혼자 신축하거나 주변의 지주들과 함께 자율주택정비사업, 지주공동사업도 진행이 가능하다.

노후도가 높고 입지가 좋은 지역, 정비사업이 해제된 곳은 가로주택정비사업이 가능한 주택이 좋다. 입지 선정 기준은 아파트의 선택 기준과 크게 다르지 않지만, 역세권의 비중이 더욱 중요하다. 대단지 아파트보다 지하철 이용빈도가 높기 때문이다.

대지 면적에 비해 세대수가 너무 많지 않은 주택이 유리하며 소수의 인원이 개발에 참여하므로 자율성이 높고 적극적으로 의견을 반영할 수 있다. 뉴타운이나 재개발처럼 오랜 기간 다른 사람들에 의해 진행되는 사업에 비해 기간이 짧고 내 의견이 더 많이 반영될 수 있다는 장점이 있다. 또한 성공적으로 개발될 경우 많은 이익을 남길 수 있다.

가성비 투자 전략

예산이 부족하다면 몇 가지 선택지가 주어진다. 지역을 양보하지 않고 물건을 변경하거나, 물건을 양보하지 않고 지역을 변경해야 하는 상황이 되는 것이다.

우량 지역의 입지가 좋은 신축급 다세대주택이나 매우 낡은 공동주택을 선택할 수 있다. 신축급 다세대주택은 보통 원룸이나 투룸을 분양받으며 투자금이 최저 1,000만 원에서 1억 원 미만으로 소액 투자가 가능하다. 신축이므로 관리가 깔끔한 편이며 주변의 호재나 재개발 등으로 이주 수요가 늘어날 때 시세가 상승한다. 지역과 물건이 좋다면 인근 구축 아파트의 하한가로 가격대가 형성될 수 있으니 대안투자처로 좋다.

다음으로 매우 낡은 공동주택을 선택할 수 있는데, 중개나 경매를 통해 취득하

| 강남 지역 신축 다세대주택 투자 간편수익분석 사례 |

4,000만 원		예상수익 1억 2,000만 원 (1세대 2주택 7,800만 원)		예상 수익률 75%	
매입가격	3억 2,500만 원	매도가격	4억 5,000만 원		
추가비용 +	취득세 400만 원	누적현금수익			
기타비용 +	200만 원	양도세	비과세(1세대 2주택 4,200만 원)	1세대 2주택 수익률 48%	
회수금액 −	임대보증금 2억 9,000만 원	투자기간	2.5년		

(100만 원 단위 반올림 및 절삭, 주택임대사업자 미등록, 재산세 생략, 1세대 1주택 양도세 비과세 요건 기준, 2주택은 조정지역 내의 주택으로 일반세율에서 10% 중과세 계산, 예상치이며 사례를 단순화한 것으로 실제 수치와 차이가 있을 수 있음.)

며, 저평가되고 지분이 많다면 지하층을 투자하기도 한다. 물건이 낡은 만큼 인근 지역의 개발 이슈를 꼼꼼히 고려해야만 개발이 이루어질 때 차익을 기대할 수 있다. 또한 낡은 주택의 내부수선과 리폼(오래된 건물의 내장, 외장, 설비, 디자인 등을 개량)을 통해 임대수익을 높일 수 있다.

물건을 양보하지 않고 지역을 변경한다면, 서울의 저평가된 지역과 경기도 지역의 뉴타운 아파트를 공략해보자.

서울의 저평가된 지역은 관악, 금천, 구로, 강북, 노원의 교통 호재가 있는 곳을 찾아보자. 준공업지역, 신안산선 및 GTX, 환승역을 중심으로 보는 것이 좋고, 경기권에는 광명, 안양, 과천, 성남, 구리, 수원을 중심으로 광역교통망이 연결되는 곳의 아파트가 유망하다. 이들 지역은 상위 지역과의 갭 메우기, 순환매 방식의 투자가 주로 이루어지는데 규제의 변화에 주의해야 한다. 규제가 해제되는 순간 거품이 빠질 수 있기 때문이다. 도시재생이 중장기적으로 불가능한 지역, 비역세권, 비선호지역은 반드시 피해야 하며, 신도시와의 간섭도 고려하자.

대전, 광주, 부산, 대구 등의 광역시는 규제 현황과 산업기반, 공급량을 고려하여 선택하도록 하자. 해당 지역에 연고 없이 투자하는 것은 관리에도 어려움이 있고, 시장의 변화에 즉각적으로 대응하기 어려운 것이 단점이다. 해당 지역에 연고가 있는 투자자가 관심을 가지는 것이 바람직하다.

중간적인 선택 리모델링 단지

리모델링은 아직까지는 크게 활성화되기 어려운 여건이다. 신축보다 경쟁력이 낮은 한계가 있고, 수익성도 매력적이라고 보기에는 어렵기 때문이다. 하지만 재건축이 초과이익환수제, 분양가상한제, 안전진단 강화라는 난관에 봉착해 있고, 현재 논의 중인 내력벽 철거가 부분적으로 가능해질 것으로 예상한다. 이러한 변화 속에서 재건축의 사업적 타당성이 충분하지 않은 서울 및 대도시의 단지들이나 1기 신도시를 중심으로 수요가 늘어날 것으로 전망한다.

리모델링 아파트 투자 물건을 선택할 때에는 신축 아파트 입지 선택의 기준보다 보수적으로 바라봐야 한다. 각 세대당 전용면적이 30% 증가하므로 이를 고려하여 선호도가 높을 것으로 예상되는 평형을 선택한다. 또한 단지에 지하주차장이 있고 건물 구조가 1자로 반듯하며 동 간 거리가 넓은 아파트가 유리하다. 그리고 공용 면적의 비율이 높은 복도식, 대지지분이 많은 중층(6~12층) 아파트가 리모델링에 적합하다.

현재 성동구 옥수동의 극동아파트는 안전진단 B등급을 받아 리모델링을 추진 중이다. 기존의 단지가 15층 8개 동 900가구인데, 18층 8개 동 1,035가구로 3개 층을 올린다. 복도식으로 단지의 모양이 반듯하며 동 간의 거리가 멀어 리모델링에 적합하다. 2020년에 공사를 시작할 예정이다.

TIP

도시재생 부동산 투자 선택 기준

- 무조건 상위 지역, 입지가 좋은 지역을 선택해야 한다.
- 예산이 충분하면 신축 아파트, 시간이 많으면 뉴타운, 재건축에 투자하자.
- 개발에 참여하려면 가로주택정비, 자율주택정비, 지주공동사업에 투자하자.
- 소액투자는 유망지역의 다세대주택에 갭투자를 하자.
- 효율적인 리폼과 리모델링으로 주택의 가치를 높이자.

지금 가지고 있는 것에서 출발하자

3대를 지킬 그릇부터 만들자

새롭게 투자하여 돈을 버는 것도 중요하지만, 일단 있는 것부터 지키고 유지하는 노력이 더욱 중요하다. '부자가 3대를 못 간다'라는 속담이 있듯이 기존의 것을 지키는 것도 쉬운 일이 아니다. 집안의 크고 작은 자산들을 방치하여 가치를 계속 상실하고 있으면서도 새롭게 투자를 하겠다는 이들이 생각보다 많다. 바가지가 새는 상태에서는 새롭게 물을 부어도 담아낼 수 없는 것이 당연하다. 잘못된 지역에 주택을 소유하고 열심히 직장을 다니는 이들도 비슷한 부류라고 할 수 있다. 지역을 잘 선택하면 중장기적으로 직장에서 벌어들이는 소득을 뛰어넘는 가치 상승이 가능하기 때문이다.

여기에서는 기존에 보유하고 있거나 거주 중인 집이 어느 정도의 미래가치가 있는지 판단해보자. 도시재생이 가능한지, 도시재생과 연관이 있는지를 먼저 살펴보는 것이다.

거울을 바라보자

미래의 가치를 판단하기 위해서는 현재 소유한 물건의 위치와 상태를 파악해야 한다. 입지를 냉정하게 따져보고 현재보다 가치가 좋아질 것이라면 보유를, 나쁘다면 매도를 고려해야 한다. 앞서 설명했듯이 양극화가 진행 중이므로 선호 지역의 부동산은 가치가 계속 상승할 것이다. 하지만 그렇지 않은 지역은 물가상승률을 따라가기도 버겁고, 심지어 거래조차 이루어지지 않거나 빈집이 발생할 수도 있다. 미래가치가 없는 물건부터 처분하면서 가치가 있는 물건은 어떻게 살릴 것인지 판단해보자.

아파트라면 위치와 연식에 따라 결정하자. 낡은 아파트라면 재건축이 가능할지 파악하고, 차선책으로 리모델링이 가능한지도 파악해야 한다. 이 두 가지가 모두 어렵다면 과감히 정리하자. 좋은 입지의 신축급 아파트라면 보유하는 것이 좋다.

빌라나 주택이라면 조금 더 복잡해진다. 먼저 물건이 위치한 지역 자체의 수요와 성장 가능성이 있는지를 살펴보고, 지역 내에 유사한 주택의 공급 가능성이 있는지도 검토해보자. 만일 공급량이 수요량보다 많다면 과감히 빠져나오는 것이 좋다. 대표적인 예로 서울의 신정동, 화곡동, 인천, 경기도 광주의 일부 지역에서는 수요 대비 공급량이 많아 빌라의 가격이 하락세를 면하지 못했다.

정비구역이라면 사업의 현황을 살펴봐야 하고, 정비구역이 아니라면 직접 활용 방법을 고민해보자. 단독주택을 보유 중이라면 대지지분이 높아 선택지가 넓다. 다가구나 다세대주택을 지을 수 있다면 높은 수익이 가능하며, 단독개발이나 자율주택정비사업도 가능하다. 주변의 다른 주택들과 협정하여 함께 추진할 수도 있다.

가로주택정비의 요건을 충족할 수 있다면 가로주택정비사업을 추진해보는 것도 좋다. 낡은 빌라를 소유하고 있다면 대지면적과 세대별 보유지분을 확인하여 사업 타당성이 있는지를 파악해야 한다. 만약 대지의 면적이 넓지 않다면 주변의 빌라들과 함께 개발해야 하고, 동의가 가능할지도 냉정하게 파악해야 한다. 입주민 대부분은 추가분담금을 원하지 않으므로 무상으로 새로운 주택 개발이 가능해야 한다. 세대수가 크게 늘어나지 않는다면 타산을 맞추기 힘들기 때문에 저층의 세대별 면적이 넓은 빌라가 유리하다.

빌라를 신축할 때에는 지주공동사업이나 소규모주택정비사업이 바람직하다. 큰 그림이 정해지면 직접 행동에 나서고, 직접 해결이 어렵다면 정비사업을 도와줄 전문업자를 찾아보자.

될 곳은 반드시 된다

좋은 입지의 주택은 종류를 가리지 않고 반드시 정비된다는 사실을 잊지 말자. 이러한 사실을 모르고 단독주택이나 빌라의 가치를 제대로 살리지 못하는 보유자들이 너무나 많다. 확인해보고 아무런 가능성이 없을 때 매도를 고려한다.

용산의 해방촌은 도심에 가까워 우수한 입지조건을 갖추었지만 동네의 이미지가 실향민과 피난민의 정착촌으로 고착되어 좋지 않았다. 하지만 현재 근린재생형 도시재생 활성화 지역으로 선정되어 변화를 앞두고 있다. 총 100억 원의 예산이 투입되어 HBC 가로의 정비를 마쳤으며, 이태원부터 해방촌, 남산 구간을 잇는 '남산 가는 골목길' 사업이 진행 중이다. 또한 주요 지역을 연결하는 역사문화

| **'남산 가는 골목길' 도시재생이 진행 중인 용산 해방촌** |

탐방로를 설치할 예정이며 조명과 계단, 손상된 바닥을 새로 설치한다. 입지가 우수하기에 점차 관광명소로 바뀌고 있다.

수익률을 높여보자

만약 시세차익이나 개발의 가능성을 보았다면 일정한 시간이 필요한데, 이자 비용을 보전하기 위해 수익을 늘려보자. 큰 집을 쪼개거나 리폼하는 것은 매우 유용하다. 도배, 장판 등 내장을 새롭게 하는 리폼을 통해 입주자들의 만족도가 높아진다. 기존의 집이 크게 낡을수록 효과가 좋으니 아까워 말고 활용해보자.

모처의 대형 주택은 공실이었으나 두 개의 세대로 분리한 후 임대가 완료되었다. 분리할 때에는 셰어하우스의 형태로 임대를 할 수도 있고, 공사를 통해 물리적으로 분리할 수도 있다. 셰어하우스는 거실과 주방은 공동으로 사용하고 방을 각자 사용하는 것으로, 젊은 세대나 외국인 유학생 등이 많이 이용한다. 2020년부터는 사업자 등록을 해야 운영 가능하다. 공사를 통해 세대를 분리하는 경우에는 벽을 치고, 문을 만들고, 화장실의 배관을 분리하는 등 공사가 다소 까다로우므로 신뢰할 만한 업자에게 의뢰해야 한다.

일단 세대가 분리되고 세입자의 수가 늘어나면 임대 수입도 늘어난다. 주변에 학교가 있으면 원룸의 선호도가 높고 직장인의 수요가 많으면 1.5룸을 선호한다. 임차 수요에 맞게 조정하여 수익률을 높여보자.

사전교육과 상속, 증여의 준비는 필수다

보유하기로 한 부동산은 상속이나 증여를 미리 고려해볼 필요가 있다. 부동산 문제에 대해서는 부모와 자녀, 가족 간에 거리를 두는 경우가 많지만, 길게 보면 현명하지 못한 생각이다. 무대응과 방치는 결국 자산의 가치를 하락시키고, 준비되지 않은 상태에서 매도나 상속으로 이어져 큰 손해를 보게 된다. 자녀에게 부동산과 투자에 대한 교육도 반드시 시켜야 한다. 무지는 곧 손해로 귀결되기 때문이다. 부동산이나 세무사 등 전문가에게 의뢰하여 기존의 것을 지킬 수 있는 현명한 전략을 함께 고민해보자. 미리 준비하는 것만이 살 길이다.

타이밍의 예술, 위험과 수익의 상관관계

타이밍이 수익과 손실을 결정한다

같은 시장에서도 투자의 타이밍에 따라 결과는 크게 차이가 난다.

부동산도 주식 등 금융투자와 기본적인 원리는 유사하다. 결국 좋은 물건을 내재가치보다 싸게 사서 비싸게 파는 것이며, 일정한 기준을 벗어나면 손절도 필요하다. 차이점이 있다면 움직임이 크고 느리며, 실시간으로 차트가 보이지 않는다는 것이다. 실시간 차트가 제공되지 않기 때문에 시장의 흐름을 직접 읽고 판단해야 하며, 거래도 즉시 이루어지는 것이 아니므로 시간을 두고 진행해야 한다.

시장의 흐름을 읽고 좋은 물건의 가치를 판단하려면 보는 눈을 길러야 한다. 부동산 투자의 기초를 다지면서 관심의 범위를 좁혀나가자. 자신의 예산과 감당할 수 있는 위험의 정도를 파악하는 것도 함께 진행되어야 한다. 거시적인 경제의 흐름은 금융위기나 IMF급의 악재가 오는지의 여부를 확인하자. 초대형 악재의 위급한 상황이 아니라면 좋은 입지의 우량한 물건은 '항상 지금이 최저가'라는 말이 있듯 계속 오른다.

범위를 좁혔으면 해당 물건의 거래량과 가격 추이를 지켜보자. 서울의 주택시장은 강한 규제로 거래량은 줄었으나 가격은 2019년 7월부터 34주 만에 상승세로 전환했다. 상승세는 투자 수요가 집중된 강남의 신축과 재건축을 중심으로 나타났고, 인근 지역으로 확산되고 있다. 상승세를 막기 위해 2019년 11월에 민간택지 분양가상한제 대상 지역이 선정되었지만 그 효과는 3개월 정도가 지나면 확인될 것이다. 그때에도 상승세가 확인되면 계속 추세를 이어갈 것이다. 상승추세를 확인하고 들어가면 보다 안전할 것이며, 공격적인 투자를 원한다면 주춤할 때 한발 먼저 들어가는 것도 좋다. 부동산 시장의 성수기가 2~5월과 8~10월이고, 비수기는 6~7월과 11~1월인 점을 고려하여 결정하자.

예산과 감당할 수 있는 위험이 확인되었고, 물건의 범위를 좁혀 관찰이 이루어졌다면 과감함이 필요하다. 좋은 물건이 나오면 즉시 결정하여 실행에 옮기도록 하자. 검투사가 오랜 수련을 거치되 싸움에 임하면 번개처럼 신속해야 하는 것과 같다. 지나치게 겁내지 말고 용기가 있어야 실행에 옮길 수 있다. 또한 눈치 보며 뒤따라가는 양 떼가 아닌 양치기가 되려는 마음으로 한발 앞서야 한다. 양치기는 앞에서 시장을 리드하며 양 떼를 대상으로 수익을 남긴다. 양 떼는 무리에서 벗어나지 않기 위해 뒤따라가고, 맨 뒤에 남은 양은 결국 막차를 타는 것이다. 물론 선제적으로 투자하면 가장 큰 수익을 볼 수 있지만 앞선 만큼 위험도 뒤따른다. 잘못된 길목을 선정하면 손실이 올 수 있으므로 자신의 실력에 맞게 위험을 감수하도록 하자.

투자와 매도 결정의 기준

만약 투자를 잘못했거나 시장이 크게 무너진다면 어떻게 해야 할까?

좋은 입지에 내재가치가 충분하다면 버티는 것을 선택해도 된다. 하지만 감당할 수 있는 손실금의 범위를 벗어나거나 시장 상황과 물건의 내재가치 모두가 나쁘다면 과감히 정리해야 한다. 오래 버티는 것만이 능사가 아니며 버틸수록 손해가 커질 수 있다. 나쁜 거래를 했다면 깨끗이 정리하고 새로 시작하는 것이 훨씬 나을 수도 있다. 다만, 처음부터 선택 단계에서 신중했다면 이런 최악의 경우는 오지 않을 가능성이 높다. 입지와 가격에서 이미 어느 정도 답이 나오기 때문이다. 나쁜 입지와 가치에 비해 과장된 가격을 피해야 하는 이유다.

특히 초보자라면 되팔 수 없는 물건에 투자하는 것만은 반드시 피해야 한다. 수익에 욕심을 내 이상한 물건을 선택하기보다 쉽게 되팔 수 있는 무난한 물건을 선택하자. 되팔 수 없는 나쁜 물건에 투자하면 소중한 종잣돈이 묶이게 되고 빠져나올 수도 없다.

투자를 실행할 때는 어떠한 시기나 상황에 매도하겠다는 기준을 미리 세워두는 것이 좋다. 실제로 그렇게 되지 않더라도 기준을 세워두면 여러 가지 변수에 대응하고 판단할 기준이 생긴다. 사실상 서울 우량지역의 주택은 중장기적으로 대세 상승의 가능성이 여전히 높으므로 계속 보유하는 것이 바람직하다. 팔지 않고 여건이 될 때마다 추가로 매수하는 것이다.

과거 30년을 되돌아보면 서울 우량지역의 주택 가격은 그 어느 투자대상보다도 높은 수익률을 보여주었다. 꾸준히 매입하면서 수를 늘려가면 이익도 크게 불어난다. 하지만 이런 상황을 계속 놔둔다면 결과적으로 한 명이 수십 채 이상의 소유자가 되고, 빈부 격차가 날로 커지게 된다. 이는 심각한 사회적 갈등을 유발했고, 현재의 규제정책에 이르게 되었다. 현재 규제의 가이드라인에서는 3주택

정도를 현실적인 상한선으로 보고 있다. 따라서 투자자는 실거주하는 집 이외에 1채에서 2채 정도를 동시에 투자할 수 있다.

투자의 효율을 높이기 위해서는 일시적 2주택으로 1주택자 비과세의 혜택을 적극적으로 활용하는 것이 좋다. 세금과 여러 상황들을 고려하여 투자-매도-이후의 계획에 대해 대략적인 플랜을 세우자. 보유한 물건의 가격이 상승하여 기준을 벗어났고 이후의 계획을 진행하는 데 문제가 없다면 과감히 매도하자. 현금화되면 투자에 성공한 것이고, 그와 같이 수익을 내며 회전하면 된다. 낡은 것을 비워내야 새롭게 발전할 수 있다.

지하철이나 GTX 신설역세권도 투자대상으로 인기가 높다. 개통 2~3년 전에 진입하는 것이 가장 바람직하다. 소문이나 부정확한 정보에 휘둘리기보다는 직접 정보를 확인하고 현실 가능성이 있는지 파악하자. 철도는 개통이 늦어진 사례가 매우 많다. 반 발짝 앞서가되 만일에도 대비하는 자금 여력을 갖추어야 한다. 늦어지더라도 지칠 때쯤 되면 개통이 완료될 것이고, 그 기간을 버텨내면 큰 수익이 발생할 것이다.

도시재생 투자의 타이밍

재개발, 재건축 등 도시재생 연관 사업에 투자할 때는 일반 부동산 투자에 비해 변수가 많고 까다롭다.

기본적으로 '구역 지정-추진위원회-조합 설립-사업시행인가-분양신청-관리처분인가-일반분양'의 과정을 이해하고, 어느 단계에서 진입하고 빠져나올 것인지를 정해야 한다. 당연히 앞선 시기에 들어갈수록 위험과 기대수익은 높아진다.

사업성 분석에 자신이 있고 예산이 충분하다면 추진위가 구성 중인 중층 재건축 단지나 감정평가 이전의 재개발구역 내 원빌라에 투자하자. 원빌라는 지분 쪼개기가 실행되지 않은 주택을 말한다. 이때 만약 사업장이 다음 구간으로 넘어간다면 적지 않은 차익이 발생할 것이다. 사업이 중간에 좌초할 확률이 존재하므로 위험을 감수한 대가라 볼 수 있다.

보다 안전하게 투자하려면 조합설립 단계의 재건축이나 감정평가를 완료한 원빌라에 투자하면 된다. 2018년 1월 23일 이전에 사업시행인가를 신청한 재개발구역 중에서 감정평가 및 평형 배정이 완료된 곳은 더욱 확실한 투자의 대상이다. 관리처분단계 이후에는 보다 안전하지만 그만큼 프리미엄에 반영되어 있기에 수익의 폭은 작아진다. 위험이 변하는 단계의 전후로 거래의 타이밍을 고려해보자.

한편 조합이나 비대위의 성격은 사업의 향방에 큰 영향을 줄 수 있으니 주의가 필요하다. 가재울뉴타운 3구역과 4구역의 시작은 비슷했으나 비대위의 차이가 매우 큰 결과의 차이로 나타났다. 3구역(현 래미안e편한세상)은 비대위가 강하지 않아 금융위기 전에 분양을 마쳤고, 조합원의 분담금도 낮았다. 4구역(현 DMC파크뷰자이)은 비대위가 200명으로 많았고 권리 주장도 강해 소송을 진행했다가 패소했다. 그 과정 중에 금융위기를 맞게 되었고 분양 조건은 나빠졌다. 당연히 사업이 지연되면서 손실이 커졌고, 조합원들의 추가분담금이 크게 늘어났다.

사업 참여자들 간에 합의가 원활하지 못하고 갈등의 소지가 보인다면 투자를 피하는 것이 좋다. 시간과 정신과 체력을 잔뜩 소모할 수 있고 재정적인 손실까지 볼 수 있다. 가능한 한 깔끔하고 빠르게 진행될 수 있는 사업장을 찾도록 하자. 소규모주택정비사업도 대안이 될 수 있다.

100세 시대,
연령대별 투자전략

평균수명 100세 시대는 이제 그리 먼 이야기가 아니다. 의학기술의 눈부신 발달로 머지않아 100세 시대를 맞이하게 될 것이다. 통계청에 따르면 2017년 현재 평균연령은 82.7세(여자 85.7세, 남자 79.7세)로 꾸준히 상승하고 있다.

하지만 경제적으로 준비되어 있지 않다면 늘어난 수명의 혜택을 온전히 누리기 어렵다. 일할 수 있는 기간에는 한계가 있고, 자녀들과 정부에 모든 것을 의존하는 데에도 한계가 있다. 건강하고 행복하고 부유하게 100세를 누릴 수 있도록 각자의 연령대별 삶과 노후를 고민해보고 준비해야 할 것이다.

20~30대 : 청약을 노리고 작은 집을 마련하여 차익을 추구하라

20~30대에는 경제적인 여건이 부족한 경우가 많지만 꿈을 가장 크게 꿀 수 있는 시기이다. 부동산으로 부자가 되고, 건물주가 되고자 하는 꿈을 자유롭게 꿀 수 있다. 가능한 한 높은 목표를 가지고 교육이나 직업 준비에 많은 신경을 써야 한다. 우선 기초를 다지고 종잣돈을 모으면서 청약통장을 준비하고 가점을 관리하며 빠르게 도전하는 것이 좋다. 현재 분양가상한제가 강화되며 무주택자에게는 좋은 기회가 생기고 있다.

2021년 이후 신축 공급이 부족하여 대란이 예상되는 서울 지역을 중심으로 하되 광명, 과천, 안양, 하남이나 신혼희망타운의 일부 지역 경기도권 20평대 신축에도 도전해보자. 좋은 지역일수록 경쟁률이 매우 높아 실패 확률이 높지만 예비 당첨이나 미계약분이 가능할 수 있다. 화성, 용인, 시흥, 파주, 김포 등의 공급 과잉 지역은 주의하도록 하자. 지속적인 도전이 필요하며 대출을 최대한 활용하는 것이 좋다.

입지가 빠지는 신도시라면 추후 기반시설과 교통 여건이 잘 갖추어져 수요자가 늘어날 수 있는 곳으로 들어가야 한다. 1주택을 마련하면서 기초를 준비하고 소액 투자에 도전하여 수익을 실현해보는 경험이 필요하다.

소액을 투자한다면 핵심적인 물건에 집중적으로 투자하되 지나친 분산은 바람직하지 않다. 처음 하는 투자에 실패하게 되면 자신감보다 두려움을 가질 수 있으니 주의가 필요하다. 되팔기 어려운 물건에는 절대로 투자하지 말고, 준공이나 개발계획은 항상 늦어질 수 있음을 감안하여 예산을 계획하자.

시작은 신중한 것이 좋지만 일단 투자를 했다면 뚝심을 유지해야 한다. 중간에 여러 가지 변수로 수익 실현의 시간이 길어질 수 있는데, 그 기간을 버텨야 한다. 각종 최신 정보에 관심을 가지되, 분위기에 휩쓸리지 말고 자신의 분석과 판단력을 높일 수 있게 훈련해보자.

입주한 주택이 몇 년 지나면 상당한 차익을 실현할 수 있을 것이다. 기회가 오면 과감히 매도하여 수익을 실현한다. 개발 현장도 부지런히 다녀보고 건축 개발 스터디 등에도 참여하여 건물주의 꿈을 시작하자.

주택 이외에 여유자금이 있다면 신설 역세권의 토지 투자도 괜찮다. 다만, 토지는 오랜 기간 묶이므로 반드시 여유자금으로 해야 하며, 개발 여부를 정확히 확인하고 들어가야 한다. 한 번쯤은 정부가 진행하는 청년임대주택 등을 이용해보는 것도 좋다. 다만 임대주택에 익숙해지면 경제적 독립이 늦어질 수 있다는 점에 주의하고 임대주택의 생활여건을 확인해보는 계기로 삼자. 또한 학생이나 젊은 직장인을 대상으로 한 셰어하우스를 이용해 독특한 문화를 체험하는 것도 좋다.

40~50대 : 도시재생 및 수익형의 비중을 높여라

40대와 50대는 보다 풍부한 자금력으로 본격적인 투자를 통해 질적·양적인 성장을 도모하는 시기이다. 부부가 함께 부동산 투자에 관심이 있다면 역할 분담이 가능하므로 금상첨화이다. 부동산에 대한 각종 교육, 정보 수집, 교류, 답사, 계약 등에서 유리해질 수 있다. 가족의 의견과 비전이 일치하지 않으면 현명한 부동산 투자를 하기 어려우므로 관심을 가지는 문화를 조성해보자. 자녀들에게도 부동산과 투자에 대한 중요성과 인식을 시켜주어야 평생 고생하지 않을 수 있다.

이 시기에는 주택의 브랜드와 입지, 평수, 가격대를 높여보자. 투자의 능력은 운동과 유사하다. 즉, 꾸준한 인내와 노력으로 한계치를 늘려나가야 한다. 꾸준히 하는 사람과 하지 않는 사람은 시간이 자날수록 점점 더 차이가 커진다. 허약한 경제 체질을 개선하고, 투자의 근성을 길러가자. 일반적으로 주택의 질을 높이며 똑똑한 한 채를 보유하는 것이 1차적인 목표가 된다. 똑똑한 한 채란 도심으로의 접근성이 좋고, 30~40대 직장인의 수요가 많으며 교육여건과 녹지가 갖추어진 지역의 4세대 아파트를 말한다. 4세대 아파트는 기존의 하드웨어 중심의 3세대에 스마트홈, AI(인공지능), IoT(사물인터넷), 공기청정시스템 등 소프트웨어적인 요소가 추가되어 최첨단 주거환경을 제공한다. 층간 소음을 줄이거나 커튼월룩, 광폭의 지하주차장, 세대당 1.5대 이상의 주차 대수, 주차대행, 조식, 풍부한 커뮤니티 시설 (게스트룸, 사우나, 수영장, 주차대행, 스카이라운지, 카페, 도서관 등)이 갖추어지면 보다 좋다.

이런 요건들을 갖춘 입주 2년 이내의 신축급 아파트는 단연 최고의 인기를 누릴 것이다. 무주택자라면 분양가상한제를 적용받은 신규 분양에 적극 도전하되, 허황된 확률을 쫓기보다는 현실적인 투자를 하는 것이 바람직하다.

| 4세대 아파트 반포푸르지오써밋 |

조정지역 이상의 투기과열지구에서는 각종 규제로 인해 2023년 이후 신규 공급 물량이 줄어들어 가격이 크게 오를 것이다. 2023년 전후로 입주가 예상되는 서울의 재개발 입주권을 공략해보자. 앞서 설명했듯이 사업 절차는 뒤로 갈수록 안전하며 감정평가가 완료된 것이 좋다. 재개발 입주권 거래와 재당첨의 제한에 유의하고, 이주비와 중도금의 대출이 제한되는 점을 반드시 미리 확인해야 한다. 서울의 투자금액이 부담스럽다면 경기도권의 재개발에 투자하는 것도 좋다.

수익형 부동산 또는 개발에도 도전해보자

주택의 투자와 함께 고려할 수 있는 두 개의 선택지가 있다.

첫 번째는 수익형의 비중을 늘리는 것이다. 시세차익을 기대하는 주택이나 토지는 차익형 투자이고, 월세 소득을 얻을 수 있는 원룸, 상가, 셰어하우스, 오피스텔 등은 수익형 투자 상품이다. 나이가 들수록 차익형보다 현금 흐름이 발생하는 수익형의 비중을 높이는 것이 바람직하다. 대출을 활용하여 적정 수익을 낼 수 있는 물건의 비중을 높여보자. 개인차가 있겠지만 부동산 자산에서 수익형이 차지하는 비중을 40대는 40%, 50대는 50% 수준을 목표로 하면 좋다. 생활비나 자녀교육비 등 고정지출을 고려하여 수익형과 금융상품으로 현금 흐름을 창출하자. 기본적인 현금 흐름으로 생활비를 충당할 수 있다면 새로운 차원의 자유가 시작될 것이다. 저금리의 대출은 최대한 활용하되 나이가 들수록 비중을 낮추어야 한다.

두 번째는 소형 건축 및 개발에 참여해보는 것이다. 재개발이나 재건축은 강력한 규제들로 인해 많은 제약이 따르지만 소규모주택정비사업은 정부가 장려하고 있다. 해제된 우량 정비구역의 신축개발에 직접 조합원이나 건축주로 참여해보는 것이다. 작은 건물이라도 신축에는 많은 노력과 고통이 따를 수 있지만 이 역시 경험이 쌓이면 노련해진다. 현재 큰 건물을 소유한 건물주들도 모두 초보 시절이 있었음을 상기하자. 그들 대부분이 작은 건물을 짓거나 투자하면서 성장해왔고, 건물을 짓는 것은 어떤 매입 방법보다 가장 저렴하다. 한 번쯤 도전해볼 만한 멋진 분야가 아닐 수 없다.

금리의 방향이 다시 내려가고 향후 수년간 가격 거품이 빠진 꼬마주택이나 꼬마상가의 선호도가 다시 올라갈 것이다. 직접 건물을 지어 수익을 실현할 수 있다면 빠른 성장이 가능하다.

| 꼬마빌딩 건축은 건물주가 되고자 하는 이들의 가장 현실적인 선택 |

60대 이상 : 안정적이고 현금화가 쉬운 투자로 긴 노후를 준비하자

60대 이상이면 일반적인 직장의 은퇴 시기이고, 자녀들도 출가한 경우가 많다. 공격적인 투자보다는 보수적인 자세로 임하되 현금 흐름이 발생하는 월세의 비중을 60% 이상으로 유지하는 것이 바람직하다. 직장연금이나 퇴직연금, 월세 수입으로 기본 생활을 유지하면서 여유자금을 위험도가 높지 않은 소형주택이나 아파트에 투자하는 것이 좋다. 가능하면 대출을 활용하지 않고 깔끔한 지역의 아파트나 주택에 투자하여 추후 병원이나 요양원 비용 같은 목돈이 필요할 때 현금화가 어렵지 않도록 해야 한다.

60세부터 100세까지 40년을 생활하고 생활비로 한 달에 200만 원을 소비한다고 가정하면 원금만 9억 6,000만 원이다. 이 정도의 자산을 확보하고 있다면 부동산과 금융상품으로 보완하여 기본적인 생활을 유지해주는 안정적인 계획을 구축하는 것이 바람직하다. 만약 자금이 부족하다면 원금 손실의 우려가 낮은 투자를 하되 생활비용의 규모를 줄이는 것이 좋다.

또 자산이 있다면 현명하게 자녀에게 증여 또는 상속하는 설계를 하는 것도 필요하다. 자녀에게 너무 일찍 모든 경제권을 넘겨주면 대우를 받기 어려울 수 있고, 반대로 준비가 전혀 없는 상태에서 중병으로 입원하거나 상속 등의 문제가 발생하면 큰 손실을 입을 수 있다. 상속세를 내기 어려워 부동산을 헐값에 처분하는 경우가 상당히 많다는 것도 기억하자.

100세 시대의 부유하고 멋진 노후를 준비해보자. '내가 부자가 되어야 할 이유'를 모두 달성한다면 성공적이고 행복한 인생이 될 것이다. 꿈과 목표가 없는 인생은 방황하게 된다. 반드시 정확하고 동기 부여가 가능한 목표를 정하여 끈기 있게 도전해보자. 세상에 이루지 못할 일은 없다.

07

도시재생 지역 주변에도 기회가 생긴다

도시재생사업이 이루어지는 지역의 주변은 이주 수요를 흡수하면서 낡은 동네가 좋아지므로 투자가치가 높다. 또한 직접 재개발, 재건축 등 사업의 진행 상황에 영향을 받지 않으므로 깔끔한 편이다. 초보 투자자나 스트레스를 덜 받고 싶은 투자자라면 도시재생의 간접효과를 노려보자.

앞으로 3년, 20만 세대의 이주 수요를 공략하자

통상 3,000세대가 이주 시 인근의 대체주택에 전세 수요가 몰리며 매매 가격을 끌어올려 20% 이상 상승한다. 재개발 구역이나 저가 아파트의 재건축은 인근 지역 비슷한 금액대의 다세대주택을, 대단지 아파트는 인근 지역 유사 평형대의 아

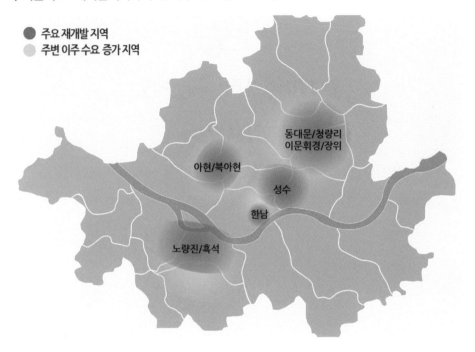

| 서울 주요 재개발지역과 주변 이주 수요 증가지역 |

● 주요 재개발 지역
● 주변 이주 수요 증가지역

동대문/청량리
이문휘경/장위

아현/북아현

성수

한남

노량진/흑석

파트를 선택하면 된다. 강동구의 둔촌 주공과 가락 시영아파트 이주 시 인근의 30평대 아파트가 1억 5,000만 원 정도 상승했고 개포 주공의 이주 시에도 양재동의 다세대주택이 1억 이상 상승했다.

향후 3년간 서울에는 뉴타운 22개 구역의 3만 세대, 재개발 43개 구역에 4만 세대의 이주가 예상된다. 서울의 재개발 구역 중 관리처분인가를 거친 구역은 2019년 8월 현재 22개 구역으로 성북구 장위동과 동대문구 청량리, 이문·휘경뉴타운 지역이 가장 활발하다. 장위 4구역과 이문 3, 3-1구역은 현재 이주가 진행 중이고 이문 4구역과 휘경 3구역도 이주가 예상된다. 이 지역은 청량리, 망우역 복합개발과 GTX 개통, 뉴타운사업 등이 맞물려 있어 대규모 이주 수요가 지속적

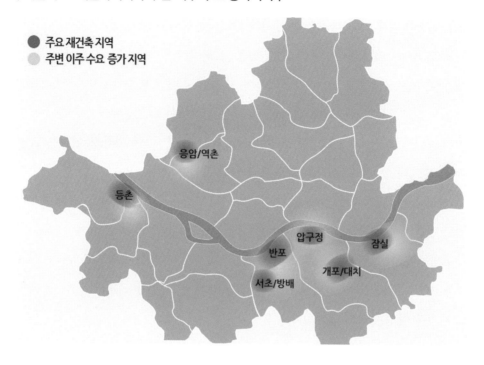

으로 발생할 것이다. 즉 인근의 제기동, 용두동, 전농동, 석관동, 회기동 지역으로
역세권 다세대주택 수요가 늘어날 것이다. 아현 1구역이 구역 지정을 앞두고 있
고, 북아현 3구역도 사업이 재추진되면서 2021년 이주를 시작할 예정이다. 역시
주변의 천연동, 충현동, 공덕동, 아현동 등으로 이주 수요가 분산될 것이다.

　　노량진의 6, 7구역도 이주를 앞두고 있다. 흑석 9구역도 이주 예정으로 인근의
사당, 상도, 대방동의 다세대주택 수요가 늘어날 것으로 예상된다. 특히 9호선에
가까운 지역의 주택과 아파트들은 반포의 대규모 이주 수요까지 겹치며 더욱 인
기를 끌 것이다. 5년 정도의 기간으로 조금 길게 보면 한남뉴타운 1만여 세대, 성
수 지역 7,000여 세대의 이주 수요가 예상된다.

강남 3구는 재건축을 중심으로 1만 5,000세대 이상의 이주 수요가 예상된다. 2019년 8월 현재 26개의 재건축 단지가 관리처분인가를 받았으며 서울시 재건축 전체의 63%가 강남 3구에 몰려 있다. 반포·잠원 지역이 가장 활발한데 신반포 13차가 이주를 시작했다. 2,565기구의 신반포 3차 및 경남 통합재건축 단지, 2,898가구의 신반포 4지구는 2020년 3월부터 이주한다. 서초구 방배동 6구역이 이주 진행 중이며, 5구역과 13구역은 2020년으로 예상한다. 이들 대규모 이주 수요는 반포, 논현, 서초, 동작, 사당동 등으로 분산될 것이다.

개포주공 1단지 이주가 진행 중이고 6, 7단지도 조합설립을 추진 중이며 5단지도 언젠가는 이주할 것이다. 대치동, 도곡등, 수서 등으로 분산이 예상된다. 송파구에는 진주 1,500세대, 미성-크로바 1,350세대가 이주 예정으로 인근 송파, 강동 지역의 입주가 힘을 받을 것이다. 강서구 등촌 일대와 은평구 역촌, 응암에도 재건축 이주 수요가 예상된다.

서울을 제외한 수도권 지역에도 향후 3년간 약 13만 명의 이주 수요가 예상된다. 광명뉴타운 2, 10, 14구역이 이주를 준비 중이고, 나머지 구역도 수년 내 이주가 예상된다. 철산주공 8, 9, 10, 11단지 재건축이 관리처분인가 단계다. 철산, 하안주공 다수의 단지가 순차적으로 대기 중이다. 인근의 철산과 개봉, 고척, 안양 만안동 지역으로 입주 수요가 발생할 것이다. 안양 진흥아파트 1,940세대, 과천, 성남, 하남, 인천 부평 일부 지역도 대규모 이주 수요가 있을 것이다.

TIP　　　　　　**정비구역의 이주 수요가 가격을 올린다**

- 재개발 구역 : 동대문구, 성북구, 성동구, 용산구, 서대문구, 동작구의 인근 단독과 다세대주택
- 재건축 구역 : 반포, 서초, 방배, 압구정, 개포, 대치, 잠실, 등촌, 응암, 역촌 인근의 아파트

08

기술과 시장의 변화를 읽어라

과거의 입지와 미래의 신기술은 도시재생에서 만난다

도시재생사업은 과거의 입지와 미래의 신기술을 연결한다. 오래되고 낡은 도시가 새롭게 바뀌면서 또 다른 수십 년을 준비하는 것이다. 그렇다면 시장은 어떻게 변화하고 있을까?

우선 시장의 관점에서 바라보자. 출산율의 차이에 따라 약간의 변동은 있을 수 있으나 현재 추세대로 예상하면 인구의 성장은 2032년경 약 5,300만 명으로 정점을 찍은 후 감소할 것이다. 전후 베이비부머 세대(1955~1964년생)의 자녀인 에코 세대(1979~1992년생)들이 현재 주택시장의 최대 수요자층이 되고 있다. 이들은 구성원 수가 1인에서 3인 이내의 소가족 형태를 선호하여 세대수는 2,100만 세대까지 증가할 것이다. 그러므로 수요의 흐름에 따라 1인용 원룸부터 소형 평형의 공동주

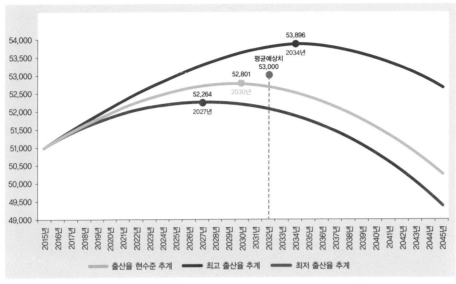

자료 : 국토교통부

택과 단독주택의 개발이 더욱 활성화될 것이다.

시장의 흐름은 어떻게 변화할까?

작지만 매력적인 주택

도심으로 갈수록 평당 가격이 비싸지므로 좁은 면적을 어떻게 효과적으로 활용할지가 관건이다. 주택 내부의 공간이 좁지만 최대한의 동선과 채광, 층고를 확보할 수 있는 설계와 빈틈없는 수납가구의 구성을 추구하고 있다. 이 분야에서 일본은 소형 부지에 최적화된 협소주택과 콤팩트 하우스 시공으로 한발 앞서 있다.

도쿄주택가의 '타케시 호사카 주택'은 5.4평의 부지에 높은 층고로 개방감과 풍부한 자연채광을 살리고 식당, 주방, 야외 욕실과 테라스를 구분하여 공간의 효율을 극대화했다. 좁은 면적이지만 매우 독특한 디자인과 공간의 구성으로 누구나 한 번쯤 살아보고 싶은 매력적인 주택을 만들었다. 또한 나고야 지역의 2층짜리 협소주택은 23평의 대지에 1.9m 높이의 반필로티를 만들어 주차공간을 살리고 위로 거주공간을 만들었다. 2층의 주택은 23평을 사용하고 복층으로 구성하여 이용하기에 불편함이 없다. 스플릿 플로어(Split Floor)라는 계단을 중심으로 층과 층을 엇갈리게 배치하는 공법으로 공간을 더욱 넓고 개방적으로 사용할 수도 있다. 계단과 계단의 사이에 자유롭게 단차나 공간을 배치할 수 있어 공간 활용성을 높여준다.

장거리 출퇴근보다 직장과 가까운 도시지역에 좁은 부지를 보다 선호하여 도심으로 회귀하는 현상으로 인해 이런 주택들이 늘어나고 있다. 앞으로 우리의 자율주택정비사업에서도 이러한 형태의 개발이 활성화될 것이다. 작은 주택은 좋지 않다는 편견을 과감히 깨야 하는 것이다.

고령자를 위한 주택

다음으로 고령 인구가 늘어나는 것에 주목해야 한다. 출산율은 낮아지고, 기대수명은 늘어나므로 중장년층 이상 고령층의 비중이 계속 늘어나고 있다. 특히 65세 이상의 고령층은 지하철 무임승차가 가능하여 역세권의 선호도가 높다. 또한 쾌적한 공원이나 녹지를 선호하며 가까운 곳에 병원이 있어야 한다. 이러한 조건을 갖춘 곳은 계속 인기가 뜨거울 것이다. 그리고 요양 서비스와 관련한 시설의 투자 수요도 늘어날 것이다.

양극화되는 시장

시장의 양극화가 점차 진행되고 있어 저가형 임대주택부터 고가의 럭셔리 주택까지 수요층의 범위가 넓어질 것이다. 중산층을 대상으로 한 평균적인 주택의 수요는 줄어들면서 양극단의 시장은 보다 커지는 것이다. 도시재생사업도 고가의 럭셔리 아파트나 주상복합시설의 개발부터 초소형 원룸주택까지 다양한 형태로 개발될 것이다. 따라서 각각의 영역에서 최상의 경쟁력을 갖추는 것이 중요하다. 우수한 입지와 함께 특화된 콘셉트가 만날수록 성공적인 도시재생사업이 될 것이다.

주택과 O2O(Online to Offline)의 만남

커뮤니티의 기능이 보다 강화되는 점도 주목할 만하다. 소인가구화와 개인의 프라이버시를 중요시하는 세태로 인해 외로운 사람들이 많아지고 있다. 옆집 사람과 항상 교류하는 것을 원하지는 않지만, 자신이 원할 때 언제든 교류할 수 있는 경로를 찾고 있다.

신축급 아파트에는 커뮤니티 시설이 잘 갖추어져 있는데, 도시재생을 통해 일반 주택에까지 이런 시설이 보다 폭넓게 활성화될 것이다. 도시재생 뉴딜사업에서도 지역 주민들이 쉽게 교류할 수 있는 공간을 의무적으로 배려하고 있으며, SNS 단체방, 모임 어플리케이션을 통해 쉽게 인근 지역의 사람들과 소통할 수 있다. 즉 온라인에서 약속이 잡히면 커뮤니티 공간에서 모임을 가지고 교류하는 O2O(Online to Offline)의 형태도 활성화되고 있다.

공유경제의 활성화

자원의 낭비를 막고 활용도를 높이자는 차원에서 공유가 활발해지고 있다. 앞으로는 자동차, 카메라 등 고가장비의 공유뿐만 아니라 주택의 공유도 더욱 늘어날 것이다. 주택의 공유에는 유학생이나 관광객들을 대상으로 한 게스트하우스나

한 집에 사용자가 여러 명인 셰어하우스, 독거노인들을 대상으로 한 그룹 리빙 등 다양한 형태가 있다.

아직 역사가 길지 않아 여러 가지 부족한 점들이 있지만, 잘 준비하면 잠재력이 큰 시장이다. 공동생활을 해야 하기에 내부적인 관리 규율이 잘 설정되어야 하고, 물리적 공간에서 한 걸음 나아가 문화적인 가치를 제공해주어야 한다는 점도 염두에 두어야 한다. 이처럼 각종 자원을 공유하려는 움직임은 앞으로도 커질 것이다.

기술의 발전이 도시재생에 미치는 영향

시장의 변화와 함께 기술이 발전하면서 부동산 시장에도 큰 영향을 주고 있다.

단연 돋보이는 것은 4차 산업혁명의 기술들이다. 스마트홈, AI(인공지능), IoT(사물인터넷), 공기청정 시스템은 이미 대중화가 시작되었다. 외부에서 스마트폰으로 주택의 조명, 난방, 에너지 사용량 조회, 택배 현황, 엘리베이터 호출, 주차 위치 등을 제어하고, 말만 하면 비서처럼 작동한다. 미세먼지의 걱정을 덜어주는 쾌적한 공기정화 시스템은 기본이다. 안면인식과 홍채인식으로 보안을 강화하고, 전문 보안업체를 24시간 호출할 수 있다. 최근에는 블록체인을 이용한 부동산 임대관리 서비스나 거래의 플랫폼도 도입이 예상된다.

한편 전기자동차를 위한 급속 충전시설이 보편화되고 있으며, 카셰어링을 위한 공간도 일부 주택단지에 공급된다. 주택단지의 거주자들이 자가용 대신 카셰어링을 이용하고 특정 구역에 주차하면 되는 것이다. 불필요한 자가용의 소유를 억제하고 주차공간의 해소에 큰 도움이 될 것으로 예상한다.

또 제로 에너지 주택(Zero Energy House)의 개념도 적극적으로 도입 중이다. 주

| 제로 에너지 주택을 지향하는 패시브 주택 |

택에서 사용하는 에너지가 기존의 전기공급에 의존하는 비율을 크게 낮추고자 하는 것이다. 이를 위해 단열 성능을 강화하여 에너지 효율을 올리고, 태양광, 지열, 풍력 등 신재생에너지 생산시설을 설치하여 자생적인 수급이 가능하도록 한다.

2017년 노원구에 제로 에너지 중층주택 시범단지가 입주했으며 2019년에는 최초의 제로 에너지 고층아파트인 힐스테이트레이크송도가 입주를 시작했다. 이들 주택은 건물에너지관리시스템(BEMS, Building Energy Management System)의 첨단 공법을 적용해 에너지 자립률을 크게 높였다. 아직 건물의 모든 에너지를 다 충당하지는 못하지만 공용전기 사용량 이상을 자체적으로 발전하고 있으며 향후 그 비중은 계속 높아질 것이다.

이들 주택은 시공 비용이 일반적인 주택보다 높지만 기술 지원, 세금 감면, 용적률 완화를 통해 비용의 상승을 억제할 수 있었다. 시범단지들이 공급된 만큼 향후 보다 다양한 형태로 발전하며 확산할 것으로 예상된다.

한편 초저가 또는 초고가 시공도 눈에 띈다. 주택시장의 양극화에 따라 시공기술도 초저가 또는 초고가 시공으로 각각 발전하고 있는 것이다.

초저가시공에서는 3D프린팅 기술과 조립식 모듈러 주택을 주목할 만하다. 국내에는 아직 활성화하지 못했으나 중국에서 2015년 3D프린터로 5층짜리 아파트를 6일 만에 시공했다. 전통적인 건설 방식에 비해 비용은 30~60% 절감되고, 건설 기간은 30~50% 단축이 가능하다. 프랑스에서는 18일 만에 방 5개의 주택을 완성한 사례가 있으며 현재 유럽 지역에 확산 중이다. 건설 기간이 크게 단축되고 인건비를 포함한 원가가 절감되어 비용혁신이 가능하다.

3D프린트로 만든 단순한 구조물과 소형단독주택은 안전상 큰 문제가 없다. 하지만 대형 구조물이나 공동주택은 안전문제가 아직 검증되지 않았다. 건축법 등 법적 기준과도 아직 호환이 힘들어 대중화되려면 많은 절차가 남아 있다. 하지만 빠르게 기술이 발전하고 있으므로 머지않아 시장에 큰 변화를 줄 것은 자명하다. 조립식 모듈러 주택은 기숙사에 이미 도입되었으며, 5층 이상의 주택에 도전 중이다. 현재 단조로운 디자인을 벗어나고 기술적으로 보완하는 중으로 향후 건설단가의 혁신이 기대된다.

초고가 시장에서는 최근에 공급된 롯데월드타워 시그니엘 레지던스가 좋은 사례이다. 세계에서 다섯 번째로 높은 건축물로 최상의 시설과 시공기술이 모두 투입되어 평당 가격 1억 원을 호가한다. 42층에서 71층까지 223세대로 한 채당 수십억에서 100억 대의 높은 가격을 자랑하지만 대부분 분양 및 입주가 완료되었다. 압도적인 조망권과 희소성으로 슈퍼리치를 대상으로 한 부동산이다. 이러한 특수시장도 나름의 가치를 지니며 꾸준히 공급될 것이다.

스마트도시의 도입도 변화 중 하나이다. 스마트도시는 IT 및 스마트기기를 활용한 클라우드 컴퓨팅, 친환경 에너지와 탄소저감기술, 스마트그리드 에너지, 로봇 등이 접목된 새로운 개념의 도시이다. 주택뿐만 아니라 도시 전체에 혁신기술을 접목하는 것이다. 무인자동차로 도시를 다니고 주차하고, 스마트폰으로 주택과 사무실의 모든 것을 제어하며 SF영화에 나오는 것과 같은 삶이 부분적으로 현실화될 것이다.

국토교통부는 2018년 스마트도시 로드맵을 발표하고, 세종과 부산을 시범도시로 선정하여 2021년 입주를 목표로 하고 있다. 입주가 시작되면 그 편리함이 널리 알려져 일반적인 도시재생사업에도 적용될 것으로 예상한다. 시장의 흐름에 발맞추어 낡은 도심에 새로운 변화가 생겨날 것이다.

| 첨단기술이 접목된 스마트도시 구축 가속화 |

이와 같이 시장의 변화와 기술의 흐름을 간단히 정리해보았다. 변화는 고가와 저가 양쪽 모두에서 시작된다. 고가형 주택에 하이엔드 기술들이 도입되면서 차츰 대중화될 것이고, 혁신적인 가격 절감의 기술들은 저가 시장에서부터 점차 올라올 것이다. 역세권과 녹지를 갖춘 콤팩트한 소형주택이 높은 인기를 누릴 것이며, SNS와 결합된 독특한 지역 커뮤니티도 제공될 것이다.

4차 산업혁명의 기술들은 이미 우리 삶의 곳곳으로 파고들어 생활의 패턴을 바꾸고 있다. 그리고 이러한 변화는 각종 도시재생사업에도 적용되어 새로운 부가가치를 만들 것이다.

생각의 차이와 선택이 모여
성공 투자를 만든다

　　도시재생 투자는 마라톤, 또는 이어달리기와 같다. 달리기를 잘하려면 일단 기초체력을 길러야 하고, 자신이 뛸 종목에 맞는 준비가 필요하다. 또한 이어달리기를 하려면 언제 어디에서 시작하여 어떻게 끝나는지를 알아야 한다. 어느 한 요소라도 잘못되면 완주에 실패할 수 있으니 총체적인 실력을 갖추어야 한다. 또 달리기를 못하는 사람이라도 성실하게 매일 반복하여 연습하면 결국 완주할 수 있다.

　　도시재생 투자는 순발력의 속도전보다 지구력의 장기전이 보다 유리하다는 것을 알아야 한다. 한 걸음씩 준비하여 실행하면 누구나 행복한 노후를 준비할 수 있다. 그때까지 포기하지 않고 열정적으로 노력하고 투자를 실천하는 것이 중요하다.

　　전국이 올림픽 준비로 바쁘던 1986년, 대학을 졸업하고 평범한 직장을 다니던 나는 3년간 곗돈을 부어 마련한 1,000만 원을 부동산에 투자하기로 마음먹고 주변 지인에게 상담을 받았다. 잠실 주공아파트 13평형을 매매가 1,700만 원에 전세 700만 원, 실투자비 1,000만 원으로 사려고 했던 것이다. 하지만 지인은 잠실의 아파트보다는 충북 단양군에 있는 야산에 투자하기를 적극 권유했다. 지인은 이곳이 충주호 관광단지로 조성되면 요트 계류장이 들어서고 유람선이 다니며 고급 별장지로 개발되어 한국에서도 손꼽히는 관광지와 휴양지가 될 것이라고 추천했다. 솔깃해진 나는 부푼 기대를 안고 지인의 추천대로 충주호가 멋지게 내려다보이는 야산에 전액 투자했다.

하지만 시간이 지나면서 개발계획은 현실과 동떨어졌고 기대수익은 부풀려졌다는 것을 알게 되었다. 직접 부동산에 관련된 공부를 적극적으로 하면서 지인의 이야기가 거짓이었다는 걸 깨달았다. 이후 오랜 노력 끝에 잘나가는 직장에 사표를 내고 부동산이 좋아 부동산 전문가로 자리 잡은 지금까지 그 땅을 소유하고 있으며, 이 일은 나를 거듭나게 한 계기가 되었다. 그리고 내 이익을 위해 남의 가슴을 아프게 하지 말자, 내 부모형제가 투자한다는 생각으로 상담을 하고 투자를 돕자는 자세를 늘 가슴에 새기게 된 이유이기도 하다.

부동산은 전문분야이고 긴 시간과의 싸움이므로 긍정적인 사고와 자세가 매우 중요하다. 부동산 가격이 크게 올랐다는 똑같은 신문기사를 보고도 사람들은 서로 다른 생각을 한다.

A는 '이런 뜨거운 시장에 어서 올라타야겠다. 저런 곳에 투자하거나 사는 사람들이 부러운데, 어떻게 그렇게 되었는지 궁금하다. 그 마인드를 열심히 배우고, 나도 성공해야겠다. 종잣돈이 부족하니 그것을 준비하고 몸값을 높이기 위해 자기계발도 해야겠다. 더 좋은 물건을 찾기 위해 공부하고 현장답사에 꾸준히 시간을 투자해야겠다'와 같은 생각을 가지고 움직이기 시작한다.

하지만 이와 달리 B는 '아니, 가격이 또 올랐다고? 배 아파 죽겠네. 어서 가격이 떨어져야 하는데, 어쩌지? 누가 가격 좀 안 내려주나? 저기에 살거나 투자하는 사람들을 못살게 굴어서라도 우리에게 기회가 오도록 해야겠어.'라는 생각을 가지고 있다.

한쪽은 긍정적인 생각으로 도전하는데, 다른 한쪽은 부정적인 생각으로 다른 이를 끌어내리려는 입장이다. 이 둘의 결과는 어떻게 될까? 답은 각자가 생각해보자.

좋은 정보는 돈의 가치를 뛰어넘는다. 양질의 정보를 얻는 데 비용을 아끼지 말고 전문가와 인맥을 잘 활용하자. 작은 생각과 노력의 차이는 결국 큰 차이를 만들어낸다. 포기하지 말고 근성과 긍정적인 에너지로 도전하자. 도전은 꿈을 이루게 한다.

도시재생 연관 투자는 50년에 한 번 오는 큰 기회이다. 그 안에서도 새로운 시장이 열리고 있다. 초기 3년, 기회의 장에서 성공해보자. 이 책이 작은 씨앗이 될 수 있기를 기대한다.

도시재생 투자 실전 클래스 6주

부동산 입지 선택에서 실전 투자 플랜까지!

주	제목	내용
1주	도시재생 투자 핵심 이해하기	– 앞으로 3년, 도시재생 투자 대중화 시대 준비하기 – 재개발/재건축의 기초 및 수익을 잡는 포인트 찾기 – 소규모주택사업과 기존 재개발 차이점
2주	부동산 시장을 이끌어갈 사업 분야 알고 가자!	– 도시재생 투자 현황과 연관된 사업 이해하기 　(가로주택정비사업/소규모재건축사업 등) – 돈 되는 도시재생 사업지 분석
3주	소액으로 건물주 되기! 실전 소규모주택사업 사례	– 쉽고 빠른 지주공동사업 투자 사례 분석 – 소규모주택정비에 적합한 정비구역 현황 파악 – 3억 원으로 건물주 되는 소규모주택사업
4주	저평가된 곳에서 노다지 땅 찾는 법	– 개발계획 찾아 분석하는 법 – 해제되지 않은 정비구역 살피기 – 부동산 입지 사슬 및 도로망 이해하기 – 지역별 분석 및 입지 선택 방법
5주	재개발/재건축 수익 분석 & 실제 투자금 수익률 분석	– 재개발 사업 비례율 확인하기 – 재건축사업 지분율 따지는 방법 – 현실적인 수치 파악 및 예상 투자 수익 분석법
6주	★ 예상 투자수익률 1:1 상담 진행	– 실제 투자금과 수익률 분석 　양팔석 대표와 맞춤형 1:1 상담 제공

매주 2시간 5주 수업 + 1:1 개별 투자 수익률 상담 및 세무지식 전달 1주

문의: 070-7816-9474

특수경매 초보자를 위한 팁 수록

난생처음 특수경매

박태행 지음 | 19,000원

좋은 물건만 쏙쏙 골라내
일주일 만에 2배 수익을 실현하는 특수경매 따라 하기

계약금 투자만으로도 곧바로 수익을 낼 수 있는 방법이 있다. 바로 특수물건 경매시장이다. 법정지상권, 유치권, 선순위 가압류, 가처분 등 어렵게만 생각되는 특수물건이 알고 보면 일반 경매보다 훨씬 쉽고 수익도 높다. 사례별로 꼼꼼하게 소개하는 권리 분석을 따라 하기만 하면 적은 금액의 투자만으로도 빌라 한 동, 미니 건물 한 채가 내 손에 들어온다. 1천만 원 이하부터 1억 원까지 금액대별로 투자 물건을 골라내는 법, 권리 분석을 해서 낙찰받는 법, 마지막으로 소유권자와 협상하는 법까지 스토리 형식으로 쉽고 재미있게 소개한다.

참 쉬운 아파트 투자 안내서

난생처음 아파트 투자

권태희 지음 | 18,000원

부동산 왕초보 직장인,
소형 아파트 투자로 2년 만에 60억 벌다!

정해진 월급의 일부를 떼어 은행에 착실하게 적금을 부어서는 큰 부자가 되기 힘들다. 평범한 직장인일수록 부동산 투자에 유리하다. 이 책에는 소형 아파트 투자를 중심으로 종잣돈 모으는 요령부터 청약 제도 활용법, 재개발 예정 지역 등 저자가 직접 체득한 노하우가 담겨 있다. 아파트 투자를 시작하고 싶은 사람, 특히 무주택자에게 도움이 될 것이다. 지극히 평범한 가정에서 태어나 대학에 입학하고 회사에 취업해서 그럭저럭 살아가고 있지만, 벌이가 한정된 직장인들, 미래를 위한 준비가 부족한 사람들을 위한 책이다.

난생처음 10배 경매

임경민 지음 | 18,000원

안전하고 확실한 '10배 경매 6단계 매직 사이클'
과장된 무용담이 아닌 100% 리얼 성공 사례 수록!

경매가 무엇인지 개념 정리부터 경매의 6단계 사이클을 토대로 경매 물건 보는 법, 10초 만에 권리 분석하는 법 등 경매 고수가 알아야 할 기술을 알려준다. 특히 실제로 경매를 통해 수익을 올린 사례를 실투자금, 예상 수익, 등기부등본과 함께 실어서 경매가 얼마나 확실하고 안전한 수익을 올릴 수 있는지 증명했다. 경매는 결코 어렵고 위험하지 않다. 큰돈이 있어야만 할 수 있는 것도 아니다. 투자금액의 몇 배를 빠른 기간에 회수할 수 있는 훌륭한 재테크 수단이다. 경매는 부자로 태어나지 못한 사람이 부자가 되는 가장 빠르고 확실한 방법이다.

경매의 신
임경민의
경매 노하우

난생처음 토지 투자

이라희 지음 | 18,000원

1,000% 수익률을 달성한
토지 투자 전문가 이라희 소장의 땅테크 노하우

초저금리 시대, 땅테크가 최고의 재테크 수단으로 떠오르고 있는 지금, 전 국민이 '1인 1토지'를 가져 재테크에 성공할 수 있도록 누구나 쉽게 실천할 수 있는 실전 노하우를 담았다. 재테크를 전혀 해보지 않은 초보자도 이해할 수 있도록 개발 지역 확인하는 법을 알려주고, 초보자가 꼭 봐야 할 토지 투자 관련 사이트, 용지 지역 확인하는 법 등 실질적인 노하우를 공개한다. 나의 자금대에 맞는 토지 투자법, 3~5년 안에 3~5배 수익을 내는 법 등 쉽고 안전한 토지 투자 방법을 담아내 누구나 '1,000만 원으로 시작해 100억 부자'가 될 수 있다.

전 국민 1인 1토지
프로젝트!